"互联网+"新形态一体化精品教材

根据2019年《普通高等学校军事课教学大

U0621053

军事理论与技能训练教程

主审 ◎ 李国亭

主编 ◎ 邓定海　秦虎　李小玲

配套
精品教学课件
+考试平台
+慕课

中共中央党校出版社

图书在版编目（CIP）数据

军事理论与技能训练教程 / 邓定海，秦虎，李小玲
主编 . -- 北京 : 中共中央党校出版社，2018.5
ISBN 978-7-5035-6373-7

Ⅰ.①军… Ⅱ.①邓… ②秦… ③李… Ⅲ.①军事理
论－高等学校－教材②军事技术－高等学校－教材 Ⅳ.
① E0 ② E9

中国版本图书馆 CIP 数据核字（2018）第 087581 号

军事理论与技能训练教程

责任编辑	宗 边	
责任校对	马 晶	
责任印制	陈梦楠	
出版发行	中共中央党校出版社	
	（北京市海淀区长春桥路 6 号）	
邮政编码	100089	
网　　址	www.dxcbs.net	
电　　话	（010）62808912（发行）　68929788（总编室）	
经　　销	全国各地新华书店	
印　　刷	江西峰澜瞭远印刷有限公司	
字　　数	321 千字	
版　　次	2018 年 7 月第 1 版　2023 年 5 月第 5 次印刷	
开　　本	787 毫米 ×1092 毫米　1/16	
印　　张	15.5	
定　　价	42.00 元	

编 委 会

前言

当前，世界百年未有之大变局进入加速演变期，国际形势不稳定性不确定性明显增加。我国安全环境、军事斗争态势、我军使命任务、现代战争形态、我军组织形态、国防和军队现代化目标任务都发生新变化。"凡国之重也，必待兵之胜也。"军事手段是实现伟大梦想的保底手段，打赢能力是维护国家安全的战略能力。党的二十大报告指出，如期实现建军一百年奋斗目标，加快把人民军队建成世界一流军队，是全面建设社会主义现代化国家的战略要求。要坚持以习近平新时代中国特色社会主义思想为指导，贯彻习近平强军思想，贯彻新时代军事战略方针，把握新时代新形势新任务新要求，增强忧患意识，强化使命担当，推动国防和军队现代化建设。

军事课是普通高等学校学生的必修课程。普通高等学校通过军事课教学，让学生了解掌握军事基础知识和基本军事技能，增强国防观念、国家安全意识和忧患危机意识，弘扬爱国主义精神、传承红色基因、提高学生综合国防素质。根据《中华人民共和国国防法》《中华人民共和国兵役法》《中华人民共和国教育法》，为适应立德树人根本任务和强军目标根本要求，服务军民融合发展战略实施和国防后备力量建设，增强学生国防观念、国家安全意识和忧患危机意识，提高学生综合国防素质，教育部、中央军委国防动员部于2019年1月联合制定了《普通高等学校军事课教学大纲》（以下简称《大纲》）。本书根据《大纲》的要求，结合近年来国家颁布实施的新的国防法律等重要法律和文献的内容，各类学校国防教育教学实践经验组织编写。本次编写以凸显军事课的课程思政内容为主线，牢牢把握住思想性、科学性、系统性、时代性等编写原则，并邀请到中国人民解放军国防大学战略教研部军事战略教研室主任李国亭教授和第三大学生军训教研室主任李延荟教授对本书的统稿、定稿工作和书稿质量进行严格把关，力求编写出系统、权威的高质量"军事课"教材。

本书分为上、下两篇。上篇"军事理论"，包括中国国防、国家安全、军事思想、现代战争、信息化装备等内容；下篇"军事技能"，包括共同条令教育与训练、射击与战术训练、防卫技能与战时防护训练、战备基础与应用训练等内容。本书主要阐述了国防和军事领域的新理论、新变化、新趋势，以及在常规的军事训练中需要掌握的基本技能，旨在帮助读者了解、掌握军事基础知识和基本军事技能，增强读者的国防观念、国家安全意识、忧患危机意识和培养爱国情感，提高读者综合国防素质。本书内容着重突出全面性、实用性和创新性，体例丰富多样，通过"学思之窗""经典战例""红色记忆"等栏目对相关理论内容做了展开性的拓展与补充，具有较强的可读性和实用性，既方便读者理解相关内容，又能激发读者阅读兴趣，引导读者积极思考；既可以作为普通高等学校军训的基本教材，又可作为广大读者学习军事理论、进行基本军事训练的参考书。

本书在编写过程中参考和吸收了有关专家、学者的最新研究成果，在此一并表示感谢！限于编者水平，加之我军军事理论不断创新和发展，编写工作难免存在疏漏或不当之处，诚望读者批评斧正，以便我们进一步修改和完善。

编　者

2022 年 4 月

目 录

上篇　军事理论

下篇　军事技能

上篇　军事理论

第一章　中国国防

学习目标

⊙ 理解国防内涵和国防历史，树立正确的国防观。
⊙ 了解国防体制、国防战略、国防政策和国防成就，激发学生爱国热情。
⊙ 熟悉国防法规、武装力量、国防动员的主要内容，增强学生国防意识。

本章导读

在江西井冈山革命博物馆里，珍藏着一面红色旗帜，旗帜左面写有"工农革命军第一军第一师"字样，旗帜的中央缝着一个金黄色的大五角星，五角星内绣着镰刀和斧头图案，这是中国共产党领导的人民军队的第一面军旗。历经岁月的洗礼，旗帜略显褪色，却依然清晰夺目。它是光明与希望的象征，是中国共产党领导工农武装的庄严宣告，引导中国工农革命取得最终胜利。

百余年征途如虹，是战斗史，也是心灵史；是复兴史，也是强军史。在这条路上，我们党团结带领人民和军队抗外侮、斗强敌，战洪水、抗地震，治顽疾、应变局，漫漫峥嵘岁月见证浴血荣光。党旗如画，军歌嘹亮。党的十八大以来，《强军战歌》唱响大江南北座座军营："听吧，新征程号角吹响，强军目标召唤在前方。国要强，我们就要担当，战旗上写满铁血荣光！"

第一节　国防概述

"国无防不立，民无兵不安。"国防关系到国家的安危和每个公民的生存发展。新中国成立70多年来，我国由积贫积弱发展成为世界第二大经济体，中华民族迎来了从站起来、富起来到强起来的伟大飞跃，这些辉煌成就的取得都离不开强大的国防做后盾。当代青年大学生作为国家之栋梁，关注国防、了解国防、建设国防，是我们义不容辞的责任。

一、国防的内涵

根据《中华人民共和国国防法》的解释，国防是指国家为防备和抵抗侵略，制止武装颠覆和分裂，保卫国家主权、统一、领土完整、安全和发展利益所进行的军事活动，以及与军事有关的政治、经济、外交、科技、教育等方面的活动。国防是国家生存与发展的安全保障，其基本要素包括国防的主体、国防的目的、国防的对象和国防的手段四个要素。

（一）国防的主体

国防的主体是国防活动的实行者，通常为国家。国防是国家固有的职能，任何国家从其诞生之日起就要固国强边，防备和抵御各种外来侵略，以保障国家安全、维系国家生存、谋求国家发展。因此，国防必然随着国家的产生而产生，随着国家的发展而发展，最终也将随着国家的消亡而消亡。从国家的本质看，国家是阶级专政的工具，是统治阶级利益与意志的体现，实现这种利益与意志必须通过国家权力。国防就是这种维护国家的权力，同时，也只有依靠国家的这种权力才能使国防得以运转。从国防的本义看，国防是国家的防务，是全民族的防务，与国家各个部门、各种组织以及全体公民息息相关。加强国防建设，进行国防斗争，必须依靠国家各个方面的综合力量。

（二）国防的目的

国防的目的主要是捍卫国家的主权，保卫国家的统一、领土完整，维护国家的安全和发展利益。国家和主权不可分割，主权是一个国家存在的根本标志，捍卫国家的主权始终是国防的首要目的和任务。国家的统一是指国家由一个中央政府对领土内一切居民和事务行使完整的管辖权，不允许另立政府或分割国家的管辖权。保卫国家的统一历来都是国家的重要任务。领土完整是指凡属本国领土，绝不能丢失，绝不允许被分裂、肢解和侵占。任何国家的领土被侵占，必然导致国家主权被侵犯，捍卫国家主权的独立，必然要保卫国家领土的完整。领土既是国家行使主权的空间，又是国家行使主权的对象。国家要生存和发展，必须有一个安全的环境。如果没有一个和平、稳定的内外环境，不仅难以建设和发展，而且生存也会受到威胁。因此，维护国家的安全和发展利益，是国防的主要目的之一。

相关链接：

一声到，一生到

军事纵横

　　坚决捍卫国家主权、安全、发展利益是新时代中国国防的根本目标。党的二十大报告指出，要"提高捍卫国家主权、安全、发展利益战略能力"。新修订的《中华人民共和国国防法》在第一章"总则"第二条、第四条，第三章"武装力量"第二十五条，第八章"国防动员和战争状态"第四十七条中增加了"发展利益"的内容，就是立足于新时代维护国防安全的战略需要，对这一内容进行充实和强调。

（三）国防的对象

　　国防的对象是指国家为防备和抵抗侵略，制止武装颠覆和分裂的行为。侵略包括武装侵略和各种非武装侵略。武装侵略是战争行为，非武装侵略是运用各种经济、外交等手段的侵略行为。当今世界，主权国家对主权国家的非武装侵略及其反侵略均以武装力量为后盾，而且有些所谓的非武装侵略，是非国防手段不能抵御的，因此国防所要防备和抵御的是侵略，而不仅仅是武装侵略。武装颠覆和分裂是指颠覆国家政权、推翻社会主义制度和分裂国家的活动。只有属于武装性质的颠覆和分裂活动，才必须动用国防力量。一些敌对势力、分裂势力以及极端宗教势力采取武装手段比如武装叛乱、武装暴乱等试图颠覆政权和分裂国家的行为，具有隐蔽性、突发性、组织性，因此国防必须做好应对各种诱因引发的突发事件的准备。

（四）国防的手段

　　国防的手段是指为达到国防目的而采取的方法和措施，包括军事活动，以及与军事有关的政治、经济、外交、科技和教育等方面的活动。国防的主要手段是军事活动，它是对付武装入侵和武装暴乱最根本和最有效的手段。军事手段是最具威慑作用的手段，是唯一能够对付武装侵略的手段，也是解决国家之间矛盾冲突的最终手段。政治手段作为国防手段之一，指的是"与军事有关的"政治活动。构成国防手段的政治活动主要是政治制度、思想政治工作、政治宣传等。现代条件下，无论是国防建设还是国防斗争，都要广泛采用经济手段。经济手段主要有国防经济活动、经济动员、经济战和经济制裁等。外交手段主要是指国家与国家之间为了国防目的而开展的外交活动，由于这种外交主要涉及军事领域，所以又称军事外交。它主要包括军事双边往来、多边军事交往、军事科技交流和军工合作、军事结盟、军事援助等。此外，与军事活动有关的文化、科技、教育等，也是国防的重要手段。

二、国防的类型

国家的社会制度和国家的政策决定着国防的性质，不同制度、不同政策的国家，制定的国防政策和追求的国防目标不同，因而，国防的类型也各不相同。但无论哪种类型的国防，其根本目的都是维护国家利益。目前，世界各国的国防类型主要有以下四种。

（一）扩张型

扩张型国防是指某些国家为了维护本国在世界广大地区的利益，经常以国家防卫为幌子，公然对别国进行侵略、颠覆和渗透，实现霸权主义侵略扩张的目的。其特点就是把本国的"安全"建立在别国屈服的基础上，把"国防"作为侵略他国主权与领土，以及干涉他国内政的代名词。例如，美国奉行的就是典型的扩张性政策，在全球实行军事力量"前沿存在"的国防。

（二）自卫型

自卫型国防是指在国防政策上采取以防止外敌入侵为目的，主要依靠本国力量，广泛争取国际社会同情和支持，既要维护本国的安全，又要保证周边地区和世界的和平与稳定。例如，我国的国防完全是为了保卫国家主权和领土完整，因而是积极防御的自卫型国防。

（三）联盟型

联盟型国防是指一个国家因自身国防力量不足，采用结盟的形式，联合一部分国家来弥补自身国防力量的不足，借以加强彼此的国防力量。根据联盟国家的关系，联盟型国防可以分为一元体系联盟和多元体系联盟。前者有一个大国处于盟主地位，其余国家处于从属地位，目前的日本、韩国的国防属于此种类型，都是以美国为盟主建立的国防；后者是各国基本处于伙伴关系，共同协商防卫大计，如北大西洋公约组织（北约组织）和独立国家联合体（独联体）。

（四）中立型

中立型国防主要是指奉行和平中立政策的中小发达国家，为了保障本国的发展和安全，严守和平中立的国防政策，制定总体防御战略，如爱尔兰、土库曼斯坦。有的中立国采取完全不设防的方式，如圣马力诺是一个无军队的国家，只有少数警察维护社会秩序。

三、国防历史与启示

（一）我国古代的国防

1.兵制建设

兵制即我们常说的军事制度，也称军制，是国家或政治集团组织、管理、维持、储备和发展军事力量的制度。我国古代的兵制建设主要包括军事领导体制、武装力量体制和兵役制度等内容。

在军事领导体制上，夏、商、西周时期，一般由国王亲自掌握和指挥，没有形成专门的军事领导机构。春秋末期，实现将相分权治国，以将（将军）为主组成军事指挥机构。战国时期，将军开始独立统兵作战。秦统一后，设立了专门管理军事的机构，太尉为最高的军事行政长官。隋朝设立了三省六部制，设兵部专门主管军事。宋朝则设置枢密院作为军事领导的最高机构，主官由文官担任，主要目的是防止"权将"拥兵自重。枢密院有权调兵却无权指挥，将军有权指挥却无权调兵，形成枢密院和将军相互牵制的局面。各朝代在军事领导体制方面的做法虽各有千秋，但皇权至上，军队的最终调拨使用大权始终是掌握在皇帝手中的。

在武装力量体制上，秦朝之前武装力量结构单一，一个国家通常只有一支军队。从秦朝开始，国家的政治制度逐渐完善。各个朝代根据国家的状况和国防的需要以及驻防地区和担负任务的具体情况，将军队区分为中央军、地方军和边防军三种，并对军队的编制体制、屯田戍边、兵役军赋、军队调动、军需补给、驿站通道、军械制造和配发等都做了具体的规定，并以法律的形式颁布执行，如唐代的《卫禁律》《军防令》等。

在兵役制度上，随着各个历史时期的政治、经济、人口状况和军事需要而发展变化。奴隶社会时期，生产力低下，人口稀少，战争规模小，主要实行兵民合一的民军制度。封建社会时期，民军制度逐渐演变为与当时历史条件相适应的兵役制度，如秦汉时期的征兵制、三国两晋南北朝时期的世兵制、隋唐时期的府兵制、宋朝的募兵制、明朝的卫所兵役制等。

2. 国防工程建设

在中国古代，为保卫王既得领土的安全，防范少数民族的侵扰，抵御外国势力的入侵，修筑了数量众多、规模庞大的国防工程。

（1）城池

大多数城池都是由城墙和护城河组成，依等级的不同，可分为府级、县级、厅级、堡级等。一般来说，层级越高，规模也越大。城墙是城市的主要防御线，也界定出城市的范围。城墙的材料大多就地取材，初期以竹、木栅为主；发展到一定程度后，改用土石或砖等材料为墙。而护城河则是人工开凿一条壕沟，引水注入，形成人工河作为城墙的屏障，以阻止攻城者的进入，这是古人在防御手段上对水的妙用。中国古代城池建设中的典范莫过于北京城的故宫和兵家必争之地的襄阳城。

（2）边防

著名的万里长城，是我国古代构筑的以长城墙为主体，与其他工程设施相结合的连

长城

续线式防御工程体系，是城池筑城体系的发展和运用。春秋战国时期，长城的建筑已经开始。秦始皇统一六国后，为了巩固边防，防御北方匈奴的南侵，于公元前214年开始将秦、赵、燕三国北部的长城连为一个整体，形成西起临洮、北傍阴山、东至辽东的宏伟工程。明长城资源保存相对完整，形制类型丰富。其主线东起辽宁虎山，西至甘肃嘉峪关，在河北、山西、辽宁、陕西、甘肃、宁夏等地还出现多处分支。历代还沿着长城一线设置重镇，驻守重兵，边防线上一旦有事，即可机动作战。

（3）海防

我国古代的海防建设是从明朝开始的。为防止倭寇的偷袭和骚扰，明朝下令禁海，并在沿海的主要地段陆续修建了以卫城、新城为骨干，堡、寨、墩、烽燧和障碍物相结合的防御工程体系，有效地抗击了倭寇的侵扰。

明朝初期，来自日本的海盗队伍（史称"倭寇"）对中国东南沿海的侵优日益严重，给沿海地区带来了深重的灾难。为了抵御倭寇，明太祖朱元璋开始加强海防建设，在沿海设置卫、所，建立水军，有效防御了倭寇对我国东南沿海的入侵和骚扰。明朝中期以后，朝政腐败，海防松弛，中国沿海地区倭患达到了高潮，倭寇流窜数省，并深入内地，甚至攻掠到芜湖、南京。直到1562年严嵩专权结束，抗倭斗争才取得了进展。其中最著名的是抗倭名将戚继光在浙江组建戚家军，在沿海地区构筑水城、编练军队，在浙江地区与倭寇的斗争中九战九胜，并先后消灭了福建、广东的倭寇，使海防得到巩固。

清朝前期，在明朝卫、所的基础上，逐步将沿海建成炮台要塞式的防御体系，分为海岛要塞、海口要塞、海岸要塞和江防要塞。当时著名的海岛要塞有长山、舟山、澎湖等，海口要塞有虎门、温州、镇海、吴淞、大沽等。此外，还编有江河水师和外海水师。但是，随着清朝政府的腐败，到清朝中期，海防也日渐虚弱。

3. 富国强兵的国防思想

富国强兵是我国古代各朝代都十分重视的国防思想。早在春秋战国时期，许多统治者和军事家就已经认识到国防与经济的关系，强调富国强兵，明确提出"国不富则无称雄之本，兵不强则无争霸之力"的政治主张，视富国为强兵之本、之先、之急，十分重视发展经济和充实武备。当时的军事家孙武在《孙子兵法·作战篇》中指出："带甲十万""日费千金"，强调军队进行战争必须要有充足的物资作保证。而齐国著名政治家管仲也说："甲兵之本，必先于田宅"，这进一步阐明了国防的强大依赖于经济的发展，加强国防建设，根本是发展生产的思想。此后，各朝代的统治者都十分强调富国强兵思想，并采取一系列政策，努力把发展生产与加强国防建设统一起来。例如，汉高祖得天下后，实行了裁军赐爵、与民生息、重视农业的政策，尽快恢复和发展生产、增强军力；西汉与唐朝的军事屯田制度收到了明显的效果；明朝把开发边疆和繁荣经济同抵御外来侵略结合起来。

（二）我国近代的国防

19世纪上半期，西方资本主义国家为了开辟新的销售市场和原料产地，加紧对外侵略扩张。他们抓住了中国"国防不固、军队不精"的致命弱点，开始对中国进行赤裸裸的侵略。

从 1840 年鸦片战争到中华人民共和国成立前的 100 多年间，由于当时统治阶级的腐败衰落，国力日趋空虚，国防每况愈下，在外国列强弱肉强食的政策下，中华民族屡遭外敌侵略和欺辱。从 1840 年鸦片战争到 1911 年辛亥革命 71 年间，先后有英国、美国、法国、俄国、德国、瑞典、挪威、丹麦、荷兰、西班牙、比利时、意大利、奥地利、秘鲁、巴西、葡萄牙、日本、墨西哥和瑞士等国家的侵略者践踏过我国的国土，抢掠过我国的财物，屠杀过我们的同胞，参与过损害我国主权的罪恶活动。在此期间，外国侵略者还强迫腐败的清政府签订了 500 多个不平等条约，每个不平等条约都是对中国最野蛮的掠夺。香港被迫割让给英国，澳门被葡萄牙霸占，俄国侵吞了我国北方 150 多万平方千米的土地，日本占领了台湾、澎湖列岛及其附属岛屿，旅顺、胶州湾、广州湾等地成为帝国列强的租借地。当时中国 1.8 万多千米的海岸线上，竟找不到一个自己拥有主权的港口；外国商船和军舰可以在中国内河、领海任意航行，自由停泊于各个通商口岸；外国人在中国境内犯罪，中国政府无权审理；外国人在租界地实行殖民统治，形成了"国中之国"，外国人甚至控制了中国的警察权和外交权。整个中华民族美丽富饶的国土被帝国主义列强蹂躏得支离破碎。20 世纪 30 年代，日本帝国主义又发动了残酷的侵华战争，侵略者的铁蹄踏遍了大半个中国，造成 3500 多万中国军民伤亡。

1921 年 7 月，中国共产党正式成立，从此，中国人民救亡图存的革命斗争有了自己的组织者和领导者。当国家处于危亡的时刻，中国共产党高举民族抗战的旗帜，领导全国各族人民，经过长期的反对帝国主义、封建主义、官僚资本主义的革命斗争，取得了新民主主义革命的胜利，才使我国国防得以建立和发展。

（三）我国当代的国防

中华人民共和国成立以来，我国国防建设大体经历了四个阶段：

1. 第一阶段（1949 ～ 1953 年）

这一阶段的国防建设主要完成了三个方面的任务：一是解放了全国大陆和除台、澎、金、马之外的全部沿海岛屿，肃清了国民党的残余武装，平息了匪患，建立了边防和守备部队，加强了海防的守卫。二是取得了抗美援朝战争的胜利。三是建立、健全了统一的军事领导机构和军事制度。建立了全军的领导机关和各级军事领导机构，加强了对全国武装力量的领导；建立了一支初具规模的海军、空军和各兵种部队，逐步开始从单一陆军向诸军兵种全面建设过渡；建立了 100 余所军事院校，为国防建设培养了大批现代化军事人才；统一了军队编制体制；建立了各项规章制度。

相关链接：

三问：抗美援朝战争打出了什么？

经典战例

上甘岭战役：将敌人打回谈判桌前

举世闻名的上甘岭战役，持续鏖战 43 天，敌我反复争夺阵地达 59 次，我军击退敌人 900 多次冲锋，歼灭敌军 2.5 万余人，击落击伤敌人飞机 270 余架、坦克 14 辆、大炮 60 余门。粉碎了由美军第 8 集团军司令范弗里特亲自指挥的攻势，守住了阵地，创造了坚守防御战的范例。上甘岭战役沉重打击了侵略者的士气，此后，敌再未发动营以上攻势。这一战，打出了我国的国威和军威，奠定了朝鲜南北疆界，将敌人打回到谈判桌前，加速了朝鲜停战谈判的进程。

2. 第二阶段（1953 年 12 月～1965 年）

中国爆炸了第一颗原子弹

这一阶段是我国国防现代化建设突飞猛进的重大时期。1953 年 12 月召开的全国军事系统党的高级干部会议，是我国军队建设和国防建设的一个里程碑。这次会议确定了我国国防建设的主要任务是防御帝国主义侵略，保卫社会主义建设，保卫亚洲与世界和平；制定了"积极防御"的战略方针；提出了实现国防现代化的重大战略措施，包括精简军队、压缩国防开支、加速发展工业、为国防现代化打基础；加强国防工程建设，在沿海、边防和纵深要地建设防御工程体系；实行义务兵、军官薪金、军衔三大制度；大办军事院校，重新划分战区，完善战略、战役指挥体系；加强动员准备，建立各级动员机构和动员制度。这些措施有力地促进了我国国防现代化建设的全面发展，初步形成了具有中国特色的国防体系。经过 10 多年的艰苦努力，我国国防体系基本完成配套，某些领域已接近当时的世界先进水平，并成功地爆炸了第一颗原子弹。

3. 第三阶段（1965 年 5 月～1976 年 10 月）

这一时期，尽管有林彪、"四人帮"的干扰和破坏，毛泽东、周恩来等党和国家主要领导人仍然警觉地注意维护我国的安全，保持了军队的稳定，顶住了霸权主义的压力，同时对发展国防尖端技术始终没有放松，因而保证了我国氢弹试验和人造卫星发射的成功。

4. 第四阶段（1976 年至今）

在党的十一届三中全会上，邓小平提出了"和平与发展"是当今世界两大主题的观点，确定全党工作的着重点和国防建设指导思想实行战略性转变。军队从临战状态转向和平时期的正常建设，在服从和服务于国家建设大局的前提下，有计划有步骤地推进以现代化为中心的军队建设。20 世纪 90 年代，以江泽民同志为核心的党中央领导集体把推进中国特色军事变革作为军队现代化发展的必由之路，逐步实现由数量规模型向质量效能型、由人力密集型向科技密集型转变。新世纪新阶段，以胡锦涛同志为总书记的党中央，坚持把科学发展观作为国防和军队建设的重要指导方针，加强新型作战力量建设，加强以信息化为主导的机械化信息化复合发展，提高基于信息系统的体系作战能力。

党的十八大以来，以习近平同志为核心的党中央，站在新的历史起点上，适应国家安全环境新变化，提出了新时代的强军目标，以国家核心安全需求为导向，贯彻新时代军事战略方针，着眼建设信息化军队、打赢信息化战争，全面深化国防和军队改革，重塑领导指挥体制，优化规模结构和力量编成，推进军事政策制度改革，努力构建中国特色现代军事力量体系，不断提高军队应对多种安全威胁、完成多样化军事任务的能力，坚决维护国家主权、安全、发展利益，为实现第二个百年奋斗目标和中华民族伟大复兴的"中国梦"提供坚强保障。

（四）国防历史的启示

在我国几千年的国防历史进程中，有过声威远播、天下归附的武功，有过引而不发、强虏驻足的宁静，有过遍体鳞伤、不堪回首的屈辱，也有过同仇敌忾、抗敌卫国的巨大胜利。在建设中国特色社会主义征途中，重温这一漫长的国防历史，我们可以从中得到有益的启示。

1. 经济发展是国防强大的物质基础

国防的强大有赖于经济的发展。早在春秋时期，齐国的政治家管仲就提出过"富国强兵"的思想。历代统治者无不把发展经济作为巩固国防、争夺霸权的重要措施。与此相反，各朝代的衰败、灭亡，几乎毫无例外是由于王朝后期政治腐败、经济落后，动摇了国防的根基，才使得政权易手。由此可见，只有保证了经济的强盛，才会有国防的强大，才能有政权的稳固、国家的安全。

 军事讲坛

"国富者兵强，兵强者战胜，战胜者地广。"

出自《管子·治国》，意思是说，国富则兵力可以强大，兵强则战争可以取胜，战胜则土地也就广阔了。

2. 政治昌明是国防巩固的根本

政治与国防紧密相关，国家政策正确与否、国家的政治是否开明、国家制度是否进步，直接关系到国防能否巩固。我国古代凡是兴盛的时期和朝代都十分注意修明政治，实行比较开明的治国之策。秦原为西陲小国，自商鞅变法以后，修政治、明法度、发展生产，国力日渐强大，为统一六国奠定了基础；唐朝建立之初，百废待兴，

正是由于制定并实施了一系列行之有效的政治制度，国家很快从隋末的战争废墟中恢复过来，形成了国力昌盛、空前统一的大唐帝国。总之，国防的兴衰、王朝的更替、近代中国的百年国耻，都深刻地告诉我们，政治昌明是国防巩固的基础，是国家长治久安的根本保证。

3. 国家统一和民族团结是国防强大的关键

在外敌入侵、国家危亡的紧要关头，只有国家统一、民族团结、共同抵抗，才能筑起一道坚强的国防长城，取得反侵略战争的胜利。清朝晚期，统治者面对西方列强的侵略，不仅不敢发动反侵略战争，不依靠、不支持人民群众进行战争，反而认为"患不在外而在内""防民甚于防寇"，对人民群众自发组织的反侵略斗争进行镇压，最终造成屡战屡败的恶果，割地赔款，逐步沦为半殖民地半封建社会。抗日战争时期，在中国共产党的倡导和组织下，建立了抗日民族统一战线，团结一切抗日力量，共同抗击侵略，最终取得了抗日战争的伟大胜利。历史证明，只有维护国家统一和民族团结，才能团结全国各族人民共御外侮，打败外来侵略者，使中华民族永久自立于世界民族之林。

4. 保持忧患意识是国防巩固发展的前提

古人云："安而不忘危，存而不忘亡，治而不忘乱。"居安思危方能有备无患。唐代诗人杜荀鹤有这样一首诗："泾溪石险人兢慎，终岁不闻倾覆人。却是平流无石处，时时闻说有沉沦。"表明在似乎平流无险的情况下，人们往往容易失去戒备，从而惨遭"沉沦"之灾。和平环境的客观存在容易使人忘却忧患，沉湎于和平景象之中，滋生和平麻痹的思想，从而埋下沦亡的祸根。"天下虽安，忘战必危"，历史的教训告诫我们，时刻保持忧患意识，真正构筑起心中的长城，国防才能巩固和发展。

四、新时代国防观

习近平总书记在党的二十大报告中深刻指出，当今世界进入新的动荡变革期，"我国发展进入战略机遇和风险挑战并存、不确定难预料因素增多的时期"，国家安全面临着前所未有的复杂挑战。有效应对国家安全风险和挑战，迫切需要确立与当今形势相适应的国防观。

（一）防御国防观

习近平总书记在党的二十大报告中指出："中国式现代化是走和平发展道路的现代化。我国不走一些国家通过战争、殖民、掠夺等方式实现现代化的老路，那种损人利己、充满血腥罪恶的老路给广大发展中国家人民带来深重苦难。"这就进一步明确了中国和平发展的总体道路。中国的社会主义国家性质、走和平发展道路的战略抉择、独立自主的和平外交政策、"和为贵"的中华文化传统，决定了中国始终不渝奉行防御性国防政策，加强国防建设的目的是保卫国家安全、防备和抵抗侵略、维护世界和平。

与此同时，防御性国防观绝不是消极防御，而是蕴含着积极的内涵。它要求坚持忧患意识和底线思维，积极发扬斗争精神，在原则问题上寸步不让，以坚定的意志品质维护国家主权、安全、发展利益。正如习近平总书记指出的："我们决不会坐视国家主权、安全、发展利益受损，决不会允许任何人任何势力侵犯和分裂祖国的神圣领土。一旦发生这样的严重情况，中国人民必将予以迎头痛击！"

（二）全民国防观

习近平总书记指出："我们的军队是人民军队，我们的国防是全民国防。"这就明确了必须牢牢树立全民国防观。国防事关国家每个公民的切身利益，是真正的"国民之防"。近代中国历史及国外的一些现实案例都深刻表明，一个国家一旦在国防上出现了问题，百姓生活就难以安宁，生命财产就难以保障。

《中华人民共和国宪法》规定，每一个公民都有维护祖国安全、荣誉和利益的义务，保卫祖国、抵抗侵略是每一个公民的神圣职责。要深入贯彻落实全民国防观，把国防深深扎根于人民群众当中，汲取无穷无尽的力量源泉。积极开展国家安全教育和全民国防教育，着力强化广大民众的国家安全意识及忧患意识，重点培育广大民众的爱国主义精神，"增强全党全国各族人民的志气、骨气、底气"，同时掌握必要的国防知识和军事技能，自觉履行好国防义务，关心、支持、参与国防建设。

（三）智能国防观

当今世界新军事革命深入发展，在继续推进战争信息化的同时，还增添了智能化的新要素，导致现代战争信息化程度不断提高、智能化特征日益明显，人类战争开始进入"以智驭能"的新时代。

在人工智能技术支撑的战争中，智能优势将进一步凸显，新的作战模式将层出不穷，从而不断更新人们对未来战争的认知。习近平总书记在党的二十大报告中明确提出了"研究掌握信息化智能化战争特点规律"的新要求，必须转变思想观念，深刻把握现代战争的发展演变趋势，前瞻认识信息化智能化战争的发展趋势，探索建设智能化军事体系，构建智能化国防体系。

（四）综合国防观

随着信息社会形态演变趋势加速，社会各领域之间的渗透与交叉日益加剧。信息化智能化条件下的军事对抗，是综合国力的较量，是举国之力的对弈。

近期几场局部战争和冲突表明，坚持军事斗争与政治、经济、外交斗争密切配合，发挥整体合力制胜，已经成为现代战争的一个基本特征。这就要求在总体国家安全观指导下，大力强化综合国防观念，站在国家全局总体筹划国防建设问题，开启国防力量与手段组织运用的新思路。要将当代国防上升到大战略层面，采取总体安全防务战略，综合运用政治、经济、外交、军事等手段，形成强大的国防合力，着力构建并巩固拓展一体化战略能力与体系。

（五）自主国防观

自力更生是中华民族自立于世界民族之林的奋斗基点，维护我国的国防必须放在自身力量的基点上。国防建设发展具有很强的对抗性，依靠别人、依附于人，必然受制于人。真正的核心关键技术是花钱买不来的，靠进口武器装备是靠不住的，走引进仿制的路子是走不远的。1982 年的英阿马岛战争中，阿根廷的"飞鱼"导弹进口自法国，打一枚少一枚，严重制约作战行动，教训十分深刻。我们这样一个大国、这样一支军队，强军之路没有别的选择，只能坚持自主创新，把发展命脉牢牢掌握在自己手中，不断提高国防科技自主创新能力。当前，尤其要发扬"两弹一星"的精神，着力突破国防科技发展的瓶颈，甩掉"卡脖子"的手，发展独有的杀手锏，奠定强大国防的军事技术基石。

与此同时，坚持自主国防观，并非否定进行一定程度的国防合作。当今时代，传统威胁与非传统威胁并存，尤其是非传统安全威胁具有较强的流动性，其在世界各国的肆行衍生了国际公共安全问题。事实表明，在应对国际恐怖主义、打击海盗等非传统安全威胁方面，靠一国的力量往往力不从心，各国必须通力合作、共同解决。这就要求强化安全合作的观念，以合作方式应对共同面临的一些公共安全威胁。近年来，为应对海盗威胁，中国海军与一些国家在索马里海域联合护航，取得了十分显著的成效。要继续探索海外军事力量运用的方式，逐渐开辟国际安全合作的有效路径，促进合作对象多元化、合作内容多样化、合作形式灵活化，进一步扩大安全合作的深度与广度。

第二节　国防法规

国防法规是指国家为了加强防务，尤其是加强武装力量建设，用法律形式确定并以国家强制手段保证其实施的行为规则的总称。国防法规是由特定的国家机关根据法定权限和程序制定的，是国家法制的重要组成部分，也是国防和军队建设的重要内容。

一、国防法规体系

国防法规体系是指由各个层次、不同门类的国防法律规范构成的相互联系、相互制约和协调的有机整体。各个层次表示国防法律规范之间的纵向关系，不同门类表征着国防法律规范之间的横向关系。

（一）国防法规体系的层次

国防法规体系的层次，是对国防法规体系的纵向划分。在各个层次的国防法律规范中，既有最高国家权力机关制定的国防基本法律和国防法律，也有最高国家行政机关和最高国家军事机关制定的国防行政法规、最高国家军事机关制定的军事法规，还有其他授权的国家机关制定的国防行政规章和军事规章。按照法制建设的要求，在这些法律规范中，下一层次的法必须以上一层次的法为依据，不得与其相抵触。也就是说，只有形成等级分明的层次，才能确保各种国防法律规范做到层层节制，一级服从一级，从而避免重叠和矛盾，保证国防法规体系的协调统一。在纵向层次上，依据我国国防立法的权限和法律规范的效力等级，可将国防法律规范划分为 5 个层次。

1.《中华人民共和国宪法》中的国防条款

宪法是国家的根本大法，具有最高的法律效力。因此，宪法中的国防法律条款，居于国防法律规范的最高层次，是制定其他国防法律规范的根本性依据。宪法中的国防条款主要有：规定了武装力量领导体制，包括中央军事委员会的职权、组成、人选以及在国家体制中的地位等内容，规定中央军委实行主席负责制；规定了武装力量的性质、任务和建设方针；规定了军队在国家政治制度中的地位，明确了军队是全国人民代表大会的一个选举单位；规定了武装力量活动的根本原则；规定了公民在国防方面的权利和义务；规定了国防建设的领导和管理体制；规定了全国总动员、局部动员和宣布战争状态的制度；规定了戒严制度；规定了国家和社会对伤残军人及军人家属的优抚政策；规定了军事审判机关和军事检察机关的设置及其他内容。

2. 基本国防法律

基本国防法律以宪法依据，由全国人民代表大会制定。包括以下内容：一是专门的基本国防法律。在我国，1997 年公布的《中华人民共和国国防法》是国防基本法。此前，全国人民代表大会制定的《中华人民共和国兵役法》起着国防基本法的作用。基本国防法律的效力仅低于宪法，主要规定国防领导体制，武装力量的构成、任务、建设目标和原则，国防建设与斗争的基本制度，社会组织和公民的基本国防权利与义务，对外军事关系等。在国防法律体系中，基本国防法律起着诠释、衔接宪法，统领其他国防法律法规的作用。二是其他基本法律中的国防条款，如《中华人民共和国刑法》中的第七章和第十章，《民法典》中有关军婚的条款等。三是基本国防法律解释。

3. 国防法律

国防法律以宪法和基本国防法律为依据，其内容主要是国防和军队建设某一方面重要的原则、制度和行为规范，是宪法中的国防法律条款和基本国防法律的具体化，由全国人大常务委员会制定。包括以下内容：一是专门的国防法律和法律性决定。如《中华人民共和国国防动员法》《中华人民共和国国防教育法》《中华人民共和国军事设施保护法》《中华人民共和国人民武装警察法》《中华人民共和国退役军人保障法》《全国人民代表大会常务委员会关于设立全民国防教育日的决定》等。二是其他法律中的国防条款，如《中华人民共和国行政诉讼法》中关于人民法院不受理公民、法人或者其他组织对国防行为提起诉讼的规定等。三是国防法律解释。

4. 国防法规

狭义的国防法规是国防法律规范体系中的第四个层次，它的制定以基本国防法律和国防法律为依据。包括以下内容：一是中央军委制定的军事法规，如《中国人民解放军内务条令（试行）》《中国人民解放军纪律条令（试行）》《中国人民解放军队列条令（试行）》等。二是国务院单独或与中央军委联合制定国防行政法规，如《退役士兵安置条例》《中国人民解放军现役士兵服役条例》《中华人民共和国飞行基本规则》《军人抚恤

优待条例》等。三是其他法规中的国防条款，如经国务院批准，中国专利局发布的《中华人民共和国专利法实施细则》中关于国防系统各单位申请发明专利的规定等。四是国防法规解释。

5. 国防规章

国防规章以基本国防法律、国防法律、国防法规为依据。包括以下内容：一是中国人民解放军各战区、各军种和武警总部制定的军事规章。二是经中央军委批准，军委机关部门与中央国家机关有关部门联合制定的国防行政规章以及国务院有关部门制定的国防行政规章。三是其他规章中的国防条款。四是国防规章解释。

军事纵横

> 有地方立法权的地方人民代表大会及其常委会和地方人民政府也可以制定地方性国防法规和规章。这些地方性国防法规和规章的内容，是本行政区域国防建设的制度和行为规范，主要限于兵员征集、军人优抚及退伍安置、国防教育、军事设施保护等方面，如广东省人大常委会制定的《广东省征兵工作规定》。

（二）国防法规体系的内容

在横向关系上，依据国防活动的领域，可以将国防法律规范划分为若干方面的内容，也就是若干方面的法律制度。在我国，国防法规体系的内容主要包括以下方面：

1. 军事组织方面的法律制度

军事组织法律制度，是规定各种军事组织系统中体制编制结构、职责权限划分及其相互关系的法律规范的总和。它可以调整军事组织中各种与国防有关的社会关系，涉及有关国防和武装力量的组织形式、体制编制、人员装备编配等方面的内容。当前，我国尚无专门的军事组织法典或单行的军事组织法规，有关规定散见于宪法、国防法和其他国防法律、法规的条款之中。

2. 军事行政管理方面的法律制度

军事行政管理方面的法律制度，是调整军事行政管理活动中各种社会关系的法律规范的总和，是进行军事行政管理活动的法定依据。主要有以下几种：一是内务制度，主要由《中国人民解放军内务条令（试行）》规定；二是纪律制度，主要由《中国人民解放军纪律条令（试行）》规定；三是队列制度，主要由《中国人民解放军队列条令（试行）》规定；四是警备制度，主要由《中国人民解放军警备条令》规定；五是武器装备管理制度，主要由《中国人民解放军装备管理条例》规定；六是保密制度，主要由《中华人民共和国保守国家秘密法》和《中国人民解放军保密条例》规定。在国防法律制度中，军事行政管理法律制度是一个调整内容丰富、法规数量众多的分支门类，占有较大的比重和重要的地位。

3. 兵役方面的法律制度

兵役方面的法律制度，是国家调整兵役活动中各种社会关系的法律规范的总和。它主要规定国家的兵役制度、公民的兵役义务、兵役工作机构的职责、兵员征集和动员的方式等内容，是国家开展兵役工作，确保公民服兵役、确保常备军和后备兵员补充的法定依据。由全国人民代表大会制定的《中华人民共和国兵役法》规定了兵役方面的基本法律制度。在它之下，国家和军队还制定了一系列兵役方面的法律法规，形成了具有中国特色的兵役制度，主要内容包括：现役制度、预备役制度、兵员征集制度、对违反兵役法的惩处制度等。

4. 国防动员方面的法律制度

国防动员方面的法律制度，是国家调整战时与动员活动中的各种社会关系的法律规范的总和。它是国家实施战时管制以及由平时状态转入战时状态，统一调动人力、物力、财力为战争服务的法定依据，主要有《中华人民共和国国防动员法》《民用运力国防动员条例》等。

5. 国防教育方面的法律制度

国防教育方面的法律制度，是调整国防教育活动中的各种社会关系的法律规范的总和。它是国家对全民进行国防教育，增进其国防观念，提高其国防素质的法定依据。它既包括国家权力机关制定的国防教育法律，如《中华人民共和国国防教育法》，也包括地方权力机关和行政机关制定的地方性法规和规章。

6. 军事设施保护方面的法律制度

军事设施保护方面的法律制度，是调整人们在保护军事设施活动中各种社会关系的法律规范的总和。它是国家保护军事设施的安全和使用效能、维护国家军事利益的法定依据。主要由《中华人民共和国军事设施保护法》《国务院、中央军委关于保护通信线路的规定》等一系列法律法规组成。

7. 军民融合方面的法律制度

军民融合方面的法律制度，是调整国防建设与经济建设之间各种关系及相应活动的法律规范的总和。它是国家保障国防建设和经济建设融合发展的法定依据。主要包括军民融合组织领导体制、国防科技工业军民结合制度、依托国民教育培养人才制度、军队保障社会化制度等。目前，我国正在制定军民融合方面的法律，为最大限度地实现资源和成果的优化配置、互惠互利，形成全要素、多领域、高效益的军民融合深度发展格局提供制度保障。

此外，还有安全防卫、军事训练、军队政治工作、国防后勤、人民武装警察部队、国防科研生产、优抚与安置、军事刑事和对外军事关系等方面的法律制度。

二、主要国防法规简介

(一)《中华人民共和国国防法》

国防法是调整国防领域社会关系的法律。《中华人民共和国国防法》(以下简称《国防法》)是指导和规范中华人民共和国国防活动的基本法律依据。

《国防法》于 1997 年 3 月 14 日由第八届全国人民代表大会第五次会议通过，根据 2009 年 8 月 27 日第十一届全国人民代表大会常务委员会第十次会议《关于修改部分法律的决定》修正，2020 年 12 月 26 日第十三届全国人民代表大会常务委员会第二十四次会议修订。

该法共 12 章 73 条，主要规定了国防活动的基本原则，国家机构的国防职权，武装力量的构成、任务和建设，国防动员和战争状态，公民、组织的国防义务和权利，对外军事关系等。《国防法》是根据宪法而制定的一部综合性的调整和规范我国国防与武装力量建设的基本部门法，亦称基本法。这部法律的制定，是新中国成立以来我国国防领域最重要的立法活动，也是巩固我国国防建设的必然要求。

相关链接：

一图了解新修订的《中华人民共和国国防法》

（二）《中华人民共和国兵役法》

兵役法是国家关于公民参加军事组织或在军事组织之外承担军事任务，接受军事训练的法律。《中华人民共和国兵役法》（以下简称《兵役法》）是规范中华人民共和国公民履行兵役义务的基本法律依据。

《兵役法》于 1984 年 5 月 31 日第六届全国人民代表大会第二次会议通过，根据 1998 年 12 月 29 日第九届全国人民代表大会常务委员会第六次会议《关于修改〈中华人民共和国兵役法〉的决定》第一次修正，根据 2009 年 8 月 27 日第十一届全国人民代表大会常务委员会第十次会议《关于修改部分法律的决定》第二次修正，根据 2011 年 10 月 29 日第十一届全国人民代表大会常务委员会第二十三次会议《关于修改〈中华人民共和国兵役法〉的决定》第三次修正，2021 年 8 月 20 日第十三届全国人民代表大会常务委员会第三十次会议修订。

相关链接：

一图了解新修订的《中华人民共和国兵役法》

新修订的兵役法共 11 章 65 条。主要从法律上强化党对兵役工作统一领导，保证兵役工作的正确方向；优化兵役基本制度，突出志愿兵役的主体地位；完善兵役登记和平时征集制度，对兵役登记对象范围、程序办法、查验核验等进行系统规范，健全高校兵役工作机构，放宽高素质兵员征集年龄限制；优化服役待遇保障和退役安置制度，明确公民入伍时保留户籍、优秀义务兵可以提前选改为军士，调整义务兵家庭优待金等政策，规范退役军人的安置方式和适用条件；创新兵役工作方式方法，推进兵役信息化建设，建立考核激励和责任追究机制，进一步明确单位和个人应当承担的法律责任。

（三）《中华人民共和国国防教育法》

国防教育法是国家关于在社会组织和公民中普及和加强国防教育的法律。国防教育法在一国国防法体系中占有重要地位，是国防法体系中的基本法和部门法。

**中华人民共和国
国防教育法**

法律出版社

《国防教育法》

《中华人民共和国国防教育法》（以下简称《国防教育法》）于 2001 年 4 月 28 日由第九届全国人民代表大会常务委员会第二十一次会议通过，根据 2018 年 4 月 27 日第十三届全国人民代表大会常务委员会第二次会议《关于修改〈中华人民共和国国境卫生检疫法〉等六部法律的决定》修正。该法共 6 章 38 条。《全国人民代表大会常务委员会关于设立全民国防教育日的决定》是对《国防教育法》的补充，2001 年 8 月 31 日由第九届全国人民代表大会常务委员会第二十三次会议通过，确定每年 9 月第三个星期六为全民国防教育日。

《国防教育法》是我国第一部全面调整和规范国防教育的重要法律。这部法律的制定，集中反映了各方面的意见和建议，充分体现了广大人民群众的意愿，为全民国防教育健康、持久、深入地开展下去，提供了可靠的法律保障。

（四）《中华人民共和国军人地位和权益保障法》

《中华人民共和国军人地位和权益保障法》（以下简称《军人地位和权益保障法》）是为了保障军人地位和合法权益，激励军人履行职责使命，让军人成为全社会尊崇的职业，促进国防和军队现代化建设，根据宪法制定的法律。

《军人地位和权益保障法》于 2021 年 6 月 10 日第十三届全国人民代表大会常务委员会第二十九次会议通过。该法共 7 章 71 条。这部法律，是国防和军队建设的重要法律，是军人地位和权益保障的基础性、综合性法律，是深化国防和军队改革的重要成果，是贯彻落实党的十九大决策部署的重要举措。规定军人地位和权益保障的领导管理体制，建立工作运行机制、经费保障机制和考核激励机制；从法律上对军人地位作出规定，明确军人担负的职责使命和宪法法律规定的义务，以及军人政治权利、军内民主权利和军人履职保障等；构建军人荣誉维护制度，对军人荣誉的内涵、获得渠道、培育模式、礼遇待遇和仪式，以及荣誉名誉保护等作出规定；规范军人待遇保障制度，从工资、住房、医疗、保险、休假探亲、教育培训、随军落户等方面，规定军人享有的基本待遇；完善军人抚恤优待制度，对烈士褒扬、死亡抚恤、伤残抚恤政策，以及军人军属和烈士、因公牺牲军人、病故军人的遗属在就业安置、子女教育、帮扶援助、司法服务等方面的优待作出规定；建立法律责任追究机制，明确违反本法规定应当承担的法律责任和处罚措施。

学思之窗

《中华人民共和国军人地位和权益保障法》于2021年6月10日通过并公布，自2021年8月1日起施行。这是军人地位和权益保障的基础性、综合性法律，也是深化国防军队改革的重要成果。

思考：这部法律的颁布有什么重大意义呢？

三、公民的国防权利和义务

公民的国防权利是指宪法和法律赋予公民在国防活动中享有的权利或利益。国家从法律和物质上保障公民和组织享有这种权利的可能性。公民的国防义务是指由宪法和法律规定的公民在国防方面应当履行的责任。国防义务是法定义务和法律义务。每一个公民都享有相应的国防权利，也必须履行相应的国防义务。

（一）公民的国防权利

根据《中华人民共和国国防法》（以下简称《国防法》）和相关法律的规定，公民享有以下三个方面的国防权利。

1. 对国防建设提出建议的权利

《国防法》第五十七条规定："公民和组织有对国防建设提出建议的权利。"根据这一规定，公民可依法对国防建设的指导思想、方针、原则、规章制度和实施方法等提出建议。《宪法》规定："中华人民共和国公民对于任何国家机关和国家工作人员，有提出批评和建议的权利。"公民的批评建议权，是国家和社会监督权的形式之一，充分体现了我国人民当家作主的社会主义性质。

2. 制止、检举危害国防行为的权利

《国防法》第五十七条规定：公民和组织"有对危害国防利益的行为进行制止或检举的权利"。根据这一规定，对于危害国防安全的行为，公民有权采取一切合法手段制止其发生发展，这是对《中华人民共和国宪法》（以下简称《宪法》）关于公民有维护国家安全、荣誉和利益的义务和关于公民检举权规定在国防方面的体现。

3. 因国防活动造成的经济损失得到补偿的权利

《国防法》第五十八条规定："公民和组织因国防建设和军事活动在经济上受到直接损失的，可以依照国家有关规定获得补偿。"国家进行国防建设，武装力量开展军事活动，在某些情况下可能对公民的合法权益产生一定的影响甚至造成经济损失，公民可以按国家有关规定请求政府或军事机关予以补偿。这一规定，体现了一切为了人民利益的社会主义的本质，既保护了公民的经济权利，又有利于调动公民依法积极参加国防建设和军事活动。

（二）公民的国防义务

根据《国防法》和相关法律的规定，公民的国防义务主要有以下六项。

1. 维护国家统一和安全的义务

《宪法》第五十二条规定，中华人民共和国公民有维护国家统一和全国各民族团结的义务。维护国家统一主要是指维护国家领土的完整，任何公民都不得破坏、变更和以其他各种形式分裂肢解国家领土；维护国家政权的统一，不允许任何公民以各种方式分裂国家政权，破坏国家的统一，不允许任何人以任何方式把国家主权割让给外国。《宪法》第五十四条规定，中华人民共和国公民有维护祖国的安全、荣誉和利益的义务，不得有危害祖国的安全、荣誉和利益的行为。维护国家的安全主要是指维护国家的领土、主权不受侵犯，国家各项机密得以保守，社会秩序不被破坏。履行维护国家统一和安全这项义务，就是要求每一个公民都有高度的爱国主义精神和积极的爱国主义行动，以国家利益为最高利益，自觉维护祖国统一、安全、荣誉和利益。

2. 履行兵役的义务

《国防法》第五十三条规定，依照法律服兵役和参加民兵组织是中华人民共和国公民的光荣义务。《中华人民共和国兵役法》（以下简称《兵役法》）第五条规定，中华人民共和国公民，不分民族、种族、职业、家庭出身、宗教信仰和教育程度，都有义务依照本法的规定服兵役。按照《兵役法》的规定，兵役分为现役和预备役。参加民兵组织、青年大学生应征入伍服兵役服预备役以及普通高等学校和普通高中学生参加军事训练，是我国应征公民在军队之外履行兵役义务的普遍形式。

相关链接：

2023 年征兵公益宣传片《火热军营 精彩人生》

学思之窗

媒体曾公开报道河南省淮阳县贾某、河北省巨鹿县刘某、贵州省台江县付某等拒服兵役典型案例。这些拒服兵役青年在自愿入伍后，因个人原因怕苦怕累不愿继续在部队服役，经军地领导及家人多次沟通无果后，最终被部队作除名处理，退回原籍（或征集地）。

思考：这些通报案例中的当事人都受到了严厉的处罚，请大家思考，公民为何要依法服兵役？

3. 接受国防教育的义务

《国防法》第五十五条规定，公民应当接受国防教育。《中华人民共和国国防教育法》第五条进一步强调，中华人民共和国公民都有接受国防教育的权利和义务。国防教育是建设和巩固国防的基础，是增强民族凝聚力、提高全民素质的重要途径。普及和加强国防教育是全社会的共同责任，自觉接受国防教育是公民应尽的义务。

4. 支前参战的义务

根据《宪法》和《兵役法》的规定，为了应对国家主权、统一、领土完整、安全和发展利益遭受的威胁，抵抗侵略，各级人民政府、各级军事机关，在平时必须做好战时兵员动员的准备工作。现役军人必须遵守军队的条令和条例，忠于职守，随时为保卫祖国而战斗。预备役人员必须按照规定参加军事训练、执行军事勤务，随时准备参军参战，保卫祖国。

5. 保护军事设施的义务

《中华人民共和国军事设施保护法》（以下简称《军事设施保护法》）第四条明确规定，中华人民共和国的组织和公民都有保护军事设施的义务。禁止任何组织或者个人破坏、危害军事设施。任何组织或者个人对破坏、危害军事设施的行为，都有权检举、控告。根据《军事设施保护法》和国家其他有关保护军事设施规定的要求，公民应当自觉遵守各类军事设施的保护规定。

6. 保守国防秘密的义务

《宪法》第五十三条规定，中华人民共和国公民必须遵守宪法和法律，保守国家秘密。《中华人民共和国保守国家秘密法》规定，国家秘密关系国家的安全和利益，一切国家机关、武装力量、政党、社会团体、企事业单位和公民都有保守国家秘密的义务。

第三节　国防建设

国防建设是指为维护国家安全利益的需要，提高国防能力而进行的各方面的建设。国防建设内容主要包括武装力量建设、人员动员准备、战场准备、战略物资储备、国防事业建设、国防科学技术研究以及对人民群众进行国防教育和军事训练等。

一、国防体制

（一）国防体制的内涵

国防体制，是国防机构设置、领导隶属关系和管理权限划分等方面的制度形式的总称，是国家体制的重要组成部分。世界各国的国防体制，都具有自卫的鲜明特点，没有统一的模式，但存在着普遍性规律。一般都要求以宪法、法律、政策有关规定为依据，保证中央和上级的统一领导。国防体制通常包括：国防最高决策机构，武装力量统帅机构，国防建设领导管理机构，武装力量的编成，常备军的编成及其编制等。在和平时期，国防体制要适应国防建设的客观需要。在战争情况下，国防体制着眼于快速有效地实施战争决策和指挥，协调各个领域和各条战线，充分发挥国防能力，确保战争的胜利。这里着重介绍国防领导体制。

（二）国防领导体制

国防领导体制是指国家领导国防活动的组织体系及相应制度。它包括国防领导机构的设置、职权划分、相互关系等。它是国家政权组织形式和机构的重要组成部分。一般设有最高统帅、最高国防决策机构、国家行政机关中管理国防事务的部门、武装力量领导指挥系统等。根据《宪法》和《国防法》，我国的国防领导职权由以下机构行使。

1. 中共中央的国防领导职权

中华人民共和国的武装力量受中国共产党的领导。党的中央军事委员会和国家的中央军事委员会的组成人员对军队的领导职能完全一致。中央军委实行主席负责制，中央军委主席即为全国武装力量的统帅。

2. 全国人民代表大会及其常务委员会的国防职权

全国人民代表大会（以下简称全国人大）选举中央军事委员会（以下简称中央军委）主席，根据中央军委主席的提名，决定中央军委其他组成人员的人选，决定战争与和平的问题，并行使宪法规定的国防方面的其他职权。全国人民代表大会常务委员会（以下简称全国人大常委会）在全国人大闭会期间决定战争状态的宣布，决定全国总动员或局部动员，并行使宪法规定的国防方面的其他职权。

3. 国务院的国防职权

国务院领导和管理国防建设事业，行使下列职权：编制国防建设的有关发展规划和计划；制定国防建设方面的有关政策和行政法规；领导和管理国防科研生产；管理国防经费和国防资产；领导和管理国民经济动员工作和人民防空、国防交通等方面的建设和组织实施工作；领导和管理拥军优属工作和退役军人保障工作；与中央军事委员会共同领导民兵的建设，征兵工作，边防、海防、空防和其他重大安全领域防卫的管理工作；法律规定的与国防建设事业有关的其他职权。

军事纵横

《中华人民共和国退役军人保障法》由全国人大常委会会议表决通过，自2021年1月1日起施行。该法的主要内容包括以下11个部分：一是明确保障工作的基本方针、原则和工作体制；二是规范移交接收工作机制；三是明确分类安置方式和保障措施；四是完善退役军人安置配套制度；五是创新教育培训举措；六是完善就业创业扶持措施；七是加大优待帮扶力度；八是强化褒扬激励制度功能；九是加强服务保障能力建设；十是规范监督管理工作；十一是做好有关法律、法规和政策的衔接配套。

4. 国家主席的国防职权

国家主席根据全国人大及其常委会的决定，宣布战争状态，发布动员令，并行使宪法规定的国防方面的其他职权。

5. 中央军委的国防职权

中央军委领导全国武装力量，行使下列职权：统一指挥全国武装力量；决定军事战略和武装力量的作战方针；领导和管理中国人民解放军、中国人民武装警察部队的建设，制定规划、计划并组织实施；向全国人大会或者全国人大常委会提出议案；根据宪法和法律，制定军事法规，发布决定和命令；决定中国人民解放军、中国人民武装警察部队的体制和编制，规定中央军委机关部门、战区、军兵种和中国人民武装警察部队等单位的任务和职责；依照法律、军事法规的规定，任免、培训、考核和奖惩武装力量成员；决定武装力量的武器装备体制，制定武器装备发展规划、计划，协同国务院领导和管理国防科研生产；会同国务院管理国防经费和国防资产；领导和管理人民武装动员、预备役工作；组织开展国际军事交流与合作；法律规定的其他职权。

二、国防战略

国防战略是对国防建设和运用综合国力维护国家安全，实现国防目标的总体构想，取决于国家战略和国家政策，最终体现国家利益。积极防御战略思想是中国共产党军事战略思想的基本点。坚定不移地坚持积极防御战略思想，是中国特色社会主义的本质要求，是我们走和平发展道路的应有之义，符合国家发展战略和和平外交政策，符合人民的根本利益和世界发展潮流，也是对慎战、备战、止战的战略文化传统的继承和发扬。进入新时代，要有效维护国家安全与发展，必须赋予积极防御战略思想新的时代内涵和表现形式。要着重把握以下四点内容。

（一）立足打赢信息化局部战争

当前和今后一个时期，中国发生大规模外敌入侵战争的可能性可以排除，但因外部因素引发局部战争和武装冲突的可能性现实存在。根据国家面临的军事安全威胁和我军信息化建设加速发展的实际，基于陆、海、空、天、电、网的多维战场环境，新的方针把军事斗争准备的基点放在打赢信息化局部战争上。

（二）创新基本作战思想

着眼信息化局部战争的特点规律和制胜机理，发扬我军机动灵活的战略战术传统，坚持灵活机动、自主作战的原则，你打你的、我打我的。把握体系作战这个信息化战争的本质，始终把制信息权放在夺取战场综合控制权的核心地位，着眼破敌作战体系进行精确打击，运用诸军兵种一体化作战力量，实施信息主导、精打要害、联合制胜的体系作战。

（三）优化军事战略布局

根据我国地缘战略环境、面临的安全威胁和军队担负的战略任务，构建全局统筹、分区负责、相互策应、互为一体的战略部署和军事布势。既要关注陆地、海洋、空中等传统安全领域，还要关注太空、网络空间等新型安全领域，加强海外利益攸关区国际安全合作。

（四）坚持战略指导原则

战略指导原则是战略指导思想的具体展开和延伸，是指导战略全局所必须遵循的基本准则。主要包括：服从服务于国家战略目标；营造有利于国家和平发展的战略态势；保持维权维稳平衡；努力争取军事斗争战略主动；运用灵活机动的战略战术；立足应对最复杂最困难情况；发挥人民军队特有的政治优势；发挥人民战争的整体威力；积极拓展军事安全合作空间。

三、国防政策

国防政策是指国家进行国防建设和使用国防力量的准则，是国防建设和国家安全的政治与制度保证。国防政策有鲜明的阶级性，不同的国家有不同的国防政策。中国的社会主义国家性质，走和平发展道路的战略抉择，独立自主的和平外交政策，"和为贵"的中华文化传统，决定了中国始终不渝奉行防御性国防政策。

（一）坚决捍卫国家主权、安全、发展利益

坚决捍卫国家主权、安全、发展利益是新时代中国国防的根本目标。慑止和抵抗侵略，保卫国家政治安全、人民安全和社会稳定，反对和遏制"台独"，打击"藏独""东突"等分裂势力，保卫国家主权、统一、领土完整和安全。维护国家海洋权益，维护国家在太空、电磁、网络空间等安全利益，维护国家海外利益，支撑国家可持续发展。

边防战士守护祖国边疆

（二）坚持永不称霸、永不扩张、永不谋求势力范围

坚持永不称霸、永不扩张、永不谋求势力范围是新时代中国国防的鲜明特征。国虽大，好战必亡。中华民族历来爱好和平。近代以来，中国人民饱受侵略和战乱之苦，深感和平之珍贵、发展之迫切，决不会把自己经受过的悲惨遭遇强加于人。中国既通过维护世界和平为自身发展创造有利条件，又通过自身发展促进世界和平，真诚希望所有国家都选择和平发展道路，共同防范冲突和战争。中国坚持在和平共处五项原则基础上发展同各国的友好合作，尊重各国人民自主选择发展道路的权利，主张通过平等对话和谈判协商解决国际争端，反对干涉别国内政，反对恃强凌弱，反对把自己的意志强加于人。中国坚持结伴不结盟，不参加任何军事集团，反对侵略扩张，反对动辄使用武力或以武力相威胁。中国的国防建设和发展，始终着眼于满足自身安全的正当需要，始终是世界和平力量的增长。历史已经并将继续证明，中国决不走追逐霸权、"国强必霸"的老路。

（三）贯彻落实新时代军事战略方针

贯彻落实新时代军事战略方针是新时代中国国防的战略指导。新时代军事战略方针，坚持防御、自卫、后发制人原则，实行积极防御，坚持"人不犯我、我不犯人，人若犯我、我必犯人"，强调遏制战争与打赢战争相统一，强调战略上防御与战役战斗上

进攻相统一。贯彻落实新时代军事战略方针，服从服务党和国家战略全局，落实总体国家安全观，强化忧患意识、危机意识、打仗意识，积极适应战略竞争新格局、国家安全新需求、现代战争新形态，有效履行新时代军队使命任务。根据国家面临的安全威胁，扎实做好军事斗争准备，全面提高新时代备战打仗能力，构建立足防御、多域统筹、均衡稳定的新时代军事战略布局。坚持全民国防，创新人民战争的战略战术和内容方法，充分发挥人民战争整体威力。

（四）坚持走中国特色强军之路

坚持走中国特色强军之路是新时代中国国防的发展路径。建设同国际地位相称、同国家安全和发展利益相适应的巩固国防和强大军队，是中国社会主义现代化建设的战略任务，是坚持走和平发展道路的安全保障。新时代中国国防和军队建设，深入贯彻习近平强军思想，深入贯彻习近平军事战略思想，坚持政治建军、改革强军、科技强军、人才强军、依法治军，聚焦能打仗、打胜仗，推动机械化信息化融合发展，加快军事智能化发展，构建中国特色现代军事力量体系，完善和发展中国特色社会主义军事制度，不断提高履行新时代使命任务的能力。新时代中国国防和军队建设的战略目标是，同国家现代化进程相一致，全面推进军事理论现代化、军队组织形态现代化、军事人员现代化、武器装备现代化，力争到 2027 年实现建军一百年奋斗目标、到 2035 年基本实现国防和军队现代化，到本世纪中叶把人民军队全面建成世界一流军队。

（五）服务构建人类命运共同体

服务构建人类命运共同体是新时代中国国防的世界意义。中国人民的梦想与世界人民的梦想息息相通。一个和平稳定繁荣的中国，是世界的机遇和福祉。一支强大的中国军队，是维护世界和平稳定、服务构建人类命运共同体的坚定力量。中国军队坚持共同、综合、合作、可持续的安全观，秉持正确义利观，积极参与全球安全治理体系改革，深化双边和多边安全合作，促进不同安全机制间协调包容、互补合作，营造平等互信、公平正义、共建共享的安全格局。中国军队坚持履行国际责任和义务，始终高举合作共赢的旗帜，在力所能及的范围内向国际社会提供更多公共安全产品，积极参加国际维和、海上护航、人道主义救援等行动，加强国际军控和防扩散合作，建设性参与热点问题的政治解决，共同维护国际通道安全，合力应对恐怖主义、网络安全、重大自然灾害等全球性挑战，积极为构建人类命运共同体贡献力量。

四、国防成就

中华人民共和国成立以来，在党中央、中央军委的领导下，国防建设取得了很大成就，逐步建立起了具有中国特色的现代化国防体系。

（一）铸造了一支具有一定现代化水平并向信息化迈进的强大军队

军队是国防力量的主体。中华人民共和国成立 70 多年来，人民军队的现代化建设取得了巨大成就，已由过去单一军种发展成为诸军兵种合成、具有一定现代化水平，并开始向信息化迈进的强大军队。特别是进入 21 世纪后，人民军队按照履行使命任务和信息化建设发展要求，积极稳妥推进中国特色军事变革。陆军按照机动作战、立体攻防的战略要求，推进由机械化向信息化转型，以信息系统集成建设为重要抓手，贯彻统一的体系架构，建成能够融入三军、实用好用的信息系统，发展新型作战力量，优化部队编成，合理划分部队类型，科学确定部队编成，使部队编成向充实、合成、多能、灵活的方向发展，提高空地一体、远程机动、快速突击和特种作战能力。海军适应由近海防御型向近海防御与远海防卫型战略转变的要求，完善以航母编队为支撑、以大中型舰船和潜艇部队为主体、以两栖攻击部队为补充的海战力量结构，注重提高近海综合作战力量现代化水平，提高远海机动作战、远海合作与应对非传统安全威胁能力，增强战略威慑与反击能力。空军按照空天一体、攻防兼备的战略要求，完善以多功能三代机部队为主力、以多样化保障机种部队为支撑、以新型防空反导力量为补充的空战力量结构，提高战略预警、威慑和远程空中打击能力。火箭军按照核常兼备、全域慑战的战略要求，着眼于建设一支满足国家安全需要的强大的现代化核力量，坚持自卫反击和有限发展的原则，加快推进信息化转型，积极发展新型战略威慑力量和手段，加强中远程精确打击力量建设，不断增强战略威慑和战略制衡能力。战略支援部队作为维护国家安全的新型作战力量，坚持体系融合、军民融合，努力在关键领域实现跨越式发展，高标准高起点推进新型作战力量加速发展、一体发展，提高综合保障能力。

（二）形成了门类齐全、综合配套的国防科技工业体系

国防科技是衡量一个国家综合国力的重要标志之一，也是国防现代化建设的一个重要方面。经过几十年的建设和发展，我国的国防科技工业经历了从无到有、从小到大、从落后到先进的过程，建立起电子、船舶、兵器、航空、航天和核能等门类齐全、综合配套的科研实验生产体系，取得了一大批具有国内或国际先进水平的科研成果。

在军事电子方面，逐步发展成为具有相当规模、门类齐全的新兴工业部门，特别是在指挥自动化、情报侦察、预警探测、电子对抗和通信等方面，为我军提供了各种新式装备和产品，进一步增强了部队侦察、通信、指挥和作战能力；在船舶工业方面，先后自行研制建造了航空母舰、核动力潜艇、常规潜艇、导弹驱逐舰、导弹护卫舰、导弹快艇等作战舰艇以及各种辅助船舶和新型鱼雷、水雷、反水雷等新装备；在兵器工业方面，研制生产了一大批具有先进性能的坦克、装甲车辆、火炮、弹药、轻武器、军用光电器材和综合火控、指挥系统等新型武器装备，为我军现代化作出了重要贡献；在航空工业方面，已能够生产歼击机、轰炸机、直升机、运输机、教练机等，基本满足了海空军作战和飞机训练的需要；在航天科技工业方面，已拥有地地、地空、海空和空空导弹武器系统，运载火箭、各种应用卫星的研制和实验能力以及各种应用卫星的发射能力，在世界高新技术领域占有自己的一席之地；在核工业方面，我国不仅可以生产制造原子弹、氢弹，还掌握了核潜艇技术，形成了我国的核威慑力量，在和平利用核能方面，我国也取得了突破性进展。

进入 21 世纪以来，我国进一步建立和完善军民融合的武器装备科研生产体系，努力建设先进的国防科技工业。一是积极转变军工经济发展方式。推进结构调整、产业优化升级和节能减排。军工经济实现平稳较快发展。二是建设先进的军工核心能力。我国已建成一批高水平的科研平台和新型装备生产线，保障了武器装备科研生产任务的完成，骨干装备接近或达到世界先进水平。三是增强自主创新能力。鼓励和支持军工企事业单位、基础性科研机构和高等院校开展国防科技创新活动，特别是推动重大技术创新、自主创新，加强研发应用和基础研究，加速推进新原理新技术新工艺的探索、创新与应用，着力发展先进工业技术，大力推动数字化、信息化技术应用，提高武器装备科研生产的技术水平和创新能力。

军事纵横

进入新时代，我国的国防科技与武器装备水平与发达国家差距进一步缩小。第五代战斗机"歼-20"实现批量生产，大型运输机"运-20"正式列装部队，"空警2000"预警机达到世界先进水平，"彩虹-5"无人机重要性能指标超过发达国家同类装备；"辽宁"号航母编队密集开展重大演训任务，"山东"舰航母编队开展海上训练，大批新型舰艇入列服役，海基战略核反击能力显著提高；火箭军列装了新型巡航导弹、洲际弹道导弹和战役战术弹道导弹，形成了近、中、远、洲际紧密衔接的核常威慑打击能力以及反大型水面舰艇作战能力；空间装备、深海装备和防空反导等重大项目相继取得突破，维护新型领域安全能力显著提高。

（三）建立了完善的国防动员体制

新中国成立后，经过几十年的建设，国防动员体制得到进一步发展和完善。1994年 11 月 29 日成立国家国防动员委员会，2010 年 2 月 26 日颁布《中华人民共和国国防动员法》，该法的颁布施行，对健全适应经济社会发展的国防动员体制机制，科学规范各级政府、军事机关、公民和组织在国防动员活动中的责任、权利和义务，依法加强和保障国防动员建设，都起到了积极的推动作用。2016 年 1 月 11 日，作为中央军委主管国防动员和后备力量建设的职能部门——中央军委国防动员部成立，在人民军队历史上写下了新的一页。

建设世界一流军队，需要世界一流的国防动员作支撑、作保障。2017 年 10 月 18日，习近平在党的十九大报告中作出"完善国防动员体系"战略部署。这既是强国强军的重大举措，也是全党全军的政治责任，更是国防动员系统面临的现实而紧迫的使命课题。完善国防动员体系是一项系统工程，必须在继承中发展，在发展中创新。党的二十大报告指出，加强国防动员建设。新时代的国防动员建设，必须以服务于国家总体安全战略，保障战区战略方向安全需求，适应遂行抢险救灾、维权维稳行动需要，服务于军民融合发展战略的使命任务为牵引，着眼构建与国防和军队现代化建设"三步走"战略目标相一致、具有中国特色的新型国防动员体系。

（四）国防后备力量建设得到了较大发展

《兵役法》第三条规定："中华人民共和国实行以志愿兵役为主体的志愿兵役与义务兵役相结合的兵役制度。"义务兵与志愿兵相结合，是常备军的兵役制度；民兵与预备役相结合，是后备力量的兵役制度，也就是国防后备力量建设的基本制度。

党的十一届三中全会以来，民兵、预备役工作不断在调整中完善，在探索中开拓，在改革中提高。我国后备力量在编制规模、军政素质、动员速度、反应能力等方面都达到了较高水平。中国人民解放军预备役部队组建于1983年，是以现役军人为骨干，以预备役军官、士兵为基础，按统一编制为战时实施成建制快速动员而组建起来的部队。其师团已纳入军队建制序列，授有番号军旗。预备役部队平时隶属省军区，战时动员后归指定的现役部队指挥。2020年6月，中共中央印发了《关于调整预备役部队领导体制的决定》，明确自2020年7月1日零时起，预备役部队全面纳入军队领导指挥体系，由现行军地双重领导调整为党中央、中央军委集中统一领导。

五、军民融合

党的十八大以来，以习近平同志为核心的党中央高度重视军民融合发展，把军民融合发展上升为国家战略，这是我们党长期探索经济建设和国防建设协调发展规律的重大成果，是从国家发展和安全全局出发作出的重大决策，是应对复杂安全威胁、赢得国家战略优势的重大举措。党中央决定成立中央军民融合发展委员会，加强对军民融合发展的集中统一领导，是国防体制机制的重大改革创新，具有极为重要而深远的意义。

相关链接：

图解：军民融合发展战略

（一）准确把握军民融合发展战略思想的科学内涵

习近平总书记从时代发展和战略全局的高度，把军民融合发展纳入党和国家事业发展全局统筹设计和强力推进，作出一系列重要论述和重大决策，形成了中国特色军民融合发展战略思想，是政治建军、改革强军、科技兴军、依法治军的有机组成部分，是习近平总书记系列重要讲话精神和治国理政新理念新思想新战略的重要组成部分，为推进军民融合深度发展、实现中国梦强军梦提供了科学指南。

在战略定位上，强调军民融合发展作为一项国家战略，关乎国家发展和安全全局，既是兴国之举，又是强军之策，是实现发展和安全兼顾、富国和强军统一的必由之路。在更广范围、更高层次、更深程度上推进军民融合，有利于增强国家竞争力和国防实力。

在奋斗目标上，指出当前和今后一个时期是军民融合发展的战略机遇期，也是军民

融合由初步融合向深度融合过渡、进而实现跨越发展的关键期。要统一富国和强军两大目标，统筹发展和安全两件大事，统合经济和国防两种实力，加快形成全要素、多领域、高效益的军民融合深度发展格局，构建军民一体化的国家战略体系和能力。

在总体要求上，强调贯彻落实总体国家安全观和新时代的军事战略方针，坚持党的领导、强化国家主导、注重融合共享、发挥市场作用、深化改革创新。要突出问题导向，抓好顶层设计，统筹增量存量，同步推进体制和机制改革、体系和要素融合、制度和标准建设，在"统"字上下功夫，在"融"字上做文章，在"新"字上求突破，在"深"字上见实效，把军民融合发展搞得更快更好更实。

在实现途径上，指出要向军民融合发展重点领域聚焦用力，以点带面推动整体水平提升。要从需求侧、供给侧同步发力，强化大局意识、改革创新、战略规划、法治保障。军地双方要树立一盘棋思想，站在党和国家事业发展全局的高度思考问题、推动工作。要用改革的办法、创新的思维，在国家层面建立军民融合发展的统一领导、军地协调、需求对接、资源共享机制。要制定和实施军民融合发展战略规划，强化规划刚性约束和执行力。要善于运用法治思维和法治方式推动军民融合发展，提高军民融合发展法治化水平。要着眼解决制约军民融合发展的体制性障碍、结构性矛盾、政策性问题，建立健全组织管理体系、工作运行体系和政策制度体系。

学思之窗

习近平总书记强调，把军民融合发展上升为国家战略，是我们长期探索经济建设和国防建设协调发展规律的重大成果，是从国家安全和发展战略全局出发作出的重大决策。

思考：为什么把军民融合发展上升为国家战略？

习近平总书记军民融合发展战略思想，与我们党经过长期探索实践形成的军民两用、军民结合、寓军于民、军民融合式发展等重要思想，既一脉相承，又与时俱进，是我们党在新的国内外形势下统筹国家发展和安全的最新理论成果，是我们党探索当代经济建设和国防建设融合发展规律的又一重大飞跃。

（二）开创新时代军民融合深度发展新局面

习近平总书记指出，实施军民融合发展战略是构建一体化国家战略体系和能力的必然选择，也是实现党在新时代的强军目标的必然选择，要加强战略引领，加强改革创新，加强军地协同，加强任务落实，努力开创新时代军民融合深度发展新局面，为实现中国梦强军梦提供强大动力和战略支撑。这一重要论述，深刻揭示了军民融合深度发展的独特战略意蕴，充分反映了以习近平同志为核心的党中央对当今世界发展大势的深刻洞悉，对建设现代化强国、实现中华民族伟大复兴中国梦的超前谋划。

　　构建一体化国家战略体系和能力，是对国家安全和发展战略体系的优化重塑，旨在大幅提升经济发展、科技创新、新兴领域竞争、军事战略威慑、动员应急、国际规则主导等战略能力，进而实现国家发展与安全统筹谋划、经济建设与国防建设整体推进、经济力量和国防力量一体运用。这种一体化的国家战略体系和能力的生成，将有助于在国际战略博弈中获得更多战略主动和更大战略利益，有效应对和化解可能面临的国内和国际风险，为民族复兴提供有力支撑。而军民融合的深度发展，是构建一体化国家战略体系和能力的重要途径。

　　经济建设和国防建设的统筹推进，必须借力军民融合。在传统格局下，军地各种单项力量看似很强大，但通常却因缺乏有效融合，很难提升综合对抗能力。只有推动军民深度融合，实现军民两大体系需求统合、资源聚合、能力融合，才能将各种相互关联的军民力量和资源集成为军民一体、活力倍增的国家总体对抗博弈能力。在此背景下，统筹推进现代化经济体系和国防体系建设，成为构建一体化国家战略体系和能力的内在要求。推动军民深度融合，将助力两大建设规划统筹、发展同步、资源配置均衡、要素有效互动、政策制度兼容、组织实施统一。

　　军民科技的协同创新，必须借重军民融合。创新是引领发展的第一动力，是建设现代化经济体系和国防体系的战略支撑。纵观世界创新型国家发展，从国家战略层面建立军民一体的国家创新体系和能力是普遍做法。目前，我国科技创新处于从量的积累向质的飞跃、点的突破向系统能力提升的关键阶段。大幅提升国家创新力，必须打破军民分割，实现军民深度融合，充分挖掘和激活军民协同创新的巨大潜力。从这个意义上讲，构建一体化的国家战略体系和能力，是一场国家科技创新能力再生的革命。要赢得这场革命，必须深入实施军民融合发展战略。

　　国家发展实力向国家博弈对抗能力的转化，必须借助军民融合。信息化时代战争的对抗形态，不只是军事体系之间的对抗，而集中表现为以国家整体实力为基础的体系对抗。从军事体系对抗到以国家整体实力为基础的体系对抗，深刻反映了由机械化战争到信息化战争对抗形态的变化，也对国防体系建设发展方式提出了全新要求。实施军民融合发展战略，既是适应这种对抗形态变化的必然选择，又是实现国家发展实力向国家博弈对抗能力转化的必由之路。

　　由此可见，构建一体化国家战略体系和能力，其核心要义是军民一体化，成败关键在于军民能否深度融合。开创新时代军民融合深度发展新局面，为实现中国梦强军梦提供强大动力和战略支撑，要在以下方面着力：一是加强战略引领。二是加强改革创新。三是加强军地协同。四是加强任务落实。

第四节　武装力量

　　武装力量是国家或政治集团的各种武装组织的总称。一般以军队为主体，由军队和其他正规的、非正规的武装组织组成。武装力量是国家政权的重要组成部分，是国家

或政治集团实现阶级统治，推行内外政策的暴力工具。被统治阶级依靠武装力量夺取政权，统治阶级依靠武装力量镇压反抗，抵御侵略，巩固政权。

一、武装力量的性质、宗旨和使命任务

（一）武装力量的性质和宗旨

中华人民共和国武装力量，是中国共产党领导的、执行政治任务的武装集团，是人民民主专政的坚强柱石，以全心全意为人民服务为最高宗旨，具有鲜明的无产阶级性质。我国武装力量的性质和宗旨，主要体现在以下三个方面：

我国武装力量是社会主义国家的武装力量。为了保卫社会主义国家，捍卫人民民主专政，对外，要防备、抵御侵略，保卫国家安全；对内，要防止武装颠覆，保持社会稳定，保卫人民的和平劳动。此外，武装力量还要积极参加国家经济建设。中华人民共和国成立70多年来，武装力量不仅是保卫国家的钢铁长城，也是社会主义建设的重要力量和抢险救灾的中坚力量，同时，还是维护世界和平的坚强力量。

我国武装力量是人民的武装力量。全心全意为人民服务，不仅是人民解放军的唯一宗旨，也是我国武装力量的宗旨。因此，我国国防法规定，武装力量应"当全心全意为人民服务"。我国武装力量成员来自人民，属于人民，与人民群众有着共同的阶级利益和奋斗目标，这就决定了我国武装力量必须坚定地站在人民的立场上，一切行动从人民利益出发，而不是从任何个人或小集团的利益出发，坚决抵御和克服个人主义、拜金主义和其他一切腐朽思想的侵蚀。

我国武装力量是中国共产党领导的武装力量。将武装力量置于党的领导之下，可以保证武装力量忠实地履行党和人民赋予的历史使命。因此，坚持党对武装力量的领导，是党的利益、国家利益和人民利益的一致性决定的，是我国武装力量建设的根本原则。坚持党对武装力量的领导，主要是坚持党管武装、党指挥枪的原则，坚持党对武装力量行使最高决策权和统率权。从这个意义上说，中国共产党在武装力量体制中居于绝对领导地位。党对武装力量的领导与指挥，主要是通过党在武装力量中的最高国家军事机关——中央军委及其机关部门，对全国的武装力量实施作战指挥和建设领导。武装力量建设的重大事项要由党中央、中央军委决策，武装力量的指挥、调动要经党中央、中央军委批准。除了中国共产党外，其他任何党的组织、政治团体或个人都无权领导和指挥武装力量。

（二）武装力量的使命任务

中华人民共和国的武装力量属于人民。它的任务是巩固国防，抵抗侵略，保卫祖国，保卫人民的和平劳动，参加国家建设事业，全心全意为人民服务。具体任务主要体现在以下三个方面：

中国人民解放军在新时代的使命任务是为巩固中国共产党领导和社会主义制度，为捍卫国家主权、统一、领土完整，为维护国家海外利益，为促进世界和平与发展，提供

战略支撑。

中国人民武装警察部队担负执勤、处置突发社会安全事件、防范和处置恐怖活动、海上维权执法、抢险救援和防卫作战以及中央军事委员会赋予的其他任务。

民兵在军事机关的指挥下，担负战备勤务、执行非战争军事行动任务和防卫作战任务。

二、我国武装力量构成

武装力量构成，也称为武装力量的组织构成，是指武装力量的结构，通常分为军队、武装警察部队和群众武装组织等内容。世界各国武装力量总体构成形式是多种多样的，各国武装力量的组织与构成受本国政治制度、经济实力、军事战略、地理环境、人口资源和历史传统等多方面因素的制约。

（一）我国武装力量的体制

《国防法》第二十二条规定："中华人民共和国的武装力量，由中国人民解放军、中国人民武装警察部队、民兵组成。"中国武装力量实行"三结合"的基本体制，在国家安全和发展战略全局中具有重要地位和作用，肩负着维护国家主权、安全、发展利益的光荣使命和神圣职责。

1. 中国人民解放军

中国人民解放军是中华人民共和国武装力量中最基本、最核心的力量，是抵抗侵略、保卫祖国、维护国家主权和安全的主要力量。中国人民解放军由现役部队和预备役部队组成。现役部队是国家的常备军，主要担负防卫作战任务，按照规定执行非战争军事行动任务。预备役部队按照规定进行军事训练、执行防卫作战任务和非战争军事行动任务；根据国家发布的动员令，由中央军事委员会下达命令转为现役部队。

近年来，中国人民解放军按照履行使命任务和信息化建设发展要求，积极稳妥推进军队改革。推进新型作战力量建设，调整优化各军兵种规模结构，改革部队编组模式，推动作战力量编成向精干、联合、多能、高效方向发展；完善新型军队人才培养体系，深化军事人力资源和后勤政策制度调整改革，加强高新技术武器装备建设，努力构建中国特色现代军事力量体系。

相关链接：
一图了解《中华人民共和国预备役人员法》

2. 中国人民武装警察部队

中国人民武装警察部队（以下简称"武警部队"），是中华人民共和国武装力量的重要组成部分，由党中央、中央军事委员会集中统一领导。武警部队在维护国家安全和社会稳定、保卫人民美好生活中肩负着重大职责，2018年调整改革后实行"中央军委－武警部队－部队"领导指挥体制，武警部队的根本职能属性没有发生变化，不列入解放

军序列。公安边防部队、公安消防部队、公安警卫部队退出现役，国家海洋局领导管理的海警队伍转隶武警部队，武警黄金、森林、水电部队整体移交国家相关职能部门并改编为非现役专业队伍，撤收武警部队海关执勤兵力，彻底理顺武警部队领导管理和指挥使用关系。调整后，武警部队包括内卫部队、机动部队、海警部队等。调整后，武警部队由内卫部队、机动部队、海警部队和院校、研究机构等组成。主要担负执勤、处置突发社会安全事件、防范和处置恐怖活动、海上维权执法、抢险救援和防卫作战以及中央军事委员会赋予的其他任务。

相关链接：

一图读懂《中华人民共和国人民武装警察法》

武警部队坚持中国共产党的绝对领导，贯彻习近平强军思想，贯彻新时代军事战略方针，按照多能一体、维稳维权的战略要求，加强练兵备战、坚持依法从严，加快建设发展，有效履行职责，努力建设一支强大的现代化武警部队。

军事纵横

经中央军委批准，武警部队徽于2021年8月1日启用。2021年1月1日起施行的《中华人民共和国国防法》第二十八条明确："中国人民武装警察部队旗、徽是中国人民武装警察部队的象征和标志。"武警部队徽中心图案以国徽为主体，代表武警部队是中华人民共和国武装力量的重要组成部分；以武警部队旗为背景，体现旗徽一致，代表武警部队由党中央、中央军事委员会集中统一领导；盾牌、长城象征武警部队有效履行新时代使命任务；环绕的橄榄枝象征和平安定。

3. 中国民兵

中国民兵是不脱产的群众武装组织，是人民解放军的助手和后备力量。民兵担负参加社会主义现代化建设、执行战备勤务、参加防卫作战、协助维护社会秩序和参加抢险救灾等任务。民兵建设注重调整规模结构，改善武器装备，推进训练改革，提高以支援保障打赢信息化局部战争能力为核心的完成多样化军事任务能力。民兵组织分为基干民兵组织和普通民兵组织。基干民兵组织编有应急队伍、联合防空、情报侦察、通信保障、工程抢修、交通运输、装备维修等支援队伍，以及作战保障、后勤保障、装备保障等储备队伍。

近年来，民兵建设坚持改革创新，调整规模结构，改善武器装备，突出质量建设。民兵建设实现历史性突破，民兵队伍正加速实现由数量规模型向质量效能型、由人力密集型向科技密集型、由直接参战为主向支援保障为主、由传统领域向新兴领域的战略性转变。

（二）中国人民解放军的编成

中国人民解放军由陆军、海军、空军、火箭军、战略支援部队和联勤保障部队组成。

1. 中国人民解放军陆军

中国人民解放军陆军成立于 1927 年 8 月 1 日，是人民解放军的主要军种，是陆地作战的主力，也是中国人民解放军的中坚力量。陆军对维护国家主权、安全、发展利益具有不可替代的作用。包括机动作战部队、边海防部队、警卫警备部队等，下辖 5 个战区陆军、新疆军区、西藏军区等。东部战区陆军下辖第 71、72、73 集团军，南部战区陆军下辖第 74、75 集团军，西部战区陆军

陆军

下辖第 76、77 集团军，北部战区陆军下辖第 78、79、80 集团军，中部战区陆军下辖第 81、82、83 集团军。按照机动作战、立体攻防的战略要求，加快实现区域防卫型向全域作战型转变，提高精确作战、立体作战、全域作战、多能作战、持续作战能力，努力建设一支强大的现代化新型陆军。2015 年 12 月 31 日，中国人民解放军陆军领导机构正式成立，标志着陆军单独作为一个军种正式亮相世界，从此迈入新的历史发展阶段。2017 年 4 月 27 日，陆军原有的 18 个集团军番号撤销，调整组建为 13 个集团军，新番号同时公布。全新的军旅营体制、崭新的合成作战力量，中国陆军正从"大陆军"时代走进"强陆军"时代。

2. 中国人民解放军海军

中国人民解放军海军成立于 1949 年 4 月 23 日，是中国共产党领导的海上武装力量。海军在国家安全和发展全局中具有十分重要的地位。包括潜艇部队、水面舰艇部队、航空兵、陆战队、岸防部队等，下辖东部战区海军（东海舰队）、南部战区海军（南海舰队）、北部战区海军（北海舰队），海军陆战队等。战区海军下辖基地、潜艇支队、水面舰艇支队、航空兵旅等部队。按照

海军

近海防御、远海防卫的战略要求，加快推进近海防御型向远海防卫型转变，提高战略威慑与反击、海上机动作战、海上联合作战、综合防御作战和综合保障能力，努力建设一支强大的现代化海军。

3. 中国人民解放军空军

中国人民解放军空军成立于 1949 年 11 月 11 日，是中国共产党领导的空中武装力量。空军在国家安全和军事战略全局中具有举足轻重的地位和作用。包括航空兵、空降

空军

兵、地面防空兵、雷达兵、电子对抗部队、信息通信部队等，下辖5个战区空军、1个空降兵军等。战区空军下辖基地、航空兵旅（师）、地空导弹兵旅（师）、雷达兵旅等部队。按照空天一体、攻防兼备的战略要求，加快实现国土防空型向攻防兼备型转变，提高战略预警、空中打击、防空反导、信息对抗、空降作战、战略投送和综合保障能力，努力建设一支强大的现代化空军。

4. 中国人民解放军火箭军

火箭军

中国人民解放军火箭军，由中国人民解放军第二炮兵更名而来，于2015年12月31日正式成立，是中国大国地位的战略支撑，是维护国家安全的重要基石。火箭军在维护国家主权、安全中具有至关重要的地位和作用。包括核导弹部队、常规导弹部队、保障部队等，下辖导弹基地等。火箭军全体官兵的职责使命是，把握火箭军的职能定位和使命任务，按照核常兼备、全域慑战的战略要求，增强可信可靠的核威慑和核反击能力，加强中远程精确打击力量建设，增强战略制衡能力，努力建设一支强大的现代化火箭军。

5. 中国人民解放军战略支援部队

中国人民解放军战略支援部队于2015年12月31日正式成立，是维护国家安全的新型作战力量，是我军新质作战能力的重要增长点。包括战场环境保障、信息通信保障、信息安全防护、新技术试验等保障力量。战略支援部队主要的使命任务是支援战场作战，使我军在航天、太空、网络和电磁空间战场能取得局部优势，保证作战的顺利进行。具体地说，战略支援部队的任务包括：对目标的探测、侦察和目标信息的回传；承担日常的导航行动，以及北斗卫星和太空侦察手段的管理工作；承担电磁空间和网络空间的防御任务。这些都是决定我军在未来战场上能否取得胜利的新领域。按照体系融合、军民融合的战略要求，推进关键领域跨越发展，推进新型作战力量加速发展、一体发展，努力建设一支强大的现代化战略支援部队。

6. 中央军委联勤保障部队

2016年9月13日，中央军委联勤保障部队成立。联勤保障部队是实施联勤保障和战略战役支援保障的主体力量，是中国特色现代军事力量体系的重要组成部分。包括仓储、卫勤、运输投送、输油管线、工程建设管理、储备资产管理、采购等力量，总部机关位于武汉，以武汉联勤保障基地为建制领导，下辖无锡、桂林、西宁、沈阳、郑州5个联勤保障中心，以及解放军总医院、解放军疾病预防控制中心等。按照联合作战、联合训练、联合保障的要求，加快融入联合作战体系，提高一体化联合保障能力，努力建设一支强大的现代化联勤保障部队。

百团大战：提振信心的战略性进攻

百团大战是抗日战争相持阶段八路军在华北地区发动的一次规模最大、持续时间最长的战役。自 1939 年冬以来，日军以铁路、公路为支柱，对抗日根据地进行频繁扫荡，并企图割断太行、晋察冀等战略区的联系，推行所谓"以铁路为柱，公路为链，碉堡为锁"的"囚笼政策"。八路军总部决定发动交通破击战，重点破袭正太铁路和同蒲路北段，给日本华北方面军以有力打击。这次战役经历了两个主动进攻阶段和一个反"扫荡"阶段。百团大战历时 5 个多月。八路军共进行大小战斗 1824 次，共计毙、伤、俘和投诚日伪军达 46480 人。此外，还缴获和破坏了大量军用物资。百团大战粉碎了日军的"囚笼政策"，推迟了日军的南进步伐，增强了全国军民取得抗战胜利的信心，提高了中国共产党和八路军的声望。

三、人民军队的发展历程

中国人民解放军自 1927 年诞生至今，从一支弱小的以步兵为主体的军队逐渐建设发展成为当前由陆军、海军、空军、火箭军、战略支援部队及诸兵种合成的高度集中统一的现代化军队。回顾我军建设的发展历程，可以说是一部不断寻求自我超越的历史。

（一）革命战争时期

中国共产党从人民军队创建伊始就关心其建设发展。1927 年 8 月 1 日南昌起义后，9 月，毛泽东领导湘赣边界秋收起义，随后他对起义部队进行"三湾改编"，开始了对革命军队的政治建设，强调党对军队的领导，规定部队民主制度，实行官兵待遇平等，并把支部建在连上。这些原则至今仍是我军坚持的政治传统。1929 年 12 月，古田会议顺利召开，正式规定了人民军队的性质、宗旨和任务，确立了思想建党、政治建军的根本原则，为把我军建设成为新型人民军队初步奠定了基础。

1937 年 7 月 7 日，中日全面战争爆发。中国共产党从大局出发，毅然同意把主力红军和南方八省游击队分别改编为国民革命军第八路军和国民革命军新编第四军，坚决贯彻统一领导、"精兵简政"、整顿三风以及发展生产、拥政爱民等各项任务，实行官兵一致、军民一致、瓦解敌军和宽待俘虏等原则，构建起了主力军、地方武装和民兵自卫队三结合的武装力量体制，通过在抗日斗争中边打边建，力量迅速发展壮大。

抗战胜利后，八路军和新四军改称中国人民解放军，逐步理顺编制，建立了集中统一的指挥机构，初步建立起了一支能在较大范围实施机动作战的正规兵团与地方部队、

民兵游击队相结合的武装力量,并使长期以来一直指导人民军队建设的毛泽东建军思想也得到了进一步丰富和发展。

(二)和平建设时期

新中国成立后,人民军队迅速从革命战争转向和平建设,开始向革命化、现代化和正规化迈进,包括整顿军队编制体制,调整各战略区域部署,并以精简整编为主要内容进行了多达13次的改革,奠定了军队领导管理指挥体制的基础和现代化军队的基本框架,初步实现了由单一军种向诸军兵种合成军队的转变,完成了由革命战争时期向和平建设时期的全面转型。

1953年12月,中央召开全国军事系统党的高级干部会议,确定了把人民解放军建设成为一支优良的现代化革命军队的总方针和总任务。1978年12月,党的十一届三中全会召开,坚持把军事训练摆到战略地位,贯彻军队建设要面向现代化、面向世界、面向未来的方针,有效地提高了部队在现代条件下诸军兵种合同作战、快速反应、电子对抗、后勤保障以及野战生存的能力。

从整体上来看,人民军队在和平建设期间所取得的成果有目共睹,硕果累累,在整体军力建设上缩短了与世界先进国家军队的距离,有效提高了中国的国际地位。

相关链接:

图解中国人民解放军军衔

(三)全面转型时期

20世纪80年代末,随着冷战的结束和苏联的解体,国际形势发生重大变化,和平与发展成为世界两大主题,科学技术迅猛发展并在军事领域广泛应用。我军开始对军队建设指导思想实施战略性转变,力图通过深化改革,完善体制,从根本上推动人民军队从数量型军队向质量型军队转变,迈开了中国特色精兵之路的坚实步伐。

进入21世纪以来,争夺信息优势成为各国军队建设的焦点,人民军队迎来了迈向信息化的重要机遇期。针对现代战争出现的新特点和新要求,我军坚定不移地把信息化作为发展方向,不断提高武器装备的信息技术含量,积极推进机械化条件下的军事训练向信息化条件下的军事训练转变,坚持国防建设与经济建设协调发展,已经基本构建起了一个以打赢信息化战争为目标的立体化军事体系。

四、改革中的中国国防和军队

人民军队发展史,就是一部改革创新史。进入新时代,适应世界新军事革命发展趋势和国家安全需求,中国全面推进国防和军队现代化建设,全面深化国防和军队改革,着力解决体制性障碍、结构性矛盾、政策性问题,迈出了强军兴军历史性步伐。

（一）重塑领导指挥体制

领导指挥体制改革是适应现代军队专业化分工和信息时代能打仗、打胜仗的要求，提高军队作战效能和建设效益的重大举措。按照"军委管总、战区主战、军种主建"原则，强化军委集中统一领导和战略指挥、战略管理功能，打破长期实行的总部体制、大军区体制、大陆军体制，构建新的军队领导管理和作战指挥体制。

调整组建新的军委机关部门。优化军委机关职能配置和机构设置，由过去的总参谋部、总政治部、总后勤部、总装备部四总部调整为军委机关15个职能部门，作为军委集中领导的参谋机关、执行机关、服务机关。指挥、建设、管理、监督等路径更加清晰，决策、规划、执行、评估等职能配置更加合理。

完善军兵种领导管理体制。整合原四总部的陆军建设职能，成立陆军领导机构；整合各军种和军委机关的战略支援力量，成立战略支援部队；第二炮兵更名为火箭军；整合主要承担通用保障任务的战略战役力量，成立联勤保障部队，构建起"中央军委—军种—部队"的领导管理体系。

建立健全联合作战指挥体制。健全军委联合作战指挥机构，组建战区联合作战指挥机构，形成平战一体、常态运行、专司主营、精干高效的联合作战指挥体系。撤销沈阳、北京、兰州、济南、南京、广州、成都7个大军区，成立东部、南部、西部、北部、中部5个战区。通过改革，构建起"中央军委—战区—部队"的作战指挥体系。

建立健全法治监督体系。组建新的军委纪律检查委员会（军委监察委员会），由中央军委直接领导，向军委机关部门和各战区派驻纪检组；组建新的军委政法委员会，按区域设置军事法院、军事检察院；组建军委审计署，改革审计监督体制，全部实行派驻审计，形成决策权、执行权、监督权既相互制约又相互协调的权力运行体系。

（二）优化规模结构和力量编成

规模结构和力量编成改革是推进军队组织形态现代化、构建中国特色现代军事力量体系的关键一步。按照调整优化结构、发展新型力量、埋顺重大比例关系、压减数量规模的要求，推动军队由数量规模型向质量效能型、人力密集型向科技密集型转变。

调整军队规模比例，重塑力量结构布局。裁减军队员额30万，现役总员额减至200万。扩大士官和文职人员编配范围，压减各级机关编制，减少各级机关内设机构、领导层级和人员，精简文艺体育新闻出版、服务保障和院校、医疗、科研院所等机构和人员，团级以上机关人员减少约四分之一，非战斗单位人员压减近一半。大幅压减陆军现役员额，保持空军现役员额稳定，适度增加海军、火箭军现役员额，优化各军兵种内部力量结构。优化后备力量结构。调整作战力量部署，形成与维护新时代国家安全需要相适应的战略布局。

调整作战部队编成，重构新型作战力量。陆军原18个集团军整合重组为13个集团军。在全军主要作战部队实行"军—旅—营"体制，充实兵种作战力量，减少指挥层级，降低合成重心。增加特种作战、立体攻防、两栖作战、远海防卫、战略投送等新型

作战力量，推动部队编成向充实、合成、多能、灵活方向发展。

优化院校力量布局，重构军事科研体系。解放军和武警部队原有 77 所院校整合为 44 所，重塑国防大学、国防科技大学。成立军委军事科学研究指导委员会，调整组建新的军事科学院、军种研究院，形成以军事科学院为龙头、军兵种科研机构为骨干、院校和部队科研力量为辅助的军事科研力量布局。

（三）推进军事政策制度改革

坚持战斗力标准，着眼调动军事人员积极性、主动性、创造性，整体设计和推进军事政策制度改革，建立健全中国特色社会主义军事政策制度体系。

深化军队党的建设制度改革，维护党中央权威和集中统一领导，确保党对军队绝对领导。制定《关于加强新时代军队党的建设的决定》等法规制度，推进完善军队党的政治建设、思想建设、组织建设、作风建设、纪律建设制度。创新军事力量运用政策制度，有效保障全面履行新时代军队使命任务。制定《海上护航行动条例（试行）》等法规制度，推进完善军事战略指导制度、战备工作条例、联合作战法规等。

重塑军事力量建设政策制度，更好解放和发展战斗力。制定修订《国防交通法》《军事设施保护法》《文职人员条例》等法规制度，颁布实施新军事训练条例和军事训练大纲。推进建立军官职业化制度，优化军人待遇保障，健全军人荣誉体系，完善军事训练、装备发展、后勤建设、军事科研、国防动员等方面政策制度，加快推进军官法、兵役法等立法进程。

改革军事管理政策制度，提升军事系统运行效能，推动军队高质量发展。制定修订《内务条令（试行）》《纪律条令（试行）》《队列条令（试行）》《军事立法工作条例》等法规制度，推进战略管理、军费管理、军事司法等制度创新。

全面停止军队有偿服务。截至 2018 年 6 月，军队各级机关、部队及其所属事业单位从事的房地产租赁、农副业生产、招接待等 15 个行业的有偿服务活动基本停止，超过 10 万个有偿服务项目按期停止，累计停偿项目比例达到 94%，军队不从事经营活动的目标基本实现。

第五节　国防动员

国防动员是国家行为，是一个重大的战略问题，具有积蓄国防潜力和将国防潜力转化为国防实力的功能，是国防建设的重要内容。国防动员建设的成效，事关国家安全与发展，直接影响战争的胜负。

一、国防动员的内涵

国防动员是指国家根据国防的需要，使社会诸领域全部或部分由平时状态转入战争状态或紧急状态的活动。国防动员是国防活动的重要组成部分。适用情况包括国家的主权、领土完整、统一、安全和发展利益遭到战争或其他军事威胁，以及需要采取国防动员手段应对的其他安全威胁时。对于正确处理国家安全与经济社会发展的关系，增强国家应对战争状态或紧急状态的能力，维护国家安全和发展利益，具有重要的意义。

国防动员标志

二、国防动员的主要内容

国防动员通常包括武装力量动员、国民经济动员、政治动员、交通运输动员和人民防空动员等。

（一）武装力量动员

武装力量动员是国家或政治集团为应对战争或其他军事危机，将武装力量全部或部分由平时状态转入战时状态的活动。武装力量动员是战争动员的主体和核心。包括现役部队动员、预备役部队动员、武警部队动员、民兵动员等。涉及人员的收拢、征集、训练和补充，以及武器装备和其他军用物资的生产、征用和调配。对于迅速获取、增强和保持武装力量，改变军事力量对比，夺取和保持战略和战役主动权，影响战争进程和结局，具有重要意义。

（二）国民经济动员

国民经济动员是国家或政治集团为应对战争或其他军事危机，将经济体制全部或部分由平时状态转入战时状态的活动。国民经济动员是战争动员的组成部分。包括工业动员、农业动员、商业贸易动员、财政动员、金融动员、医疗卫生动员、劳动力动员、物资动员、交通运输动员、邮电通信动员等。有效的国民经济动员，对于迅速提高经济支持和保障战争的能力，建立战时经济秩序，满足武装力量作战、维护社会稳定和消除战争灾害对经济的需要，具有重要意义。

（三）政治动员

政治动员是国家或政治集团为应对战争或其他军事危机，在政治和思想方面进行的活动。政治动员是战争动员的组成部分。主要包括：对政治体制进行必要的调整，整合内部和外部的政治力量，进行战时宣传教育和面向社会的思想发动。有效的政治动员，对于迅速实现政治体制的平战转换，形成多种政治力量共同对敌的局面，占据有力的舆论阵地，充分调动社会各界参加和支持战争的积极性，具有重要意义。

经典战例

淮海战役：小车推出来的胜利

淮海战役是以徐州为中心，东起海州，西止商丘，北自临城，南达淮河的广大地区展开的大决战，涉及华东、中原两大野战军和华东、中原、华北的地方武装共60余万人。中央军委高瞻远瞩，统筹全局，成立了前线指挥机关淮海战役总前委，统筹整个战役及作战有关的一切事宜。淮海战役中，在总前委统一指挥调度下，中原、华东两大野战军密切协同、联合作战，发扬各自的特点和优势，表现出高度的组织性和纪律性，形成整体作战的强大威力。淮海战役背后有一组沉甸甸的数据：支前民工543万人次、牲畜76.7万头、担架20.6万副、船只8539艘、小车88.1万辆、汽车257辆、挑子30.5万副、粮食4.3亿斤。支前人民，来自苏鲁豫皖冀五省各个解放区。对此，陈毅元帅曾形象地比喻："淮海战役的胜利是人民群众用小车推出来的。"

（四）交通运输动员

交通运输动员是国家或政治集团为应对战争或其他军事危机，组织调动交通运输资源的活动。又称交通动员。交通运输动员是国民经济动员的组成部分。根据运输方式，分为铁路运输动员、水路运输动员、公路运输动员、航空运输动员、管道运输动员和人力运输动员；根据动员对象，分为交通设施动员、载运工具动员和交通运输保障人员动员。主要任务是为动员输送、军队机动、物资供应、居民疏散、工厂和机关的转移等提供交通运输保障。对于充分利用所拥有的交通运输能力，发挥交通运输在战争中的重要作用，保证武装力量动员和作战活动的正常进行，保持战时生产生活的正常运转，具有重要意义。

（五）人民防空动员

人民防空动员是发动人民群众防备敌人空袭、消除空袭后果所进行的活动。有的国家称民防动员。人民防空动员是战争动员的重要组成部分。它的主要任务是：依据国家有关法律法令，将人民防空系统从平时状态转入战时状态，动员社会力量，调配和检修防空设施，组建和扩建人民防空专业队伍，普及和加强人民防空知识教育，组织人民防空疏散隐蔽，做好配合防空作战、消除空袭后果的准备。

三、国防动员的意义

习近平在党的十九大报告中强调指出，"完善国防动员体系，建设强大稳固的现代化边海空防"。党的二十大报告指出，要加强国防动员建设。高效的国防动员实力就是战斗力，必须真正把国防动员的潜力转化为保障打赢的战争实力。

（一）动员是增强国防实力的重要措施

国防实力是国家防御外来侵略的力量，是国家军事、政治、经济、科学技术等力量的总和。在和平时期，国家把动员准备纳入经济建设和社会发展的总体规划，贯彻军民结合、平战结合的方针，以增强战争潜力。同时通过动员准备，激发人民的爱国主义和国防观念，使国家政局稳定、经济发达、科技进步，迅速增强综合国力。由于平时奠定了良好的基础，一旦战争爆发，通过战时动员，就能迅速地把战争潜力转化为战争实力。采用常备军和后备力量相结合的原则，平时保持精干的常备军作为战时动员扩建部队的骨干力量，同时积极训练、储备后备力量，以便战时根据需要组编参战。这样既可以加速国民经济发展，又可以从根本上增强国防实力。

（二）动员是增强国防威慑力的有效手段

一个国家的国防威慑力，不仅取决于常备军的数量和质量，而且取决于军队后备力量和其他动员潜力，取决于常备军与后备力量动员准备的有机结合，以及动员机制健全完善的程度和运行效率。平时充分做好战时动员的准备工作，建立强大的后备力量和健全的动员体制，可以使敌人望而生畏，不敢轻举妄动和贸然发动进攻。目前，一些国家主张采取“不战而屈人之兵”的军事战略，就是这个道理。特别是处于防御地位和反对侵略的国家，更应该采取积极的对策，以充分有效的动员显示应对战争的能力和拼死抵抗的决心，迫使敌人延缓或放弃侵略战争。我国的后备力量，既是潜力又是实力。例如，我国的民兵是现实力量和后备力量的统一体。平时，加强国防后备力量建设，做好战争动员准备，无疑可以增大威慑力量，从而达到制约战争爆发和维护和平的目的。

（三）动员是夺取战争主动权的可靠保障

决定战争胜负的因素是多方面的，其中动员的准备和实施的好坏，是一个重要因素。随着现代科学技术的飞速发展及其在军事领域的广泛应用，现代战争的突发性和速决性显著增大，发动战争的一方往往先发制人，迫使对方在无戒备或准备不充分的情况下仓促应战，力求取得速战速决的效果。处于防御地位的一方，如果战时动员工作的准备和实施不当，在战争初期往往处于被动地位，甚至来不及实施动员和完成战略部署，其武装力量和经济命脉就已经陷于瘫痪。历史表明，在现代战争中，谁能保持强大的后备力量，并以最快的速度动员起来投入战争，谁就能取得战争的主动权。

学思之窗

如果把军队比作战争之箭，那么动员就是战争之弓，只有弓拉满，箭才射得远。国防动员潜力直接服务于战争保障，是国防动员决策和组织实施的重要依据。现代战争形态的演变和遂行多样化任务的需求，对国防动员潜力调查提出了新的更高要求。国防动员系统必须从维护国家安全的高度认真负责地做好国防动员潜力调查，切实将国防动员潜力有效转化为国防实力。

思考：我们生活在一个和平的年代，为什么还要加强国防动员建设？

红色记忆

《长津湖》

新中国电影史上，已经有了《英雄儿女》《上甘岭》等反映抗美援朝战争的影片，而这一次，《长津湖》再次以史诗巨制的规模对准长津湖战役。1950年，中国人民志愿军部队与美军在朝鲜长津湖地区交战，中国人民志愿军第9兵团将美军陆战1师分割包围于长津湖地区，歼敌1.3万余人，扭转了战场态势。这次战役收复了三八线以北的东部广大地区，是扭转局势的关键一战，而中国人民志愿军也付出了惨痛的牺牲，在零下三十多摄氏度的极端天气中，很多先烈是以端着枪的姿势被冻僵，体现了志愿军战士服从命令视死如归、冻成冰雕也不退缩的革命精神。任何一部成熟的战争片，都离不开对历史的

《长津湖》海报

诠释和对战争的反思，以及对和平的追求。《长津湖》在尊重历史事实的基础上，塑造了以伍千里、伍万里为代表的一系列人物形象。在这个基础上，再放进宏大背景和历史人物，如抗美援朝第一个特级战斗英雄杨根思、冰雕连英雄群像等，最终构成了艺术形象和历史人物的虚实结合，展现了伟大的抗美援朝精神。

乐学好思

1. 简述国防的内涵、历史及启示。
2. 简述我国的国防法规体系。
3. 简述我国的国防战略和国防政策。
4. 简述我国武装力量构成。
5. 简述国防动员内涵和意义。

课堂自测

第二章　国家安全

学习目标

⊙ 正确把握和认识国家安全的内涵，理解我国总体国家安全观。
⊙ 深刻认识当前我国面临的安全形势。
⊙ 了解世界主要国家军事力量及战略动向，增强学生忧患意识。

本章导读

"邦，国也。从口，从或。"国家疆土是"口"，守卫它的是"戈"。国家的疆土只是决定着国家当前的版图大小，军队的强盛才是决定国家能否持续保持领土完整和国家主权的关键。国家安全首要的是国防安全，而军队则是确保国防安全的坚强柱石。"开国易守国难"，纵观历史，每一个强盛的王朝都有一支能征善战的军队，军队更重要的意义是用来"守国"。西汉时期，汉武帝重视军队建设，启用卫青、霍去病等能将，攘夷拓土，国威远扬，奠定汉地的基本范围，开创汉武盛世的局面，并始终保持着军队的规模，持续练兵备战，丝毫不放松对军事的要求。南宋时期，朝廷偏安一隅，重文轻武，导致国土逐渐被金所蚕食，最终导致灭国。国防和军队建设是国家建设和发展中的头等大事，只有起点，没有终点。我们的人民军队并不好战，却不惧战，能战方能止战。

当今世界格局不断变化，国际形势错综复杂，只有不断加强国防建设，持续深化国防和军队改革，才能确保国家安全和社会长治久安。我们要志向高远，紧跟世界军事科技发展潮流，积极适应打赢信息化局部战争要求，不断充实自身，时刻准备接受祖国的召唤，做祖国最坚强的后盾，守护万家灯火安宁。

第一节　国家安全概述

习近平总书记强调："我们党要巩固执政地位，要团结带领人民坚持和发展中国特色社会主义，保证国家安全是头等大事。"国家安全是人民幸福安康的基本要求，是安邦定国的重要基石。维护国家安全是全国各族人民的根本利益所在。

 军事讲坛

"凡事豫则立，不豫则废。言前定则不跲，事前定则不困，行前定则不疚，道前定则不穷。"

出自子思的《礼记·中庸》，意思是说，无论做什么事，事先有准备就能成功，没有准备就会失败。说话也一样，说话前如果有准备，就不会语塞。做事事前有准备，就不会陷入困境。行动前事先想好，就不会内心不安。法则事先想好，就不会出现穷尽的时候。

一、国家安全的内涵

国家安全与每个人息息相关，谈到国家安全，人们容易联想到国土安全、军事安全、反奸防谍、维稳处突等传统安全因素。实际上，新时代的国家安全早已不局限于传统习以为常的"小安全"，而是涵盖政治、经济、文化、社会、网络等多个领域，是一种名副其实的"大安全"。根据《中华人民共和国国家安全法》（以下简称《国家安全法》）第二条规定，国家安全是指国家政权、主权、统一和领土完整、人民福祉、经济社会可持续发展和国家其他重大利益相对处于没有危险和不受内外威胁的状态，以及保

《国家安全法》

障持续安全状态的能力。国家安全内涵丰富，既指国家处于安全状态，又指国家维持这种安全状态的能力。国家安全是国家发展的重要基石，是人民福祉的根本保障。实现中华民族伟大复兴的中国梦，保证人民安居乐业，国家安全是头等大事。习近平总书记提出："国家安全涵盖领域十分广泛，在党和国家工作全局中的重要性日益凸显。我们正在推进具有许多新的历史特点的伟大斗争、党的建设新的伟大工程、中国特色社会主义伟大事业，时刻面对各种风险考验和重大挑战。这既对国家安全工作提出了新课题，也为做好国家安全工作提供了新机遇。"

军事纵横

国家安全关乎每个人的切身利益，与我们每个人的工作、生活息息相关。公民和组织应当履行下列维护国家安全的义务：遵守宪法、法律法规关于国家安全的有关规定；及时报告危害国家安全活动的线索；如实提供所知悉的涉及危害国家安全活动的证据；为国家安全工作提供便利条件或者其他协助；向国家安全机关、公安机关和有关军事机关提供必要的支持和协助；保守所知悉的国家秘密；法律、行政法规规定的其他义务。

二、准确把握总体国家安全观的科学内涵

"备豫不虞，为国常道。"新时代我国国家安全和社会安定面临的威胁和挑战增多，迫切需要科学的安全理论指引。在对时代发展大势的准确把握中，在对中国特色国家安全道路的不懈探索中，总体国家安全观应运而生。

2014 年 4 月 15 日，习近平总书记在中央国家安全委员会第一次会议上创造性提出总体国家安全观，强调当前我国国家安全内涵和外延比历史上任何时候都要丰富，时空领域比历史上任何时候都要宽广，内外因素比历史上任何时候都要复杂。总体国家安全观涵盖政治、军事、国土、经济、金融、文化、社会、科技、网络、粮食、生态、资源、核、海外利益、太空、深海、极地、生物、人工智能、数据等诸多领域。

（一）维护和塑造中国特色国家安全的行动指南

作为习近平新时代中国特色社会主义思想的"国家安全篇"，总体国家安全观是我们党历史上第一个被确立为国家安全工作指导思想的重大战略思想，体现了我们党奋力开创国家安全工作新局面的战略智慧和使命担当，具有重大意义。它科学回答了维护和塑造中国特色国家安全所面临的一系列重大问题，从国家安全的角度进一步深化了我们党对执政规律的认识，为谋划做好新时代国家安全工作提供了根本遵循。

党的十九大将坚持总体国家安全观纳入新时代坚持和发展中国特色社会主义的基本方略，并写入党章，突出强调"统筹发展和安全"，并与"增强忧患意识，做到居安思危"一起，作为我们党治国理政的一个重大原则，标志着我们党对国家安全基本规律的认识达到了新高度。2020 年 12 月 11 日，习近平总书记在主持中共中央政治局第二十六次集体学习时，就贯彻总体国家安全观提出十点要求即"十个坚持"，标志着总体国家安全观理论体系的正式确立。党的十九届六中全会通过的《中共中央关于党的百年奋斗重大成就和历史经验的决议》（以下简称《决议》）对习近平总书记提出的总体国家安全观作了阐述，强调要以系统思维做好国家安全工作"五个统筹"。

（二）"一个总体"：集中体现总体国家安全观的理论魅力和思想精髓

"总体"意味着"大安全"理念，要求我们超越国家安全是某一领域、单一部门职

责的狭隘思维，真正将国家安全贯穿到党和国家工作的各方面、各环节中去思考去把握，切实将安全置于和发展同等重要的地位，同步决策部署、同样积极落实。"总体"意味着大局观、整体观，要求我们进一步强化系统思维，把国家安全的各个要素放在一个"多元一体"的有机整体中去审视，把影响中国国家安全的各类风险放在世界百年未有之大变局和中华民族伟大复兴战略全局的"两个大局"中去观察、去认识。"总体"意味着统筹协调，平衡把握，闪耀着马克思主义唯物辩证法的思想光辉，要求我们"缺什么补什么"，充分认识当前阶段国家安全面临的新形势、新任务、新要求，充分认识安全需求的增长与国家安全能力、意识相对滞后的矛盾，充分认识生物、生态、网络、数据等非传统安全的重要性，不断补足安全短板，不断增强对新型安全风险的防范化解和处置能力，使全党全军全国人民真正树立起全面加强国家安全的战略共识和战略自觉，不断巩固走好强国时代中国特色国家安全道路的思想基础。

（三）"十个坚持"：彰显总体国家安全观的宏大视角和战略要领

要把"十个坚持"贯彻落实到国家安全工作的各方面全过程，务必始终做到：坚持党对国家安全工作的绝对领导；坚持中国特色国家安全道路；坚持以人民安全为宗旨；坚持统筹发展和安全；坚持把政治安全放在首要位置；坚持统筹推进各领域安全；坚持把防范化解国家安全风险摆在突出位置；坚持推进国际共同安全；坚持推进国家安全体系和能力现代化；坚持加强国家安全干部队伍建设。

"十个坚持"是一个整体，是习近平总书记站在全局和战略高度的通盘谋划，涵盖新时代国家安全工作的顶层设计、内在逻辑、原则方法、领域布局，明确了当前我国国家安全的主要问题和重点工作。

"十个坚持"的提出，是对中国如何既解决好大国发展进程中面临的安全共性问题，同时又处理好中华民族伟大复兴关键阶段面临的特殊安全问题的一次系统回答，是党的国家安全创新理论发展进程中的里程碑。总体国家安全观的政治属性更加鲜明，世界观与方法论意义更加清晰，为我们统筹中华民族伟大复兴战略全局和世界百年未有之大变局，统筹发展和安全，提供了战略指引和根本遵循。

（四）"五个统筹"：突出总体国家安全观蕴含的系统思维和科学方法

总体国家安全观的系统思维和科学方法集中体现为《决议》提出的"五个统筹"，即统筹发展和安全、统筹开放和安全、统筹传统安全和非传统安全、统筹自身安全和共同安全、统筹维护国家安全和塑造国家安全。

系统思维是总体国家安全观的基本思维，强调安全是全面的、整体的、系统的安全，是发展的、动态的安全，是开放的、共同的安全。科学统筹是总体国家安全观的基本方法，既立足当前、又着眼长远，既整体推进、又突出重点，既重维护、又重塑造，既讲原则性、又讲策略性，既讲需求、又讲能力，充分调动各方面积极性，着力构建集各领域安全为一体的国家安全体系。"五个统筹"要求我们辩证地看问题，注重不同对象之间的有机联系，强调不能"一刀切"，不能顾此失彼，不能厚此薄彼，不能机械照搬，要实事求是、因地制宜、因时制宜、因势而动，根据形势的发展变化与时俱进地动态调整。

三、新时代的国家安全工作

党的二十大报告指出，国家安全是民族复兴的根基，社会稳定是国家强盛的前提。必须坚定不移贯彻总体国家安全观，把维护国家安全贯穿党和国家工作各方面全过程，夯实国家安全和社会稳定基层基础，完善参与全球安全治理机制，建设更高水平的平安中国，以新安全格局保障新发展格局。

（一）健全国家安全体系

坚持党中央对国家安全工作的集中统一领导，完善高效权威的国家安全领导体制。强化国家安全工作协调机制，完善国家安全法治体系、战略体系、政策体系、风险监测预警体系、国家应急管理体系，完善重点领域安全保障体系和重要专项协调指挥体系，强化经济、重大基础设施、金融、网络、数据、生物、资源、核、太空、海洋等安全保障体系建设。健全反制裁、反干涉、反"长臂管辖"机制。完善国家安全力量布局，构建全域联动、立体高效的国家安全防护体系。

（二）增强维护国家安全能力

坚定维护国家政权安全、制度安全、意识形态安全，加强重点领域安全能力建设，确保粮食、能源资源、重要产业链供应链安全，加强海外安全保障能力建设，维护我国公民、法人在海外合法权益，维护海洋权益，坚定捍卫国家主权、安全、发展利益。提高防范化解重大风险能力，严密防范系统性安全风险，严厉打击敌对势力渗透、破坏、颠覆、分裂活动。全面加强国家安全教育，提高各级领导干部统筹发展和安全能力，增强全民国家安全意识和素养，筑牢国家安全人民防线。

（三）提高公共安全治理水平

坚持安全第一、预防为主，建立大安全大应急框架，完善公共安全体系，推动公共安全治理模式向事前预防转型。推进安全生产风险专项整治，加强重点行业、重点领域安全监管。提高防灾减灾救灾和重大突发公共事件处置保障能力，加强国家区域应急力量建设。强化食品药品安全监管，健全生物安全监管预警防控体系。加强个人信息保护。

（四）完善社会治理体系

健全共建共治共享的社会治理制度，提升社会治理效能。在社会基层坚持和发展新时代"枫桥经验"，完善正确处理新形势下人民内部矛盾机制，加强和改进人民信访工作，畅通和规范群众诉求表达、利益协调、权益保障通道，完善网格化管理、精细化服务、信息化支撑的基层治理平台，健全城乡社区治理体系，及时把矛盾纠纷化解在基层、化解在萌芽状态。加快推进市域社会治理现代化，提高市域社会治理能力。强化社

会治安整体防控，推进扫黑除恶常态化，依法严惩群众反映强烈的各类违法犯罪活动。发展壮大群防群治力量，营造见义勇为社会氛围，建设人人有责、人人尽责、人人享有的社会治理共同体。

相关链接：
深入把握新时代国家安全的伟大成就

第二节　国家安全形势

国家安全是我们生存和发展之本，在当今风云变幻的国际形势下，认清国家安全形势和规律意义重大，且与每个人息息相关。认清国家安全形势，维护国家安全，要立足国际秩序大变局来把握规律，立足防范风险的大前提来统筹，立足我国发展重要战略机遇期的大背景来谋划。

一、我国地缘环境基本概况

国家的地缘环境是持久地影响国家安全的基本因素之一。因此，研究国家的周边安全环境，必须从研究地缘环境入手。只有充分了解地缘环境对周边安全环境的影响，才能对周边安全情况作出客观的判断。

（一）中国是边界线较长，相邻国家最多的国家之一

中国地处亚洲东部，与周围各国有漫长的边界线。与中国有共同陆上边界的国家有14个，共有陆地边界线约2.2万千米。中国还分别隔黄海、东海、南海与韩国、日本、菲律宾、印度尼西亚、马来西亚、文莱相望。中国有海疆线约32000千米，其中大陆海岸线长约18000千米，面积500平方米以上的海岛约6500个，中国的黄海、东海、南海总面积为468万平方千米。此外，由于历史等方面的原因，有些国家虽然与中国无共同边界或海疆，但与中国的关系素来比较密切，如柬埔寨、孟加拉国、泰国等。

军事纵横

按照与中国的共同边界的长短，14个陆上邻国与中国的陆地边界的情况是：蒙古，4670千米；俄罗斯，约4300千米；缅甸，约2000千米；印度，约2000千米（未划定）；哈萨克斯坦，1700千米；尼泊尔，约1400千米；朝鲜，1334千米；越南，约1300千米；吉尔吉斯斯坦，1100千米；老挝，710千米；巴基斯坦，约600千米；不丹，约550千米；塔吉克斯坦，约400千米；阿富汗，92千米。

众多邻国对中国安全的影响是复杂的。在这些国家中，有的过去曾经侵略中国，

并且目前仍然是经济大国或军事大国，有着雄厚的综合国力和军事实力，具有对中国安全造成重大影响的能力；有的邻国之间积怨很深，严重对立，剑拔弩张，一旦它们之间爆发战争或武装冲突，必将影响中国边境安全；有的国家内部不稳定因素很多，如发生大的内乱，必将对中国边境造成很大压力；有的国家的居民与中国边境地区的居民属于同一民族，这虽然有利于与邻国开展友好往来，改善国家关系，但是，一旦这些邻国国内的狭隘民族主义泛起，可能引起中国国内的民族纠纷；有的国家的居民与中国某些地区的居民信奉同一宗教，一旦这些国家内部的宗教派别斗争加剧或者某些极端教派掌权，就可能增加中国国内相关地区的不稳定因素。还有一些国家与中国之间存在历史遗留的边界领土争议和海洋国土划界争议，存在可能引发边界事件甚至武装冲突的隐患。

（二）中国周边地区人口众多，是世界上人口最集中的地区

中国周边地区是世界上拥有上亿人口国家最集中的地区。它们和中国的人口加起来，占世界人口的一半以上。在中国周边国家中，俄罗斯、日本、印度等国都是世界或地区大国。俄罗斯是一个拥有大量尖端科技、先进武器和核武器的世界大国，又与中国有着4300多千米的共同边界。日本是当今世界的一个经济大国，其经济实力仅次于美国和中国，列世界第三，与中国有着历史文化和经济的密切关系，但由于日本军国主义屡次侵略中国，使得两国关系一直处于复杂曲折的状态。近年来，日本不仅巩固了其经济大国地位，而且谋求成为世界政治大国，并为此不断加强其军事实力。印度是目前世界上人口最多的国家和除中国外最大的发展中国家，是南亚次大陆举足轻重的国家，其政治、经济、军事潜力巨大。世界最强大的国家美国虽然不与中国相邻，但其军事力量却在中国周边一些国家长期部署，并与某些国家签订有军事同盟协定。美国一向以世界领袖自居，认为它在东亚有重大的战略利益，所以对东亚地区事务一直不断地进行干涉，与中国在台湾问题以及其他一些重大问题上存在分歧。

中国及其周边不仅是世界人口最密集、大国最集中的地区，也是世界热点和潜在热点最多的地区之一。朝鲜半岛、千岛群岛、台湾海峡、南沙群岛、克什米尔等热点都位于这一地区；世界公认的五大力量中心，除欧洲外，美、中、俄、日均交会于此；世界核俱乐部的主要成员，事实上的有核国家和核门槛国家在中国周边构成了世界上最密集的核分布圈。这些因素汇集在一起，必然加大对我国安全环境的压力。

（三）中国周边国家政治制度及经济发展水平差距很大，民族、宗教矛盾交织，安全环境复杂

中国的周边地区也是政治制度及经济发展水平差别很大的地区，既有社会主义国家，也有资本主义国家；既有发达国家，也有发展中国家；既有富国，也有穷国；既有老牌的经济强国，也有崛起的新兴国家。中国是处在亚太地区中心的大国，亚太地区是同中国安全关系最为密切的外部环境，特别是周边国家形势同我国安全直接相关。中国邻国众多，周边国家和地区所奉行的国家安全战略和外交政策各不相同。这种复杂的周

边环境对中国的安全造成了一定的不利影响。

中国周边地区民族分布和构成不同，宗教信仰和文化传统各异，存在区域内和区域间的巨大差异和复杂矛盾。这些矛盾所导致的冲突将不可避免地对我国的安全带来消极影响，而且这种影响还日益突出，因为我国是个多民族、多宗教国家，不少民族和宗教还有跨境联系。近年来，在国际战略格局变化的大背景下，我国周边地区各种极端的民族、宗教势力日益蔓延，并向我国境内渗透，这必将对我国边境地区的安全与稳定带来直接影响。与国际反华势力相勾结、相呼应的宗教极端主义、民族分裂主义和国际恐怖主义"三股势力"的破坏活动是我国社会稳定和民族团结的严重威胁。

（四）中国位于世界两大地缘战略区的交接处，既受其他大国关系的影响，又影响其他大国关系

目前，世界可划分为两大地缘战略区，即海洋地缘战略区和欧亚大陆地缘战略区。美国属于海洋地缘战略区，而且是世界超级海洋强国，具有全球性影响。而世界上其他强国大都集中在欧亚大陆地缘战略区，俄罗斯则位于该战略区的心脏地带。中国属于欧亚大陆地缘战略区，背靠欧亚大陆，面向浩瀚的太平洋，是连接东北亚、东南亚、南亚和中亚的枢纽，处于两大战略区的交接处。这种特殊的地缘关系，使得中国在历史上曾经遭到两大战略区强国的侵略和压迫，也使得今天的中国成为能够对两大战略区关系产生重要影响的国家。

冷战时期，美国企图通过控制欧亚大陆边缘地带，构成对苏联的遏制包围圈，把苏联困死在欧亚大陆中心；而苏联也企图控制大陆边缘地带，然后千方百计向海洋地缘战略区扩展自己的势力。所有处在边缘区的国家都不能摆脱美苏两个超级大国争霸的影响，中国也不例外。那时，如何处理与两个超级大国的关系是中国国家安全政策的中心问题。中国根据形势的变化和自身安全的需求，多次调整安全政策。中国的政策反过来又影响美苏两方的力量对比和战略态势，形成了著名的"大三角关系"。冷战结束后，美国成为世界上唯一的超级大国。处于欧亚大陆心脏区的俄罗斯虽然暂时力量衰弱，但它仍然是世界第二军事大国，它的重新崛起只是时间问题。与中国同处在欧业大陆东部边缘的日本，是世界第三经济大国，并且正在谋求向政治军事大国迈进。中国处在这些大国交接处，如何处理好与美、俄、日三大国的关系，不仅关系到中国自身的安全，而且关系到东亚、亚太地区乃至全世界的安全与稳定。

二、新时代的国家安全

冷战结束后，世界格局和安全形势发生了深刻变化，和平与发展依然是时代的主题。我国周边安全环境得到进一步改善，缓和已成为我国周边安全环境的主流，但是影响我国周边安全环境的威胁与挑战依然存在。我国地处亚太地区，尽管当前形势相对稳定，短期内不至于发生牵涉我国的战乱，外敌入侵我国的可能性基本可以排除，但是周边地区一些固有的矛盾并没有完全解决，影响和平安全的因素依然存在，我国周边安全

与稳定仍面临不同对象和不同程度的现实的潜在威胁。在和平环境下更需要居安思危，增强忧患意识，这样才能使国防更加巩固，国家更加安全。

（一）西方军事强国对中国的安全环境具有威胁

美国与我国虽远隔重洋，但对我国安全的影响却无处不在。在各大国与我国关系向前发展的同时，在以美国为首的西方世界仍然有一股企图遏制中国的逆流，顽固地坚持冷战思维，不愿意正视我国政治、经济的发展以及在国际社会中的积极作用。美国白宫2020年5月发布的《美国对中华人民共和国的战略方针》指出，"中国在经济、价值观和国家安全三大方面对美国构成强烈挑战""中国正利用各种手段改变国际秩序，取代美国的全球领先地位，美国必须制定应对中国这一大国竞争对手的战略方针"。近年来，美国不断加大对华全面战略施压和打击，范围涉及中国高科技、新兴产业、经贸争端、网络安全和社会人文交流等领域。同时，美国加大干涉中国内政力度，涉台、涉港、涉疆等问题持续凸显。美国对华政策的两面性，是造成我国安全环境不稳定的主要因素之一。

（二）周边地区热点和争议问题依然存在

随着大国战略竞争加剧，我周边地区出现了一些新的变化，周边热点问题进入新一轮集中爆发时期，围绕周边热点问题发生危机冲突的可能性有所增加，我周边安全面临更为复杂局面。一是朝鲜半岛和东北亚局势充满变数。美国对朝鲜长期的敌视封锁政策，给朝鲜造成了巨大的安全压力。朝鲜半岛局势长期紧张，各方军事行动不断，危机频发，影响我国安全。二是南亚形势总体稳定但印巴冲突不时发生，阿富汗国内政治和解和重建艰难推进。部分国家之间的领土和海洋权益争端、民族宗教矛盾等问题仍然存在，地区安全热点问题时起时伏。近年来，中印关系总体稳定，双方建立了边境安全管控机制，但印度不断加强中印边境军事部署，军事对峙事件时有发生。三是世界大国加强对我周边中小国家的拉拢利用，我国经略周边、维护周边安全稳定的难度加大。

经典战例

中印边境自卫反击战：正义之师，锐不可当

1962年，印度军队在中印边境不断蚕食我国领土。为捍卫国家主权，我国对印度进行了边境自卫反击作战。第一阶段反击作战自1962年10月20日开始至28日结束。中国政府在节节胜利之下，提出停止冲突、重开谈判、和平解决边界问题三项建议，却遭到印度当局蛮横拒绝。印度当局向东、西段边境地区增兵，发动猛烈进攻。中国边防部队被迫实施第二阶段反击，自11月16日开始至21日结束。中印边境自卫反击作战历时一个月，清除了印军设在中国境内的所有据点，并进到了非法的"麦克马洪线"以南靠近传统习惯线地区。战后，中国边防部队主动撤至1959年11月7日双方实际控制线中国一侧20公里以内地区，并

释放了全部战俘。在这次中印边界冲突中，中国不仅捍卫了尊严、保卫了领土的完整，在国际上开创了胜利军队主动停火、主动后撤、主动交还缴获物资，为谋求和平解决国与国边界问题的先例。

（三）海洋权益存在复杂纠纷

当前，我国海洋安全形势不容乐观。在美国战略重心东移背景下，部分国家调整海洋政策策略，不断在海上挑起事端，加大对我岛屿主权和海洋权益的侵蚀力度。

1. 关于东海大陆架的争议

东海位于中国、日本、韩国三国之间，东西宽 150～420 海里，南北长 660 海里，总面积约 77 万平方千米。日本与中国是相向不共架国，东海大陆架一直延伸到冲绳海槽。冲绳海槽大部深度超过 1000 米，坡度很陡，形成西部大陆架和东部岛架的天然分界。根据东海大陆架的实际情况，参照《联合国海洋公约》的有关条款和各国海域划界的实践，冲绳海槽构成了我国东海大陆架与琉球大陆架的自然分界线，因此应按大陆架自然延伸的原则，以冲绳海槽中心线为界，划分中国与日本在东海的大陆架边界。但是，日本方面却主张按东海的中间线平分划界。由此以来，中日两国便产生了 20 多万平方千米的争议区。如果按日本的主张划界，中国在东海的大陆架范围将被大幅减少，归属我国管辖的海域面积将减少一半。面对争议，我国坚持"主权属我、搁置争议、共同开发"的方针，推进互利友好合作，寻求和扩大共同利益的汇合点。

2. 关于钓鱼岛的争议

中日还存在着钓鱼岛及其附属岛屿归属问题之争。钓鱼岛及其附属岛屿位于中国台湾岛的东北部，是台湾的附属岛屿，由钓鱼岛、黄尾屿、赤尾屿、南小岛、北小岛、南屿、北屿、飞屿等岛礁组成，总面积约 5.69 平方千米。钓鱼岛位于该海域的最西端，面积约 3.91 平方千米，是该海域面积最大的岛屿。钓鱼岛及其附属岛屿自古以来就是中国的神圣领土，有史为凭、有法为据。

军事纵横

2012 年 9 月 10 日，日本政府不顾中方一再严正交涉，宣布"购买"钓鱼岛及其附属的南小岛和北小岛，实施所谓"国有化"。2020 年 6 月 22 日，日本冲绳县石垣市议会以多数赞成票通过了把该市行政区划所含的钓鱼岛（日称尖阁列岛）的名字从"登野城"变更为"登野城尖阁"的议案。中国外交部强调，日方的这些行为，是对中国领土主权的严重挑衅，是非法的、无效的，不能改变钓鱼岛属于中国的事实。

近年来，日本政府在钓鱼岛问题上不断挑起事端。中方对日方有关行径坚决反对。

钓鱼岛自古以来就是中国的固有领土，这是全体中华儿女的共同立场。中华民族在维护国家主权和领土完整问题上有着坚定的决心。两岸同胞在民族大义面前，在共同维护民族利益和尊严方面，立场是一致的。港澳台同胞和海内外广大华侨华人纷纷开展各种形式的活动，维护钓鱼岛领土主权，强烈表达了中华儿女的正义立场，向世界展示了中华民族爱好和平、维护国家主权、捍卫领土完整的决心和意志。

3. 关于南海海域及南海诸岛的争议

西沙群岛、南沙群岛、中沙群岛像颗颗明珠分布在烟波浩渺的南海上，它们与东沙群岛一起总称南海诸岛，共有200多个岛屿、沙洲、暗礁、暗沙和暗滩，分布范围广阔，资源富饶，风光绮丽，位置重要。中国南海诸岛主权是中国人民在长期的历史发展进程中，通过最早发现、最早命名、最早经营开发，并由历代中国政府行使连续不断的行政管辖的基础上逐步形成的。这一发展过程有充分、确凿的历史依据，国际社会也是长期予以承认的。

相关链接：

南海诸岛是中国固有领土

事实上，第二次世界大战之后相当长时期内，并不存在所谓南海问题。南海周边没有任何国家对我国在南海诸岛及其附近海域行使主权提出过异议，世界上绝大多数国家都对中国在南海诸岛的主权予以承认和尊重。后来由于发现南海海域石油储藏前景，越南、菲律宾、马来西亚等国以军事手段占领南沙群岛部分岛礁，在南沙群岛附近海域进行大规模资源开发活动并提出主权要求，南沙群岛领土主权争端由此产生并日趋激烈。20世纪70年代末，特别是1982年的《联合国海洋法公约》赋予沿岸国200海里专属经济区和大陆架的管辖权，南海周边国家据此纷纷提出各自的200海里专属经济区和大陆架主张，并公然把其主张范围扩大到我国南沙

《联合国海洋法公约》

群岛及其附近海域，侵犯我领土主权并与我国在南海主张的管辖海域形成大面积重叠，围绕南海出现新一轮角逐。20世纪90年代以来，以南沙岛屿归属和海域划界为核心的南海争议，与战略资源的攫取以及地缘安全交织在一起，日趋复杂和激烈。时至今日，由于南海周边国家主权要求和利益诉求不断扩大化、专属经济区和大陆架主张重叠所产生的矛盾冲突不断扩大化、以海洋权益为核心的竞争不断扩大化以及以美国为首的域外国家插手南海问题的趋势不断扩大化，南海地区的和平与稳定面临重大挑战。

中国政府对南沙群岛享有无可争辩的主权。有的国家声称南沙群岛在其大陆架或专属经济区内，并据此主张对南沙群岛的主权。根据国际法和海洋法，领土主权是海洋权

益的基础，海洋权益是从领土主权派生出来的。任何国家都不能将海洋管辖权扩展到别国的领土上，更无权以主张专属经济区或大陆架为由侵占他国领土。总之，任何国家对南沙群岛岛礁的军事占领或其他行动，都是对中国领土主权的侵犯，在国际法上都是非法和无效的，不构成主张领土要求的依据，也不能改变中国对南沙群岛拥有主权这一无可争辩的法律事实。对于侵犯中国领土主权和海洋权益、蓄意挑起事端破坏南海和平稳定的挑衅行动，中国将不得不作出必要反应。任何将南海问题国际化、司法化的做法都无助于争议的解决，相反只会增加解决问题的难度，危害地区和平与稳定。

> **经典战例**
>
> ### 西沙海战：登陆作战　收复三岛
>
> 1974年1月19日，根据中央军委命令，由海军榆林基地副司令员魏鸣森担任海上编队指挥员，率海军猎潜艇第七十三大队所属271、274艇和海军扫雷舰第十大队所属389、396舰赴西沙永乐群岛海域担负巡逻警戒任务，遭到南越海军军舰的挑衅和炮击，我海军编队奋起还击，英勇作战，与之后赶到的海军猎潜艇第七十四大队281、282艇，一举击沉南越海军护卫舰1艘，击伤驱逐舰3艘。随后，我海军参战舰艇官兵又联合陆军、空军和民兵乘胜收复了被侵占的甘泉、珊瑚、金银等三岛，至此，西沙群岛全部回归祖国怀抱。西沙海战是一场维护中国领土和领海主权的正义战争，是中国人民解放军的首次海上反侵略作战。

（四）海外利益安全和反分裂斗争形势更加严峻

海外利益是中国国家利益的重要组成部分是国家发展利益的延伸。海外利益安全主要包括海外能源资源安全、海上战略通道以及海外公民、法人的安全。有效维护海外中国公民、组织和机构的安全和正当权益，是中国军队担负的任务。中国海外利益面临国际和地区动荡、恐怖主义、海盗活动等现实威胁，驻外机构、海外企业及人员多次遭到袭击。中国军队积极推动国际安全和军事合作，完善海外利益保护机制。着眼弥补海外行动和保障能力差距，发展远洋力量，建设海外补给点，增强遂行多样化军事任务能力。实施海上护航，维护海上战略通道安全，遂行海外撤侨、海上维权等行动。

相关链接：
海外利益发展安全

反分裂斗争形势更加严峻。民进党当局坚持"台独"分裂立场，勾连外部势力不断进行谋"独"挑衅。他们拒不接受一个中国原则，歪曲否定"九二共识"，妄称"中华民国与中华人民共和国互不隶属"，公然抛出"新两国论"；在岛内推行"去中国化""渐进台独"，纵容"急独"势力鼓噪推动"修宪修法"，欺骗台湾民众，煽动仇视大陆，阻挠破坏两岸交流合作和融合发展，加紧"以武谋独""以武拒统"；勾结外部势力，在国际上竭力制造"两个中国""一中一台"。民进党当局的谋"独"行径导致两岸关系紧张，危害台海和平稳定，破坏和平统一前景、挤压和平统一空间，是争取和平统一进程中必须清除的障碍。2022 年 8 月 10 日，国务院台湾事务办公室、国务院新闻办公室发表《台湾问题与新时代中国统一事业》白皮书。在新时代新征程的背景下，白皮书阐明了中国统一大业新的历史方位，系统阐释了中国共产党和中国政府在新时代推进祖国统一的大政方针，全面回答了如何在民族复兴新征程中推进祖国统一的时代命题，释放坚决粉碎"台独"分裂和外来干涉图谋的强烈信号，展现出中国共产党和中国人民追求祖国统一的坚定意志和坚强决心。

军 事 纵 横

"九二共识"是在 1992 年，海峡两岸关系协会与台湾海峡交流基金会在两岸事务性商谈中，就各自以口头方式表述"海峡两岸均坚持一个中国原则"所达成的共识。"九二共识"表明大陆与台湾同属一个中国，两岸关系不是国与国关系，也不是"一中一台"。"九二共识"体现了一个中国原则，明确界定了两岸关系的根本性质，是解决台湾问题的基本前提和根本遵循。

三、新兴领域的国家安全

新兴领域是国家安全和发展利益的拓展区，是世界大国争夺战略主动权的博弈区，谁能占领先机、最先在此领域取得突破，谁就能占据战略主动权。未来战争胜负不再取决于陆、海、空等传统领域作战实力的大小，而是取决于对深海、太空、网络等全球公域深、远、新边疆的控制能力。深海、太空、网络等领域成为未来战争胜负新的较量场，也是新质战斗力生成的新空间。当前，世界各大国已围绕新兴安全领域战略主导权展开激烈竞争。

（一）深海安全

深海安全是指维护国家和平探索和利用深海，增强安全进出、科学考察、开发利用的能力，加强国际合作，维护我国在深海的活动、资产和其他利益的安全。当前，世界各主要海洋大国正从经济开发、军事竞争、规则塑造等方面加大对深海的关注和经营。在安全上，深海被誉为 21 世纪人类可持续发展战略的"新疆域"，是维护国家安全的新空间，正成为各海洋强国强化军事存在和军事控制的战略制高点。深海空间由于通透性差、压力变化大、水文特性复杂等特点，难以被感知，易实现军事行动的隐蔽性和攻击的突然性，其军事价值正在被各海洋强国挖掘。

综观人类发展史，没有一个海洋强国只关注家门口的那片海。如果不关注深海大洋

或者没有能力维护深海空间安全，就够不上海洋强国的标准。走向深海大洋是建设海洋强国的必然选择。我们应重点从以下几方面加快推进深海安全体系建设：加强地球科学领域的研究；加快对深海生物多样性等海底环境问题的研究步伐；通过国际合作和自主创新，加大对深海前沿技术装备的研发力度；着力提高我国深海领域的基础能力、可持续发展能力，包括重大装备、考察船、深海基地建设、大洋样品馆、大洋信息库等能力平台的搭建等；培育和发展我们国家的深海产业；整合国内资源，搭建高端平台，形成国家竞争优势，提高参与国际竞争的整体实力。

军事纵横

深海空间是一个新的作战空间，与传统的陆地、海上和空中作战空间相比，深海作战具有以下显著的特点：一是军事活动空间范围大，从广度和垂直尺度方向可形成立体多层次部署，作战部署灵活；二是环境特性迥异，相较于海面、陆地、空中受气象、地形等环境条件的限制，深海作战行动自由度大；三是隐蔽性强，水下特殊的海洋环境对作战部队有天然的伪装作用，从而大大降低兵力被发现的可能，提高了战场生存性；四是威慑力强，核潜艇、深海母舰和深海预置兵力等水下作战力量，可在水下区域实现快速打击和隐蔽突袭，在北极部署的核力量打击范围可以就近覆盖世界主要国家的政治经济中心，便于实现快速打击。

（二）太空安全

太空是国际战略竞争制高点，太空安全是国家建设和社会发展的战略保障。进入新世纪，国际太空领域呈现"拥挤、竞争、对抗"新的战略格局，安全问题增多、风险加大，太空安全出现了一些新情况、新动向。一方面，太空在世界政治、经济、科技、军事等领域的地位作用更加突出，已融入全球经济、社会与安全整体架构，使得太空安全与其他领域安全密不可分，对国家安全和全球战略稳定的影响越来越大；另一方面，国际上太空活动参与者数量与类型迅速扩充，太空轨道频谱资源紧缺加剧，带来的复杂与混乱引发更多的安全问题；与此同时，太空碎片数量呈指数级增长，发生太空碰撞的风险显著上升，人类太空活动与相关系统面临共同威胁；此外，西方军事强国加快发展太空对抗技术与手段，太空军事化已成事实，太空武器化难以逆转，全球太空安全治理面临新的严峻挑战。以上因素的共同作用，使得太空安全上升为对国家安全与发展具有全局性、长期性影响的重要安全领域。

在当前及未来相当长一段时间，我国太空安全面临严峻复杂的内外形势。从外部来说，世界主要国家纷纷将战略目光转向太空，太空领域大国竞争与对抗日益加剧；从内部来讲，我国太空领域发展长期存在多头管理、重复建设、技术垄断等痼疾。直面新形势、新挑战，我们必须以总体国家安全观为指导，着眼国家安全全局与长远发展，从战略高度对国家太空安全进行科学筹划与顶层设计，重点从以下几方面加快推进国家太空安全体系建设：全面实施"太空优先"国家战略；加快健全太空军事力量体系；全方位培养造就太空安全人才；高度重视太空安全软实力建设等。太空作为全球公域，包括规范、准则和法律在内的国际规则是引领和规范太空活动的重要依据，也是维护国家太空安全权益的有效手段。要以提升在太空国际规则制定中的话语权为目标，围绕太空武器、太空碎片等热点问题，组织专门力量开展太空国际法研究，积极参与全球太空安全治理的各种机制与平台，主动发出维护全球太空安全的中国声音。

（三）网络空间安全

伴随信息革命的飞速发展，互联网、通信网、计算机系统、自动化控制系统、数字设备及其承载的应用、服务和数据等组成的网络空间，正在全面改变人们的生产生活方式，深刻影响人类社会历史发展进程。网络空间已经成为与陆地、海洋、天空、太空同等重要的人类活动新领域，国家主权拓展延伸到网络空间，网络空间主权成为国家主权的重要组成部分。尊重网络空间主权，维护网络安全，谋求共治，实现共赢，正在成为国际社会共识。

2022年11月，国务院发布《携手构建网络空间命运共同体》白皮书。白皮书指出，人类在网络空间日益面临发展和安全方面的问题和挑战，互联网领域发展不平衡、规则不健全、秩序不合理等问题日益凸显，网络霸权主义对世界和平与发展构成新的威胁。个别国家将互联网作为维护霸权的工具，滥用信息技术干涉别国内政，从事大规模网络窃密和监控活动，网络空间冲突对抗风险上升。此外，网络犯罪和网络恐怖主义已经成为全球公害，国际合作是打击网络犯罪和网络恐怖主义的必由之路。一些国家搞"小圈子""脱钩断链"，制造网络空间的分裂与对抗，网络空间安全面临的形势日益复杂。网络空间治理呼唤更加公平、合理、有效的解决方案，全球性威胁和挑战需要强有力的全球性应对。

安全是发展的前提，一个安全稳定繁荣的网络空间，对世界各国都具有重大意义。网络安全是全球性挑战，没有哪个国家能够置身事外、独善其身，维护网络安全是国际社会的共同责任。构建网络空间安全共同体，就是倡导开放合作的网络安全理念，坚持安全与发展并重、鼓励与规范并举。加强关键信息基础设施保护和数据安全国际合作，维护信息技术中立和产业全球化，共同遏制信息技术滥用。进一步增强战略互信，及时共享网络威胁信息，有效协调处置重大网络安全事件，合作打击网络恐怖主义和网络犯罪，共同维护网络空间和平与安全。

相关链接：

《携手构建网络空间命运共同体》白皮书（全文）

第三节 国际战略形势

进入 21 世纪以来，世界发生了深刻而复杂的变化，和平与发展仍然是时代主题，国际社会日益成为"你中有我、我中有你"的命运共同体，和平、发展、合作、共赢成为不可阻挡的时代潮流。

一、国际战略形势现状与发展趋势

当今世界正经历百年未有之大变局，世界多极化、经济全球化、社会信息化、文化多样化深入发展，和平、发展、合作、共赢的时代潮流不可逆转。国际力量加快分化组合，新兴市场国家和发展中国家力量持续上升，战略力量对比此消彼长、更趋均衡，促和平、求稳定、谋发展已成为国际社会的普遍诉求，和平力量的上升远远超过战争因素的增长。但是，但国际安全面临的不稳定性不确定性更加突出，世界并不太平。霸权主义、强权政治、单边主义时有抬头，地区冲突和局部战争持续不断，国际安全体系和秩序受到冲击。国际战略竞争呈上升之势。美国调整国家安全战略和国防战略，奉行单边主义政策，挑起和加剧大国竞争，大幅增加军费投入，加快提升核、太空、网络、导弹防御等领域能力，损害全球战略稳定。北约持续扩员，加强在中东欧地区军事部署，频繁举行军事演习。俄罗斯强化核、非核战略遏制能力，努力维护战略安全空间和自身利益。欧盟独立维护自身安全的倾向增强，加快推进安全和防务一体化建设。全球和地区性安全问题持续增多。国际军控和裁军遭遇挫折，军备竞赛趋势显现。防止大规模杀伤性武器扩散形势错综复杂，国际防扩散机制受到实用主义和双重标准危害，面临新的挑战。极端主义、恐怖主义不断蔓延，网络安全、生物安全等非传统安全威胁日益凸显。伊朗核问题解决出现波折，叙利亚问题政治解决仍面临困难，朝鲜半岛无核化进程举步维艰。各国安全的交融性、关联性、互动性不断增强，没有哪一个国家能够独立应对或独善其身。

军事纵横

分析世界发展态势和国际格局变化，要树立世界眼光把握时代脉搏，要善于从当今世界的风云变幻中发现本质认清长远趋势。在充分估计国际格局发展演变的复杂性、世界经济调整的曲折性的同时，更要看到政治多极化、经济全球化深入发展的趋势不可逆转。在充分估计国际矛盾和斗争的尖锐性、国际秩序之争的长期性的同时，更要看到和平与发展的时代主题、国际体系变革方向不会改变。从国家安全的角度考虑，国家战略形势的以下变化尤为值得关注。

（一）多极化趋势继续发展，东西方力量更替缓慢

多极化进程能否继续，取决于美国与其他国际战略力量之间的对比。目前，美国不

顾世界多样性的实际情况，凭借自己的强大实力，把其意识形态、价值观念、发展模式和社会制度强加于国情不同的世界各国，企图建立美国一家独霸的单极世界。实际上，苏联解体后，世界一度形成了以美国为唯一超级大国和多个强国并存的态势，战略力量对比严重失衡。经过多年演变，大国实力对比和大国战略关系这两个决定国际格局的要素出现了重大变化，国际格局出现新的重大调整。当前国际体系加速转型，突出表现为国际力量对比显著变化，即西方传统大国影响力下降和非西方新兴大国力量上升。一是新兴市场国家和发展中大国群体性崛起，其经济和政治地位提升，其群体性影响力号召力不断增强，使得世界力量中心更趋多元。以美国为代表的世界强国整体实力和影响力相对下降，特别是受国内政治斗争、中东乱局、恐怖主义威胁等因素制约，在全球事务中的主导地位明显下降。二是西方势力内部面临激烈的政治博弈和复杂难解的社会治理难题，主导世界的能力总体呈下降趋势。三是非国家行为体大量涌现并日益成为国际舞台上的重要力量。国际和地区性组织成为全球治理体系中的重要力量，大型跨国公司的国际影响不断扩展，各类非政府组织积极参与国际事务和社会交往，成为政府扩展影响的重要渠道。尽管如此，世界力量格局也难以在短时期内发生颠覆性转变，美国"一超"地位难以改变。今后一个时期，东西方的力量对比态势将继续发生变化，但这种升降兴衰、转移更替将是个长期过程。

（二）新科技革命方兴未艾，科技竞争日趋激烈

全球科技创新空前密集活跃，新一轮科技革命和产业变革深入发展，新技术新应用多点突破，将对人类社会发展带来深刻变革。5G、卫星互联网支撑起天地融合、万物互联的数字空间，新一代人工智能广泛应用加速社会向智能化转型，量子科技的快速发展冲击和重构传统技术体系，数字货币不断涌现加速全球数字金融体系变革，新能源技术更迭创新推动全球绿色低碳发展，基因编辑、合成生物学、脑机接口将改变生命自然进化形态，空天科技助推地球文明向外太空延展。新科技革命成为世界百年未有之大变局的关键一环，但在单边主义、保护主义和霸权主义影响下，高科技也成了大国战略竞争的"新高地"，全球科技安全风险随之上升。大国高科技竞争更趋激烈，主要发达国家在战略性科技领域全面布局，推动国内创新、争夺未来产业价值链高地。国际技术规则竞争加大"数字战争"风险。

（三）全球化变轨转型，区域化蓄势待发

近年来，在国际金融危机、欧债危机、英国"脱欧"、美国单边主义、新冠肺炎疫情轮番冲击下，高效但脆弱的全球化既有模式难以为继，并面临引领思想褪色、民粹主义兴起、扩张动能下降、领导力量缺位、经贸规则碎裂、全球治理失效、国际货币体系松动等多重挑战，全球化将进入至关重要的变轨转型期。矛盾和困难继续激化，但新的引领力量和驱动因素也在迅速崛起，区域化或成为全球化为其下一轮上升期积聚势能的重要形式。在此期间，"效率至上"的经济逻辑或进一步弱化，强调国家利益和安全的政治逻辑将占据主导，全球化将在政府与市场、经济民族主义与经济自由化、发展与

安全、自由与公平之间进行艰难平衡。新冠肺炎疫情使得世界经济格局"东升西降"更加明显，经济多极化趋势更为巩固，全球化将从"美国主导"进一步向"合作引领"过渡。与此同时，全球层面的合作难度增大，大国间科技竞争、贸易摩擦、投资管制还将升级，市场、规则、制度与理念之争日趋激烈。全球化变轨转型将难以一帆风顺，政治、安全、军事、意识形态等非经济因素对全球化的介入力度增大，部分国家或借区域一体化激化所谓"大国竞争"，未来全球化被硬性打断的可能性犹存。

（四）军事安全因素上升，地缘之争卷土重来

世界各主要国家纷纷调整安全战略、军事战略，调整军队组织形态，发展新型作战力量，抢占军事竞争战略制高点。美国进行军事技术和体制创新，谋求绝对军事优势。俄罗斯深入推进"新面貌"军事改革，英国、法国、德国、日本、印度等国都在调整优化军事力量体系。疫情加剧国际秩序大调整大变革，引发全球治理停摆、多边机制失灵。受此影响，地缘博弈日渐抬头，一些国家在解决热点问题特别是领土争端与民族矛盾时更倾向于采取军事手段，全球军事冲突风险不容小觑。受美国"印太战略"牵引，南亚、东南亚、东北亚、南太平洋等地区的军事互动将呈现更加机制化、同盟化趋向。美将在"印太战略"框架下加大对西太平洋地区的军事部署。美海军计划推出新版"海上军事战略"，着眼大国竞争，强化三大海上力量联合作战体系。鉴于中美均在加强海空部署，加之台海、南海、东海不稳定因素相互叠加，海空军事意外极易造成地区冲突并快速升级。其中，日本政府欲强化对钓鱼岛的"实际控制"将引发地区紧张；美国企图在第一岛链、第二岛链部署陆基中程导弹，未来由此引发海上对峙的风险难以完全排除；特别是，美或在"印太战略"框架下不断升高台海危机，推行战争边缘政策，如对

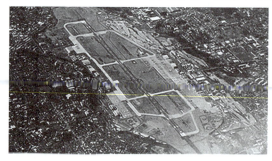

厚木海军航空基地

台出售进攻性武器、美军陆战队驻台、美舰泊台、美台联合军演等，将令中美军事冲突风险增大。地区国家间矛盾将在三大地区催生军事冲突风险：一是中东爆发热战的风险犹存；二是印巴存在爆发军事冲突的风险；三是欧亚地区热点，特别是因领土争端和跨界民族矛盾引发军事冲突的可能性较大。

（五）国际秩序失序乏力，全球治理逆水行舟

在深海、太空、网络等全球"公域"的治理问题上，美国曲解《联合国海洋法公约》，以"维护航行自由"为名，不断强化对沿海新兴大国的海空巡航；美国罔顾现有多边军控体系，极力谋求单边战略优势，加剧太空军事化；美西方与新兴大国对全球网空治理分歧严重，致使联合国框架下的多边治理机制难以形成。在恐怖主义威胁上，国际暴恐势力从2019年以来的低潮期走向新一轮扩张期，对国际安全的威胁再度凸显。美国从国际秩序的主导者、构建者异化为加剧全球治理失序失灵的最大不确定因素。美

国加速推进美、欧、日自贸谈判，推动在知识产权、劳工、环境、技术准入等领域设置更高的准入门槛，削弱世贸组织现有规则。安全与政治上将重新强化跨大西洋联盟，联手欧洲向中俄施压，彼此在联合国多边场合的人权与价值观之争趋于激烈。联合国及其安理会改革可能再度升温，甚至引发新一轮大国博弈。

学思之窗

2022 年 4 月 21 日，习近平主席在博鳌亚洲论坛年会开幕式上发表主旨演讲，就全球和平、安全、信任、治理赤字有增无减，人类社会面临的安全挑战越来越多的现象，首次提出了全球安全倡议。

2023 年 2 月 21 日，"全球安全倡议：破解安全困境的中国方案"蓝厅论坛在北京举行。外交部长秦刚出席开幕式并发表了主旨演讲，宣布正式发布《全球安全倡议概念文件》（以下简称《概念文件》）。《概念文件》阐释了全球安全倡议的"六个坚持"核心理念和原则，明确了 20 个重点合作方向以及 5 个合作平台和机制，具有鲜明的行动导向，展现了中方对维护世界和平的责任担当、对守护全球安全的坚定决心。

思考：中国为什么要提出全球安全倡议？

二、世界主要国家军事力量及战略动向

进入新世纪后，美国、俄罗斯、英国、法国、德国、日本、印度等主要军事大国，积极适应新军事变革趋势，调整军事战略，优化军事力量体系，压缩军队规模，注重质量建军，大力推进军队改革和转型，抢占军事竞争战略制高点。

（一）美国军事力量及战略动向

1. 美国军事力量

美国总统兼任武装部队总司令，掌握最高指挥权。进攻性战略武器和核武器的使用权集中在总统手中。国家军事指挥系统由国防部和参谋长联席会议组成。国防部是总统领导与指挥全军的办事机构，又是向各联合司令部发布总统和国防部长命令的军事指挥机关。参谋长联席会议是总统和国防部长最高军事咨询机构，由主席、副主席、陆军和空军参谋长、海军作战部长及海军陆战队司令组成。

公开资料显示，美国现役官兵人数 135.1 万，各类后备役部队 80 万人。美国同世界上 50 多个国家和地区订有多边和双边军事条约，海外基地与设施共 800 余个，向 40 个国家和地区提供军事援助，与 90 多个国家和地区订有援外军事训练计划。

2. 美国战略动向

2022 年 2 月 11 日，美国政府发布《美国印太战略》报告，全面阐述了拜登政府对印太地区的认知定位，提出了美国在印太地区的战略目标和行动计划。与前两份印太

战略报告相比，美国新印太战略报告进一步提升了印太地区在美国全球战略布局中的地位，折射出美国妄图掌控印太继而维护全球霸权的野心。2022年10月12日，拜登政府发布任内首份《国家安全战略》，该战略将中国定义为"美国最重要的地缘政治挑战"。10月27日，美国政府公布了三份文件：《国防战略》《核态势评估报告》《导弹防御评估报告》，基本确立了未来3至5年美军建设发展的整体基调。12月23日，拜登签署了美国《2023财年国防授权法案》，明确了美军重点投资方向以及装备采购和退役清单，对标《国防战略》，大肆渲染与中、俄的竞争对抗，围绕"一体化威慑""竞争行动""打造持久优势"三大途径增加投入，服务于主导世界秩序的战略目标。

第一，搭建一体化体系框架，兵力调整向"全域"拓展。2022年，在"一体化威慑"战略指引下，美国国防部和各军种相继出台系列战略文件、军事概念和作战条令，构建体系化顶层框架。五角大楼还将人工智能技术等软实力纳入规划，专设数据与人工智能首席办公室，推动人工智能军事化进程。在顶层框架牵引下，2022年，美各军种部队相继开展调整、转隶和装备迭代工作。

第二，重心东移，印太战区成为军力部署新中心。美军近年来在海外驻军布局、精锐力量编配和先进装备配发等方面都体现了印太优先思想。经过调整，印太战区已成为美军全球军力部署的新中心。目前，美军已将约60%的海军舰船和海外战术航空兵资产部署到印太，并将F-35战机、"福特号"核动力航母、"美利坚"号两栖攻击舰、朱姆沃尔特级驱逐舰等新型主战装备率先部署到印太。

在加强印太地区兵力部署的同时，美军还对冷战时期在西太平洋地区依托三大岛链、重兵前出的前沿威慑存在方式进行了调整。美军决定将驻日本冲绳的近万名海军陆战队员后撤至关岛、夏威夷和澳大利亚，同时在第二岛链沿线岛屿重启、新建和扩建机场、港口、雷达站等军用基础设施，并妄图以各种方式获得东南亚国家和太平洋岛国军事基地和重要基础设施的临时使用权，企图构建"多点、散布、弹性"基地网。

第三，以美日同盟为基础，重构印太盟伴体系。近年来，为塑造由美主导的印太秩序，美国不断加快推进印太盟伴体系的重组重构。在新盟伴体系中，美日同盟成为美国重塑印太盟伴体系的重要抓手。以美日同盟为基础，构建小多边遏华联盟。以美日同盟为纽带，拉近美国与东南亚国家关系。以美日同盟为桥梁，连通北约与印太联盟体系。

美军驱逐舰在印度洋上起降舰载机

第四，发布新版北极战略，编织盟友网络。以2022年10月7日颁布的新版《北极地区国家战略》为标志，美国基本完成强化北极军事存在的战略文件制定。该文件对未来10年美国"进军北极"进行了战略规划，明确表示美国将加强北极地区军事存在，与盟友和伙伴采取安全措施，保护共同利益。多年来，为推行自身北极战略，美国在该地区精心编织了一张盟友网络，以便塑造于己有利的军事态势。事实上，在 8 个环北极国家之中，除俄罗斯外，其余均为北约成员国或已提交入约申请的国家，加拿大等国家紧随美国出台北极国家战略和军事战略。

学思之窗

中国外交部部长王毅说："中美关系风雨兼程，既取得了历史性进展，同时也面临着新的挑战。过去的经验归结到一条，就是合则两利，斗则俱伤。尽管今天的国际形势和中美两国都已发生了很大变化，但这条启示仍然是金科玉律，需要我们双方坚持和维护，保持'不惑'的定力。"

思考： 如何看待如今的中美关系？

（二）俄罗斯军事力量及战略动向

1. 俄罗斯军事力量

俄罗斯联邦总统是国家元首和俄罗斯联邦武装力量的最高统帅，对武装力量和其他军事力量实施全面领导，并通过国防部长和总参谋长对武装力量实施作战指挥。国防部长通过国防部对联邦武装力量实施直接领导。俄罗斯联邦武装力量总参谋部对武装力量进行作战指挥。俄罗斯联邦武装力量由管理机关、军团、兵团、部队、军事院校以及后勤部门组成。未编入武装力量的其他军事力量包括国民近卫军，联邦安全总局、联邦警卫总局所属部队，民防部队等。俄罗斯联邦武装力量拥有五大军种，分别是陆军、空天军、海军、战略火箭兵和空降兵。俄罗斯总统普京在 2022 年 8 月 25 日签署的关于俄罗斯武装力量扩军的总统令已于 2023 年 1 月 1 日正式生效，俄武装力量编制增加 13.7 万人，俄军现役军人总人数已达 115 万。

2. 俄罗斯战略动向

2022 年 12 月 21 号，俄罗斯国防部召开年度扩大会议，提出下一步军队改革调整新计划，以提升俄军整体作战能力，确保完成特别军事行动目标、有效应对北约安全威胁。

其一，巩固核力量确保对北约战略威慑。在常规力量建设相对滞后的情况下，核力量成为俄保持对美、北约战略均势的重要砝码。按计划，俄将继续保持"三位一体"战略核力量建设力度，将其作为维护主权和领土完整、国际战略平衡的重要保障，确保对北约进行有效战略威慑。此外，俄还丰富拓展以高超声速武器为代表的非核遏制力量，将其作为核遏制的有效补充手段，以实现"核常并重"的双重遏制战略效果。

其二，重建以陆军为核心的联合作战体制。为理顺陆战场作战指挥关系，俄军计划重建以陆军为核心的联合作战体制，使部队在战术战役层面实现战场指挥权的高度统一，从而通过发挥俄军传统大兵团作战优势取得战场主动权。一是推动旅改师进程，二是为各集团军配属空天军作战力量，三是优化西部战略方向兵力部署。

其三，转变思路大幅增加军队员额。近年来，俄军推进的"新面貌"军事改革，通过裁军将军队员额压减至约100万。然而，面对北约东扩压力、高加索地区动荡、美亚太盟友领土声索等现实安全威胁，俄军兵力不足问题不断凸显。为此，俄军决定采取一系列措施大幅扩充军队员额。一是扩大武装力量规模。2022年12月，俄国防部扩大会议上，俄再次宣布扩军，计划将俄军人数增至150万。二是调整征兵政策。公民应征年龄下限从18岁提高到21岁、上限从27岁提高到30岁。三是完善国防动员体系，改进兵役征召体系，完善装备物资储备体系。

其四，加快弥补信息化能力不足等短板。当前，俄军在积极调整战略战术、力求步步为营的同时，也在加快弥补自身短板弱项，重点提升信息化作战能力。一是提升指挥和通信系统的信息化水平，拓展指挥自动化系统的覆盖范围，积极引入人工智能技术，提升作战体系效能。二是提升战场态势感知能力，主要是将无人机配备到班、排作战单元，并将之整合于统一的战场侦察网络。三是加快发展无人机等智能作战装备，重点发展战略无人机、察打一体无人机和巡飞弹，扩大精确制导弹药，特别是精确制导炮弹的生产。

（三）日本军事力量及战略动向

1. 日本军事力量

日本军队称自卫队，自卫队的最高统帅是首相，最高军事决策机构是内阁会议。"安全保障会议"是内阁在军事上的最高审议机构，由首相、外务大臣、财务大臣、内阁官房长官、国家公安委员长、防卫大臣等内阁主要成员组成，负责审议国防方针、建军计划及处理各种突发事件等。防卫省相当于国防部。参谋长联席会议由主席和陆、海、空军参谋长组成，负责拟定和调整三军作战、训练和后勤计划，搜集研究军事情报，在实施两个军种以上的联合作战、演习时，实施统一指挥。

日本自卫队实行志愿兵役制。根据日本防卫省的数据，海陆空自卫队的整体招募目标为247154人，截至2022年3月底，实际出勤的自卫官为230754人，缺口超过1.6万人。

2. 日本战略动向

2022年12月16日，日本内阁通过《国家安全保障战略》《国家防卫战略》《防卫力量整备计划》三份安保政策文件，标志着日本战后安保和防卫战略的"大转向"。具体动向包括：其一，明确构建"反击能力"。《国家防卫战略》明确提出自卫队要具备"反击能力"和"持续作战能力"，即当日本遭到武装攻击或弹道导弹袭击时，自卫队能够有效回击敌导弹基地，并确保远程导弹和精确制导导弹的数量足够支撑"持续作战"。文件还允许自卫队拥有"防区外防御能力"，可以从敌防御区以外直接攻击其领土和军事目标。这意味着，日本梦寐以求的所谓"先敌打击能力"正式得以官方化、国策化。其二，调整自卫队指挥体制。目前，日本防卫省已决定正式设立统一指挥陆上、海上、航空自卫队的"统合司令官"职位及"统合司令部"。相关人员正在研究组织形态、设置场所等问题。日本此举旨在进一步完善自卫队军令体系，指向的是未来作战。其三，急速扩充新质作战力量规模。在"跨域作战"理念的指导下，日本不断加大在太空、网络空间以及电磁空间的投入，新质作战力量的编制扩充与装备革新也在不断加速。其四，对外提升合作水平，实行"同盟泛化"战略。2022年下半年，日本在持续加深与美国军事一体化的同时，不断与澳大利亚、印度、英国、法国、德国、菲律宾等国建立起原本只在同盟间才存在的军事合作机制，并在《国家安全保障战略》等3份安保文件中作出明确规定。可见，日本已将"同盟泛化"作为插手国际安全事务、搅动亚太安全形势、增加国际政治影响力、实现军事大国野心的重要手段。

相关链接：

日本三大痼疾怎做政治大国？

（四）印度军事力量及战略动向

1. 印度军事力量

印军前身为英国殖民主义者的雇佣军。1947年印巴分治后始建分立的三军。1978年创建独立的海岸警卫队。总统是名义上的武装力量统帅，内阁为最高军事决策机构。国防部负责部队的指挥、管理和协调。各军种司令部负责拟定、实施作战计划，指挥作战行动。实行募兵制。陆、海、空三军现役兵力为144.4万，其中陆军123.7万，海军6.7万，空军14万。另有50多万预备役军人和100多万准军事部队。

2. 印度战略动向

印度以"大国崛起"为目标，加大实施东向政策步伐，范围从东南亚逐渐扩大到整个东亚和澳大利亚，政策重点向军事、安全等"高级政治"领域拓展。特别是军事安全色彩有所增加。其一，印度一方面超越原有的经济层面，与越南、缅甸、马来西亚、新加坡、印度尼西亚、柬埔寨等东盟国家签订双边国防合作协议，在人员培训、联合军演和海上安全等方面加强合作，另一方面积极发展与日本、韩国、蒙古的战略关系。其二，印度近年来把"立足南亚，控制印度洋，争当世界一等强国"作为军事战略调整的基本依据，将战略关注重点由陆地为主向陆海并重转变——在印中、印巴边境强化兵力部署和战场建设，着力加强在印度洋的军事存在，发展一支既能控制印度洋又能远征太平洋的"蓝水海军"，企图在巩固印度洋战略优势的同时将影响力辐射至太平洋。在陆上方向，从强调中巴并重调整为重点针对中国，强化中印方向作战准备。大力推动弹道导弹现代化，企图将整个中国纳入打击范围；加速推进73条边境公路修建计划，以解决洞朗事件中暴露的陆军机动能力不足的问题；加强山地打击军建设，紧急采购大量火炮、火箭炮、导弹等装备，以保障部队至少能进行15天的"高强度作战"。在海上方向，从区域威慑向远洋进攻转变，着力打造一支具有远洋进攻能力的"蓝水海军"，特别是提出了一个"控制"和两个"确保"的海军作战理论，即在控制整个印度洋地区、在该地区建立绝对海上军事优势的同时，确保海军具备"第二次核报复"打击能力和"远程力量投送"能力。

军事理论与技能训练 教程

军事纵横

从 2020 年 10 月下旬开始，印度就开始了规模庞大的军事体系重组计划，意图在两年时间内将目前陆、海、空三军多达 17 个司令部整合为 5 个多军兵种合成的战区司令部。海上战区司令部是第一个，其他四个分别是北方战区司令部、西方战区司令部、半岛司令部和防空司令部。按照规划设计，海上战区司令部、北方战区司令部和西方战区司令部是分别针对印度洋、中国和巴基斯坦的"地缘"战区司令部。这些司令部将有各自确定的作战区域，并将建立无缝衔接的指挥架构，从而更有利于兵力的整合运用。

红色记忆

《送你过江》

《送你过江》是盐城市淮剧团演出的淮剧，讲述了 1949 年渡江战役期间苏北革命老区青年不怕牺牲、舍生取义、报效祖国的故事。这部戏源于解放战争时期由战地记者邹建东拍摄的题为《我送亲人过大江》的照片。在浩荡的长江江面上，一个身材瘦小、梳着大辫子的姑娘正努力摇橹，一心想把木船行驶得飞快，好让船上渡江的解放军战士尽快登陆上岸打胜仗；另一位姑娘半蹲在船舱内，一个年迈的老船工在后舱船板上掌舵。70 多年前的渡江战役，人民解放军和千千万万的渡江支前民工以排山倒海之势，英勇作战，不怕牺牲，以天地间的英雄正气推动历史的车轮，催生着一个新时代的诞生。《送你过江》这部革命历史题材的现代戏，张扬着峥嵘岁月的革命精神和意志，以及军爱民、民爱军的深厚情感。

《送你过江》剧照

乐学好思

1. 怎样正确理解和把握总体国家安全观？
2. 我国地缘环境的基本概况是什么？
3. 新时代的国家安全包括哪些内容？
4. 国际战略形势的发展趋势有哪些？
5. 简述世界主要国家的军事力量及战略动向。

课堂自测

第三章　军事思想

⊙ 学习目标

⊙ 了解军事思想的内涵及其发展历程，理解军事思想的地位和作用。
⊙ 了解外国军事思想的基本情况，熟悉我国古代军事思想的主要内容、特点和代表著作。
⊙ 了解当代中国军事思想的基本情况，理解习近平强军思想的重大意义和主要内容。

▶ 本章导读

头脑是人类最强大的武器。马克思曾说："人是靠思想站立的。"《孙膑兵法·奇正篇》曰："同，不足以相胜也，故以异为奇。"纵观古今中外诸多经典战例，无一不是斗智斗勇的思维与实践成果。所以在军事变革中，思维优势始终作为战争制胜的强大武器而备受兵家重视。

当今时代，以信息技术为主导的科技革命在世界范围内蓬勃发展，推动着世界新军事变革日新月异。在这场变革中，传统观念已日薄西山，以信息化理念为重要特征的变革浪潮则一浪高过一浪地山现在历史舞台。我们必须抓紧加快军事思想的推陈出新，认真厘清与未来战争不相适应的思维理念，认真廓清军事人才成长的"路线图"，通过全方位、深层次、多维度的实践磨砺，化人才优势、思维优势为发展优势和作战优势，以思维转型的"全员化"来引领军事转型的"全覆盖"，确保强军目标落到实处，让思想永远站立在变革时代的前沿。

第一节　军事思想概述

军事思想是军事科学的综合性基础理论，从总体上考察和回答军事领域的普遍性、根本性问题，揭示军事领域的一般规律，提出军事斗争和军事建设的基本方针及基本指导原则，为人们研究和解决军事问题提供总体性理论指导。

一、军事思想的内涵

军事思想是关于战争和国防基本问题的理性认识，是军事实践的经验总结和理论概括。军事思想的基本内容，大体可以分为军事哲学和军事实践基本指导原则两个层次。前者主要包括战争观和军事方法论等。其中，战争观是关于战争问题的根本看法和根本态度；军事方法论是关于军事方法的学说和理论体系。后者主要包括战略思想、作战指导思想、军队建设思想和国防思想等。其中，战略思想是关于战略问题的理性认识，通常表现为战争与国防的指导理论与基本原则；作战指导思想是关于作战指导问题的理性认识，通常表现为作战的指导理论和基本原则；军队建设思想是关于军队建设问题的理性认识，通常表现为军队建设的指导理论和基本原则；国防思想是关于国防问题的理性认识，通常表现为国防建设和斗争的指导理论和基本原则。军事思想作为一种社会意识形态，建立在一定的社会生产和军事实践的基础之上。任何军事思想都与一定历史阶段的生产关系、社会制度、科学技术及军事实践的发展相联系，并受其他社会意识形态及民族传统、地理环境等因素的影响。因此，军事思想的基本特征主要表现为政治性、实践性、时代性、民族性、继承性和创造性等方面。

 军事讲坛

"夫未战而庙算胜者，得算多也；未战而庙算不胜者，得算少也。多算胜少算，而况于无算乎！"

出自孙武的《孙子兵法》，意思是说，在未战之前，经过周密的分析、比较、谋划，如果结论是我方占据的有利条件多，有八、九成的胜利把握；或者如果结论是我方占据的有利条件少，只有六、七成的胜利把握，则只有前一种情况在实战时才可能取胜。如果在战前干脆就不做周密的分析、比较，或分析、比较的结论是我方只有五成以下的胜利把握，那在实战中就不可能获胜。

二、军事思想的发展历程

人类对军事问题的认识，随着社会生产力的发展，战争的日益频繁和战争规模的不断扩大，以及人们科学文化水平的提高，有一个从简单到复杂的发展过程。军事思想作为独立的意识形态出现，始于奴隶社会。"攻""守""战术""统帅"等军事概念就产生于奴隶社会时期。此时，人们已开始探讨战争与物质力量的关系，在一定程度上认识到军队的多寡、武器的数量和质量，对于战争胜负具有重要作用。"强胜弱""众胜寡"成为一般的作战原则。它标志着这时出现的军事思想已具有朴素的唯物主义性质。但是在奴隶社会时期，在军事思想中占据重要地位的是宗教迷信观念，加之战争规模较小，作战形式单纯，这时的军事思想还比较简单。

在奴隶社会向封建社会发展过程中，一些强大的奴隶制国家在战争中衰亡。这促使人们认识到，战争胜负不仅取决于物质力量的强弱，而且同政治因素、战争的性质、力量的运用及其强弱转化，有着密切关系。这一认识是由中国奴隶社会向封建社会过渡时期的军事著作首先在理论上加以阐明的。以《孙子兵法》为代表的军事论著，总结了当时军事斗争的经验，揭示了战争中众寡、强弱、虚实、攻守、胜败等范畴的对立和转化关系，提出了"知彼知己，百战不殆""攻其无备，出其不意"等军事原则。这说明中国古代军事思想中已经饱含着朴素的辩证法思想。

资本主义工业革命的发展，使大量火器和众多人力投入战争成为现实。在资产阶级推翻封建统治的大革命中，在资本主义国家对外扩张的战争中，战争规模空前扩大，战争的本质也暴露得更加充分。以普鲁士军事理论家克劳塞维茨所著《战争论》为代表的资产阶级军事理论，运用当时的哲学和历史学成果，总结了拿破仑战争及以前的一些战争经验，阐明了战争与政治、战争与经济、暴力运用与科学技术的相互关系，并提出了若干作战原则。由克劳塞维茨和与其同时代的军事家若米尼等人所阐发的资产阶级军事思想的基本观点，代表了资本主义上升时期资产阶级的进取精神，他们的著述已成为公认的军事名著，至今仍被许多资本主义国家的军事家奉为经典。其中，"战争无非是政治通过另一种手段的继续"等论点，也为列宁和毛泽东所肯定。资本主义进入帝国主义阶段后，随着科学技术的进步，又经过两次世界大战实践经验的积累，资产阶级军事思想有了进一步发展，它更加重视先进科学技术在战争中的作用，并在现代战争的作战方法、技术运用、组织指挥以及军队现代化建设等方面，提出了一些值得重视的理论和原则。但是，由于其阶级的偏见和认识论、方法论的片面性，资产阶级军事思想一般都掩盖战争的阶级本质，并且过分强调武器和技术在战争制胜因素中的作用，从而贬低了人民群众的作用。

无产阶级在争取自身解放的过程中，不断总结革命战争经验，并且吸取了军事思想史上的积极成果，形成了自己的军事思想。无产阶级革命导师马克思、恩格斯、列宁、斯大林、毛泽东以及其他无产阶级革命领袖人物，在创立、运用和发展无产阶级军事思想方面作出了杰出贡献。他们应用辩证唯物主义和历史唯物主义的基本原理，科学地论证了战争的社会历史根源，指明了暴力对新社会诞生的促进作用和对经济的依赖性，指出社会生产方式和物质条件对于战争的制约作用，明确区分战争的政治性质，揭示阶级社会战争的阶级本质，阐发了战争的基本规律，并且高度重视人民群众在战争中的作用，强调建设人民军队的重要性，提出了无产阶级的军事斗争纲领和作战方法。在中国

共产党领导中国革命战争中形成的毛泽东军事思想，包含了一整套关于建设人民军队、进行人民战争和人民战争的战略战术的理论和原则，并且包含着研究战争与指导战争的认识论和方法论。中国人民及其军队，运用在战争实践中不断得以丰富和发展的毛泽东军事思想，经过艰苦卓绝的革命战争，终于战胜来自国内外的所有反动武装力量，建立并且巩固了中华人民共和国。这一历史事实，充分显示了毛泽东军事思想的科学性和真理性。

军事纵横

　　任何军事思想都是一定历史发展阶段的产物。随着社会生产力的不断提高和科学技术的飞速进步，要求军事思想在继承历史上一切优秀遗产的基础上，不断地有所创新和发展。但是，军事思想的发展历史表明：一般说来，在和平时期军事思想的发展往往落后于社会生产力和科学技术的发展；上一场战争中曾经赢得胜利的经验，远远不能满足下一场战争的要求。因此，在和平环境中，防止和克服保守倾向，积极探索军事领域出现的新情况和新问题，努力使军事思想适应新的历史条件，才能保证它对未来战争发挥正确的理论指导作用。

三、军事思想的地位和作用

　　军事思想在军事科学体系中处于基础的地位。由于军事领域与其他社会领域相比具有更大的不确定性，军事思想对军事实践的指导作用尤为重要，甚至对军事实践的成败具有某种决定性影响。

（一）军事思想是军事科学领域其他学科的理论基石

　　军事思想是军事科学的综合性基础理论，其职责和功能主要是揭示军事本质及其一般规律，探索军事的新领域，创造新的军事原理和原则，为解决军事领域的各种实际问题提供理论基础和方法指导。军事科学的其他学科着重探索战争、国防和军队建设等方面的特殊规律，寻求解决各自领域存在的各种实际问题的途径和办法，是军事思想的具体应用，是军事科学基础理论的延伸和深化。军事科学的其他学科只有以正确的军事思想为指导，才能正确反映各自领域的特殊规律，才能对各自领域内遇到的各种实际问题作出准确的分析和判断，从而找到解决问题的正确路径和办法。

（二）军事思想是军事实践的行动指南

　　军事思想是军事实践的能动反映，是军事实践经验的理论概括，并揭示军事领域的一般规律，因而对军事实践具有宏观的和根本的指导作用。军事思想对军事领域的规律反映得越深刻、越正确，它对军事实践的指导作用也就越大。正确反映军事本质及其规律的军事思想一旦被成功地运用于军事实践，就能够转化为巨大的物质力量。在交战双方物质条件大致相等的情况下，拥有先进军事思想的一方，往往能够占据上风。即使一方的力量相对较弱，但拥有先进的军事思想，也常常能够以弱胜强。中国人民革命战争在毛泽东军事思想的指导下取得彻底胜利就是明证。相反，如果军事思想保守落后，即使拥有相对优势的兵力和先进的武器装备，也可能在战争中遭受挫折甚至失败。第二次世界大战中法国的溃败和苏联在战争初期的失利，其作战指导思想落后于战争实践是重要原因。战争实践证明，在客观物质条件许可的范围内，军事思想正确与否，决定着战争的成败。没有正确的军事思想指导，即使具备取得战争胜利的有利客观条件，也难以把胜利的可能变成现实；有了正确的军事思想指导，就可以在战争中掌握主动，少犯错误，多打胜仗。

军事思想的作用不限于军事领域。军事思想所揭示的许多重要规律，总结的许多重要原理，提出的许多重要原则，对国家的政治、经济、外交、文化和科技等领域都有重要影响。军事思想作为人类智慧的结晶，在社会生活的广阔领域发挥越来越大的作用。

第二节　外国军事思想

外国军事思想，主要是指除中国以外的世界其他国家政治家、军事家和思想家关于战争、国防和军队等问题的理性认识，一般包括战争观、战略思想、作战思想、建军思想和研究战争与军事问题的方法论等。

一、外国军事思想的主要内容

外国军事思想经历了漫长的历史时期，大致可以分为古代军事思想、近代军事思想和现代军事思想等发展阶段。

（一）古代军事思想

外国古代军事思想的发展悠久漫长，大致从公元前 4000 年至公元 1640 年。外国军事思想最早萌芽于古埃及、巴比伦、亚述等国。其中，最有影响的军事思想来自公元前 8 世纪至公元 5 世纪西方的奴隶社会时期欧洲的古希腊和古罗马。在这一时期，古希腊、古罗马等奴隶制国家为了扩张领土、建立霸权、掠夺财物和奴隶，频繁发动战争。战争中涌现出伯里克利、亚历山大、汉尼拔、恺撒大帝和屋大维等诸多的将领和统帅，也产生了较为丰富的军事思想。在古希腊，出现了希罗多德《希腊波斯战争史》、修昔底德《伯罗奔尼撒战争史》、色诺芬《远征记》等著作；在古罗马，出现了恺撒《高卢战记》、阿里安《亚历山大远征记》、弗龙蒂努斯《谋略》、韦格蒂乌斯《论军事》等著作。这些主要是有关战争的历史著作，而真正的军事著作则较少。这一时期，西方的人

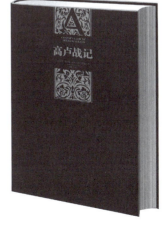

《高卢战记》

们开始探讨战争的起因、性质和目的；认识到战争的胜败取决于政治、军事、经济和精神等条件；开战前必须对双方的人力、物力、财力和军力进行对比分析；注重激励军队的士气，以优势力量树立必胜信心；主张出敌不意、攻敌不备；主张进攻为主、防御为辅，即便处于防御阶段，也应适时进攻敌后薄弱之处，力求变防御为进攻；主张建立一支忠于自己的军队，以金钱、土地、房子和妇女等利益来保证军队的忠诚，以精神鼓励、严格纪律来保持军队的战斗力。

从公元 476 年西罗马帝国灭亡至 1640 年英国资产阶级革命，是欧洲的中世纪。由于封建割据的庄园经济、宗教思想和经院哲学的禁锢，极大地限制了军事思想的发展。直到封建社会后期，随着中国火药、火器的传入和意大利文艺复兴运动的影响，外国古代军事思想才开始缓慢发展。这一时期的代表人物有查理大帝、瑞典国王古斯塔夫二世等，代表作有古罗马毛莱斯的《战略》、意大利马基雅维利的《论战争艺术》、普鲁士弗里德里希二世的《战争原理》等。这一时期的战争被披上宗教外衣，掩盖了统治集团间争夺利益的本质，宣扬战争是人类天性中一部分，是原始罪恶之果，也是教会权力的支柱；在战争中丧失生命的人，可以进入天国，赎免一切罪恶；认为军队是国家的重要工具，要重视军队的建设；也认识到雇佣兵制的弊端，主张实行义务兵制；认识到海权的重要性，认为控制了海洋就可以获得广阔的海外领土等。

（二）近代军事思想

从 1640 年英国资产阶级革命至 1917 年俄国十月革命，为世界近代史。在这一时期，外国近代军事思想主要包括资产阶级军事思想和无产阶级军事思想两大体系。

1.资产阶级军事思想

从 17 世纪中叶至 19 世纪中叶，西方走向资本主义，并逐步向帝国主义发展。意大利文艺复兴运动打破了封建礼教与宗教神学的禁锢，解放了人们的思想，呈现百家争鸣的景象；封建与反封建的战争、资本主义与反资本主义的战争、殖民地与反殖民地的战争以及帝国主义国家之间的战争频繁爆发，加上工业文明和科技进步，以火药为主的热兵器广泛运用，也促进了军事思想的迅猛发展。代表著作有：普鲁士克劳塞维茨的《战争论》、瑞士若米尼的《战争艺术概论》、美国马汉的《海权对历史的影响》、俄国苏沃洛夫的《制胜的科学》等。这一时期，人们反对战争认识问题的不可知论，提出军事科学的概念；主张探讨战争的本质、规律，研究军队、装备、地理、政治和士气等因素在战争中的作用；重视研究战史，认为战争是政治的工具，是迫使敌人服从己方意志的暴力行为，具有必然性和偶然性；认识到民众武装在战争中的重要作用，但也不是万能的，使用是有条件的；要建立一支能反映资产阶级利益的军队，重视和平时期的军队建设和战争准备，以随时应对战争；认识到新发明对军队武器装备和组织编制的影响，必然也会引起战术的变化；认为海权是推动国家乃至历史发展的重要因素，控制了海洋就控制了整个世界；树立歼灭战思想，认为军事行动的目的就是消灭敌人的军队，而不是占领敌人的领土和要塞；认为作战应打击敌人重心、保持预备队等。

74

2. 无产阶级军事思想

在近代，无产阶级军事思想的主要代表人物是马克思、恩格斯和列宁。马克思、恩格斯处在资本主义高度发展并走向反动、无产阶级开始登上历史舞台的时代，列宁则生活在帝国主义与无产阶级革命的时代。他们坚持唯物主义，以唯物辩证法研究军事，吸收资产阶级军事思想的精华，因而对战争的一系列重大问题都有深刻认识。认为战争和军事都是历史范畴，随着私有制和阶级的产生而产生、消灭而消亡；战争是政治通过另一种手段的继续，因而要拥护正义战争，反对非正义战争；在帝国主义时期，帝国主义成了战争根源；无产阶级必须用暴力才能推翻资产阶级，建立起自己的统治；要以城市工人武装起义为中心，先占领城市，再夺取国家政权；无产阶级夺取和巩固政权都要有自己的新型军队；无产阶级代表人民利益，有能力有条件把广大人民武装起来开展人民战争；认识到科技进步必然引发战略战术的变革；战争的奥秘在于集中兵力；主张积极防御、主动进攻、慎重决战、灵活机动等。

（三）现代军事思想

俄国十月革命以后，外国军事思想进入现代时期。第一次世界大战表明，国家的综合实力已经成为决定战争胜负的主要因素，新式武器装备对战争胜负的影响也日益突出。第一次世界大战后，西方军事家纷纷预测未来战争的可能作战样式和作战方法，进而总结提出了一系列全新的作战理论。

1."空中战争"理论

"空中战争"理论，又称空军制胜理论。意大利的杜黑、美国的米切尔、英国的特伦查德被认为是这一理论的先驱，特别是杜黑在其著作《制空权》中较为详细地阐述了这一理论。该理论的主要观点是：飞机的广泛应用，将出现空中战争，空中战争的胜负决定战争结局，因此要建立与陆军、海军相并列的空军；夺取制空权是赢得战争的必要条件，空军的首要任务是夺取制空权；空中战争是进攻性的，空军的核心是轰炸机部队，要对敌国纵深政治、军事、经济目标实施战略轰炸，迫使其屈服。

2."机械化战争"理论

"机械化战争"理论，又称坦克制胜论。英国的富勒、奥地利的艾曼斯贝格尔、法国的戴高乐、德国的古德里安等是这一理论的倡导者，该理论的主要观点是：装甲坦克是战争的决定性力量，是陆军的主体；大量集中使用坦克和航空兵，实施突然有力的突击，可以迅速突破对方主要集团的防线，深入其纵深，摧毁战备不足的国家；主张军队改革，建立少而精的机械化部队。

相关链接：

历史上第一场争夺制空权的战斗

3."总体战"理论

"总体战"理论是德国的鲁登道夫在其著作《总体战》中提出的。该理论的主要观点是：现代战争是总体战，它既针对军队，也针对平民，战争具有全民性，强调民族的团结在战争中的重要性；主张实行国民经济军事化；要建设好一支平时就准备好的军队；重视统帅在总体战中的作用；战争的突然性意义重大，力求"闪击"对方。

4."核武器制胜"理论

第二次世界大战后至1991年苏联解体的冷战时期，霸权主义成为局部战争的根源，高技术在作战中逐步运用，世界处在核阴影之中，美苏两霸动辄进行核恫吓。此时的军事理论研究往往围绕核武器及高技术的发展进行。例如，美国就以核实力确定军事战略，在杜鲁门时期，美国的核力量处于绝对优势，提出核遏制战略，对苏联及其他社会主义国家实施核讹诈；处于核优势时期，美国认为自己能打赢全面核战争，主张削减常规武器，重点发展核武器和战略空军；而当苏联打破其核优势、局部战争不断时，美国又在确保核威慑的前提下，不断发展常规力量，认为核战争会造成灾难性后果，核时代的战争必然是有限战争。

二、外国军事思想创新与发展的特点、规律

纵观外国军事思想的发展历程，尽管不同国家有着各自特殊的发展规律，但也有一些共同的特点和规律。主要包括以下方面。

（一）军事思想的创新和发展关乎战争胜败、民族兴衰

军事思想是构成战斗力的核心要素之一，军事思想是否先进，战争指导是否符合客观实际，很大程度上决定战争的胜负乃至民族的兴衰。历史表明，在敌对双方的对抗竞争中，谁的军事思想落后，谁就会在军事斗争中处于被动地位，甚至招致严重的挫折或失败；反之，谁的军事思想先进，即便其武器装备相对落后或军事力量处于劣势，也可能赢得战争的胜利。18世纪末19世纪初的反法联盟、第二次世界大战初期的法国等，都是因为军事思想落后而招致失败的典型。相反，独立战争中的美国、资产阶级革命战争时期的法国虽然面对强大的对手，但因军事思想先进等原因，都能够以弱胜强，取得战争的胜利。即便在和平时期，也应高度重视军事思想的创新和发展，善于随着情况的变化提出新的军事思想，为进行军事斗争准备提供正确的理论指导。对于曾经在以往战争中赢得过重大胜利的国家来说，只有充分认识创新和发展军事思想的重要性，防止和克服自满情绪和保守倾向，积极探索军事领域出现的新情况和新问题，努力使军事思想适应新的历史条件，才能在未来的战争中实施正确指导，立于不败之地。

（二）军事思想的创新和发展既依赖又反作用于军事实践

一方面，军事思想来源于军事实践并接受军事实践的检验。一切真正反映军事规律的军事思想，都是军事实践经验的正确总结和升华。任何著名军事家和军事理论家的军事思想，或者是自身的军事实践经验的总结概括，或者是从间接的军事实践经验中抽象

提炼，或者兼而有之。克劳塞维茨的《战争论》和若米尼的《战争艺术概论》，虽然也融进了他们自身军事实践的经验，但主要是总结了拿破仑战争的经验。军事实践是不断发展的，新的实践需要新的思想去指导，从而推动军事思想不断发展。每当军事领域发生重大变革，原有的军事思想难以完全适应新的军事实践时，军事实践对新的军事思想的呼唤就格外强烈，并往往成为军事思想发生重大变化的契机。军事实践在军事思想的发展过程中，还具有检验作用。接受军事实践检验的过程，也就是军事思想得以发展的过程，正确的得以丰富和深化，不完善的得以修正和补充，过时的必将被抛弃。在军事实践对军事思想的检验过程中，战争实践具有最高的权威性。一种军事思想科学与否，只有通过战争实践才能最终得到检验。另一方面，军事实践又需要军事思想进行指导。正确的军事思想能够变成强大的物质力量，指导军事实践取得巨大的成就。相反，错误的军事思想将误导军事实践，导致战争失败。

（三）军事思想的创新和发展离不开创新型军事理论家的挖掘、提炼和加工

强调军事思想随着军事实践的发展而发展，并不意味着军事思想会在军事实践中自发产生。军事思想的创新发展需要通过人们特别是杰出军事理论家的挖掘、提炼和加工。离开这个条件，军事思想是难以向前发展的。历史表明，大凡有所建树的军事理论家必须具备若干与众不同的特质。比如，有丰富的军事实践经验或善于总结他人的军事实践经验；必须对新生事物特别是新技术、新武器、新战法、新理论、新编制等有敏锐的感觉，善于从战争实践的蛛丝马迹中发现未来战争的趋势；要有敢于否定传统、否定经典、否定权威的勇气，有时还要有不惜以个人前程甚至个人生命为代价而坚持真理的牺牲精神。历史上，富勒、杜黑、米切尔、图哈切夫斯基等著名军事理论家都是不畏权威、坚持真理的楷模。

（四）军事思想的创新和发展需要宽松的研究环境

军事思想属于意识形态领域，需要宽松的环境，特别是需要鼓励创新、争鸣的学术研究环境和氛围。古希腊和古罗马的民主制度提供了宽松的研究环境，促成了军事思想的繁荣。中世纪西欧军事思想研究之所以陷入停滞，最根本的原因在于宗教思想的禁锢和封建专制的压迫。第二次世界大战结束以来，世界主要国家大力提倡和鼓励创新，扶持各种民间和官方的咨询机构，使各种流派的军事学说争奇斗艳，军事思想进入了空前的繁荣时期。

（五）军事思想的创新和发展既要继承前人又要独具特色

一般存在于特殊之中。凡是具有较高科学价值的军事思想，除揭示本时代、本民族、本阶级军事活动的特殊规律外，还能反映军事领域中的一般规律。知彼知己、集中、主动、灵活、突然性和机动性等，就是古今中外军事思想中具有一般意义的战争指导原则。后人应该继承前人的军事思想财富，同一时代的不同民族和不同阶级之间也可以相互借鉴有益的军事思想成果。军事思想发展史表明，重视并善于继承前人优秀的军

事思想成果，借鉴和汲取异域军事思想中的合理成分，对促进自身军事思想的发展具有重要作用。同时，由于所处的时代和所代表的民族和阶级的不同，创新和发展军事思想又必须结合自身特点，既不可脱离现实条件盲目地照抄照搬他人的成果，也不可无视他人的经验教训而重蹈覆辙。科学的态度应该是把反映军事领域一般规律的认识同自身现实条件有机结合起来，在坚持"以我为主"的原则下，吸收其精华，摈弃其糟粕，创造和发展具有自己特色的军事思想。

三、外国军事思想的代表著作

（一）《战争论》

卡尔·冯·克劳塞维茨（1780～1831年），德国著名军事理论家和军事历史学家，普鲁士军队少将。他曾参加过欧洲反法联盟对拿破仑的战争，后任柏林军官学校校长，先后研究了130多个战例，总结了法国革命和拿破仑战争的经验教训。在此基础上，他写成了一部体系庞大、内容丰富的军事巨著《战争论》。全书共8篇124章。《战争论》系统总结战争经验，论述战争各个方面，在战争的本质、战争的盖然性、战争与政治的关系、精神因素与物质因素的作用、民众战争、集中优势兵力、进攻与防御等许多方面

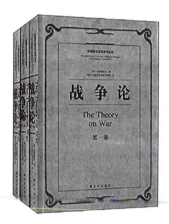

《战争论》

均有精辟论述，被誉为西方近代军事理论的经典之作。克劳塞维茨认为，无论战争有多么不同，其目的都是一样的，认识了战争目的，就认识了战争本质。因此，他给战争进行了这样的界定，"战争无非是政治通过另一种手段的继续""战争是迫使敌人服从我们意志的一种暴力行为"。战争最显著的特点是使用暴力。为了确有把握地达到这个目的，必须使敌人无力抵抗。因此，从概念上讲，使敌人无力抵抗是战争行为的真正目标。除了对战争本质赤裸裸地揭露外，《战争论》还精心研究了战争中一切因素，它的一些主要观点及精辟分析，仍然对今天的战争理论和战争实践研究有着巨大的借鉴作用。

相关链接：

出奇制胜战车桥

（二）《军事战略》

前苏联英雄、苏军元帅、军事家索科洛夫斯基（1897～1968）主持编著的《军事战略》，系统论述了苏联的军事战略观点，特别是现代条件下核战争的准备与实施等问题，对于苏联军队建设和军事学术的发展具有重要影响。该书共8章，其主要观点：一是提出苏联战略学同资产阶级战略学的本质区别，及战略同政治、经济和精神因素等的

相互关系；论述苏联内战时期、和平建设时期和苏德战争时期战略学的发展变化；二是论述帝国主义国家的战略及对未来战争的准备。它指出，帝国主义正在准备用核武器进行全面破坏和大规模毁灭人民的战争。必须以战略武器实施毁灭的核突击，才能制止侵略；三是提出未来战争的打法。即在战略方针上，主张战略进攻，反对战略防御；在作战指导思想上，主张闪击制胜，速战速决；在作战方法上，依靠火箭核突击；四是论述现代战争的性质、产生的条件和原因，现代武器对战争性质的影响及未来世界大战的特点。核武器的出现从根本上改变了以往战争的性质。新的世界大战将是国家联盟之间的战争，就其政治和社会本质来说，将是两个对立的世界社会体系间决定性的武装冲突。未来世界大战的特点首先是一场火箭核战争，火箭核武器决定战争的胜负；五是论述军队建设和国家对反侵略战争的准备。它指出，火箭核武器决定军队建设的方向，在建军原则上，要把发展核武器放在首位。国家反侵略战争的准备，包括军队的准备、经济的准备、居民的准备和民防等。

第三节　中国古代军事思想

中国古代军事思想是中国在奴隶社会、封建社会时期，各阶级、集团及其军事家和军事论著者对于战争与军队问题的理性认识。它随着社会的前进、战争的发展而不断深化。

一、中国古代军事思想的主要内容

尽管古代军事家、将帅及不同学派对战争等问题的看法不完全相同，但其总体上的思想倾向还是比较一致的，概括起来主要包括以下几个方面。

（一）战争观

1. 重道慎战，文武并重

对于战争与政治的关系，春秋战国诸子已经有了全面而深刻的认识：战争从属于政治，战争是现象，政治是本质，如以《孙子兵法》为代表的先秦军事思想，强调战争是国之大事，主张"慎战"，认为"道""德""仁"等因素对战争具有重大影响。《孙子兵法·计篇》将"道"列为决定战争胜负的首要因素，指出："道者，令民与上同意也"，显然，道是属于政治范畴的概念。孙子将政治看作决定战争胜负的首要因素，同时，还认识到政治与军事二者互存互用，不可偏废，政治斗争必须以军事为后盾，军事斗争必须以政治为基础。所谓"有文事者，必有武备；有武备者，必有文事"。如《尉缭子》讲道："兵者，以武为植，以文为种；武为表，文为里"，便形象地揭示了这一道理。

2. 义兵必胜，以战止战

春秋时期，人们已经开始用"有道"与"无道""直"与"曲"等概念来区分战争性质，指出"师直为壮，曲为老"。战国诸子更是广泛使用了"义兵"与"不义之

兵""义战"与"不义之战"等概念，明确指出战争有"义"与"不义"的性质之分，肯定正义战争。《吕氏春秋》明确将战争分为正义与非正义两种："兵苟义，攻伐亦可，救守亦可。兵不义，攻伐不可，救守不可。"在区分战争性质的基础上，兵家对待战争的基本态度是支持正义战争，反对不义之战。如《司马法·仁本》中提道："是故杀人安人，杀之可也；攻其国，爱其民，攻之可也；以战止战，虽战可也。"这里的"以战止战"，是指以正义战争制止和消灭非正义战争。西汉兵家还肯定了军事对政治的从属关系，把崇尚民本、重视民心归向作为战争观的基本价值取向。

3. 追求和平，反对穷兵黩武

古代兵家认为，战争是不得已的情况下才使用的手段，反对穷兵黩武。即使在不得已使用武力时，达到目的也要立即罢手。如《老子》告诫人们"果而勿矜，果而勿伐，果而勿骄"，就是说在达到战争目的时，绝不可一味争强斗胜，炫耀武力，自矜自夸，否则，就有可能陷入穷兵黩武的境地，导致国家危亡。所以，对战争要进行有效的控制，要做到非利不动，非危不战，战而有度，达到战略目标就应停止战争，切不可穷兵黩武。

（二）国防观

1. 奖励耕战，富国强兵

春秋战国诸子认识到战争是以巨大的物资消耗为代价的，因而把发展经济看作建设军队和进行战争的基础。《尉缭子》把"土广而任"作为军队"威制天下"的前提条件。《管子·侈靡》明确指出："甲兵之本，必先于田宅。"战国时期，各诸侯国已普遍把鼓励耕战作为重要国策，以实现富国强兵的战略目标。管仲认识到经济对武器装备、军事技术的决定作用，将发展经济、促进武器装备制造作为富国强兵的重要内容提了出来。

2. 居安思危，有备无患

春秋战国时期的兵家认识到"天下虽安，忘战必危"，提出加强战备，以捍卫国家安全，抵御外来侵略。"居安思危，思则有备"，思想上重视，国防战备工作才能落到实处。一是不要自恃强大而轻敌。二是不可专恃地形之险。巩固国防"在德不在险"，地形有利，但内政不修，同样会破国亡军。三是胜利之后不可松懈，《吴子兵法·论将》指出："出门如见敌"，"虽克如始战"。四是和平不忘战备。

（三）治军观

1. 制必先定，令文齐武

古代军事家认识到，治军首先要建立一套军事制度。例如，孙子把以军队各种法规制度为内容的"法"看作决定战争胜负的五个基本要素之一，战国中后期的尉缭更是旗帜鲜明地提出了"凡兵，制必先定"的思想。在军队管理方面，强调"令之以文，齐之以武"。"文"就是恩爱、重赏，是指教化；"武"是严刑、重罚，是指惩戒，两者互相依辅，不可偏废。

2. 以治为胜，教戒素行

春秋时期，人们就形成了"以治为胜"的思想，强调教育训练是部队战斗力得以形成和提高的必由之路。《吴子兵法·治兵》指出："用兵之法，教戒为先"。"教"指军事训练，"戒"就是思想教育。从内容上看，该时期思想教育的突出特点是提倡礼义，树立军人的荣辱观念。"教之以礼，励之以义，使有耻也"，军人在战场上"以进为荣，以退为耻"，能够增强战斗力。明朝戚继光认为，官军战斗力差的关键在于平时军队训练不勤、不精、不重实效，进而提出练为战的思想，反对一些搞形式的"花法"。练兵既要练技术战术，更要练胆量和士气。

3. 信赏明罚，爱威并用

治军要信赏明罚，爱威并用。强调要把赏与罚结合起来。"赏一劝百，罪一惩众。"赏罚的目的在于使众人避恶向善。强调赏罚要公正，不可滥施。赏罚得当，才能上下一心。主张爱威并用。指出："爱在下顺，威在上立"，"善将者，爱与威而已。"强调要把爱看作威的基础，将爱下才能在士兵中有威，认为"爱设于先，威设于后，无益于事矣"。

4. 精兵利器，严格编制

宋元明清时期，提出了以"精兵利器"为核心的治军思想，强调人员和武器的质量建设，认为精兵良器才能打胜仗，这反映了冷热兵器并用时期的客观要求。如徐光启指出："千筹百计，总以精兵为根本。若无精兵，虽多得良将无可用，多有奇谋不得用，多造利器莫能用，多结外

明代红夷大炮

援弗敢用也。"当时，一方面强调必须重视火器的研制与运用，以掌握新技术、新武器、新战法，适应新的战争方式。另一方面强调要练就精兵。古人对"战争胜负的决定因素是人而不是武器装备"这一思想已经有了朴素的认识。在"精兵"和"利器"的基础上，戚继光等著名军事家还提出通过严格明确部伍编制，使阵法和伍法相辅相成。明朝时，火器已经得到了初步的发展，冷热兵器并用、步骑合一、水陆军协同的作战特点使严编部伍也广泛地涉及军兵种建设问题。

5. 将帅贤明，智勇兼备

《吴子兵法》认为，勇敢精神是将领的必备素质，强调将领在临敌作战中要有英勇献身精神，但反对有勇无谋的轻率之"勇"。其中的《论将篇》强调选拔能"总文武""兼刚柔"、懂得为将之道的人为将，反对以匹夫之勇作为选拔将领的标准。具体地说，就是在治军作战中，将领必须具备"五慎""四机"和"三威"的军事素质。"五慎"即理、备、果、戒、约，要求将领具有"治众如治寡"的治军才能，"出门如见敌"的敌情观念，"临敌不怀生"的献身精神，"虽克如始战"的谨慎态度，"法令省而不烦"的治军作风。"四机"即气机、地机、事机、力机，要求将领必须掌握部队的士气，充分利用地形，运用谋略胜敌，随时注意增强部队的战斗力。"三威"即将领的指挥必须严格做到"威耳"，金鼓之声要清晰；"威目"，指挥旗的颜色要鲜明；"威心"，禁令刑

罚要严厉。同时，要树立将领的威信，因为"民无两畏""畏我侮敌，畏敌侮我。见侮者败，立威者胜"，大意是士兵畏服自己的将帅胜过畏惧敌人，就可以取胜。

（四）作战观

1. 先胜全胜、因敌制胜

《孙子兵法》一书以"胜"为核心，以"先胜""全胜""战胜"为主要内容。强调战争是关系到国家存亡的大事，必须予以高度重视；初步认识到战争与军事、政治、经济、外交以及自然条件等的关系，强调努力在这些方面形成对敌绝对优势，并要先计后战，做到"先知""先胜"；当不得已而付诸战争时，必须善于以"巧"取胜，即讲究战争指导艺术。孙子提出了著名的全胜战略思想，主张谋全局、懂全破、定全策，通过"伐谋""伐交"等手段力争以最小的代价获取全局的胜利，并认为："是故百战百胜，非善之善者也，不战而屈人之兵，善之善者也。""全胜"追求的最佳目标是"兵不顿而利可全"，这是春秋时期兵家对"保存自己，消灭敌人"这一战争本质的最早揭示。"兵不顿"就是保存自己，"利可全"即是"消灭敌人"，两者相辅相成，辩证统一。"全胜"赖以存在的客观基础是"造形任势"，"形"是战前军力的充分积聚，"势"是战中军力的有效发挥。"造形任势"就是平时谋求军事力量的最大优势，战时创造使军事力量得以最佳发挥的态势。《孙子兵法·谋攻篇》中指出："故上兵伐谋，其次伐交，其次伐兵，其下攻城"，伐谋、伐交、伐兵即是实现"全胜"的主要手段。所谓"伐谋"就是随时掌握敌人的战略动向，察明其企图，从政治上揭露它，打乱其部署。对内则修明政治，用仁德感化使敌人服从自己的意志，就是所谓"德胜""政胜"。所谓"伐交"就是通过外交斗争，瓦解敌人的同盟，使"其交不得合"，并因势单力孤而不敢贸然发动战争，同时扩大巩固自己的同盟，建立广泛的国际统一战线。所谓"伐兵"就是做好战争准备，对敌造成强大的军事压力，一旦敌人有所行动，就可战而胜之。

2. 知行统一，用间用计

要多打胜仗，少打败仗，关键是要把主观认识和客观实际辩证地统一起来，做到知行统一。孙子对这一规律有了较全面深刻的认识，认为"明君贤将，所以动而胜人，成功出于众者，先知也"。《孙子兵法·地形篇》指出："知彼知己，百战不殆；知天知地，胜乃可全。"人在战争处于主体和客体、思维和存在的尖锐矛盾之中，抓住了"知人"，就抓住了主要矛盾和主要矛盾的主要方面。但做到"知人"，只能保证每战不出现危险，要想取胜还要"知天知地"。这反映出孙子对"知"的内容上的要求，即"全知"。大至"五事七计"，小至"众寡""强弱""饥饱""劳逸"，从政治、军事、经济到天时、地利、人和等都是须"知"的内容。要做到"知彼知己"，必须采取多样化的方法。古人结合治军谈论"知己"，前面已有论述。关于"知彼"，古人主要提出使用间谍和进行军事侦察的方法。《孙子兵法》专列《用间篇》谈论间谍使用问题。进行军事侦察是战时获取敌情的重要途径，在侦察时要注重使用计谋，所谓"策之而知得失之计，作之而知动静之理，形之而知死生之地，角之而知有余不足之处"。

军事讲坛

"凡欲征伐，先用间谍，觇敌之众寡、虚实、动静，然后兴师，则大功可立，战无不胜。法曰：'无所不用间也。'"

出自《百战奇略》，意思是说，凡是要出兵攻打敌人，首先要派遣间谍秘密探明敌军人数之多少、力量之虚实、部队之行止，然后才能出兵。这样就能大功告成，战无不胜。诚如兵法所说："（对敌作战）无时无处不可以使用间谍。"

3. 兵贵胜，不贵久

春秋战国时期，低下的社会生产力水平无法支撑巨大的战争消耗，多极格局下变化急剧的政治形势也对交战国极为不利，这就迫使兵家寻求解决这些矛盾的途径，于是进攻战略和"兵贵胜，不贵久"的速胜思想被提了出来。隐蔽企图是达成战略突然性、以求速胜的重要前提。古代兵家认为，军事行动必须禁堵各种泄密渠道，做到"至事不语，用兵不言"，主张通过军事伪装、诡道等手段，给敌以假象，造成敌之错觉，以达到隐蔽企图的目的。选择好作战对象和攻击目标是实现速胜的重要保证。在这个问题上，古代兵家强调避实击虚，主张在查明敌之虚实的基础上，攻虚击弱，从而胜于易胜，胜于速胜。攻虚击弱，贵在击敌要害，即《孙子兵法》中指出作战中要"先其所爱"，这里的"爱"就是关乎全局的局部。《吕氏春秋·论威》指出"凡兵，欲急疾捷先"，意思是用兵贵在先发制人，如此可以出其不意，攻其不备，震撼敌军士气，从而达到速胜的目的。"急疾捷先"的思想多为后世兵家所称道，在今天也不失其意义。

4. 攻守相宜，出奇制胜

进攻和防守是战争运动的基本形式。秦至五代时期，兵家能够正确看待攻与守辩证关系，指出"攻是守之机，守是攻之策，同归乎胜而已矣"，从而提出了攻守相宜的攻防理论，强调当攻则攻，当守则守，攻守之宜，因情而定。在进攻方面，兵家此时将"出奇制胜"的思想运用到战略层次，形成了以奇用兵的战略进攻思想。以奇用兵的战略进攻思想，更多是在战争实践中总结得来的，体现出当时的战略思想日趋成熟。这一时期，中原政权面临的主要威胁是北方擅长骑战的游牧民族，在消除边患的军事斗争中，逐渐形成了安守本土的战略防御思想。这一战略思想以控制战略要地为核心内容，另一内容是"徙民实边"，即将内地民众迁往边境，增强边防力量。"实边"战略到唐朝发展为任用少数民族官吏，以夷制夷并与周边民族联姻的"亲边"战略。

5. 纵横捭阖，各个击破

秦至五代时期，多有群雄并起的局面出现，在复杂的多极斗争中，出色的政治家和军事家们往往想方设法使自己由内线作战转向外线作战，从而逐渐形成了各个击破的斗争策略思想。这一策略思想主要表现在两个方面：第一，表现为利用矛盾，离强合弱。秦始皇运用它统一了六国，三国时，曹、孙、刘三家分别运用它而得以在群雄中脱

颖而出，三分天下。这些军事实践体现出以下原则：一是正确认识和分析敌人内部的矛盾；二是分清主次矛盾，进行分化瓦解；三是军政并用、文武兼施。第二，表现为集中兵力，重点突破。集中兵力在军事打击中具有可观的战场效益，如《淮南子·兵略训》中所言：“夫五指之更弹，不若卷手之一挃；万人之更进，不如百人之俱至也。”在战争中，要达到集中兵力，关键在于发挥主观能动性，从作战指挥的角度说，就是要“能分人之兵，疑人之心”。这是古代兵家对集中兵力问题的独到见解。

6. 重视骑战，机动制敌

秦汉以后，随着骑兵成为重要兵种，“以骑制骑”的机动战思想得到了空前的发展。汉武帝即位后，改变秦朝“以墙制骑”的国防政策，大力扩充骑兵部队，组建大规模骑兵集团，“以骑制骑”，逐步形成了使用大规模骑兵集团的机动战思想。秦汉以来的统治者都十分重视骑兵建设，而以汉唐尤甚。由于骑兵高度的机动性和强大的冲击力，常常执行迂回、包围、奇袭、侧击等出奇制胜的任务，从而引起了作战思想的重大变化和不断创新。北宋至清中后期，辽、夏、金、元等游牧民族军队也擅长骑射，以骑兵作为军队骨干，并在传统骑兵战术思想的基础上融入中原各民族的军事思想，从而使骑战艺术得到空前发展。蒙古（元）军队的一条重要作战指导原则，就是集中精锐骑兵，实施战略性快速机动，迅速猛烈地打击敌人。蒙古在西征花剌子模、南下征服金国等战争中，将这一作战指导原则运用得淋漓尽致。总之，中国古代运用骑兵创造出的远程奔袭、迂回包围、连续攻击、乘胜穷追及正面冲击、两翼迂回等战法，极大丰富了当时的作战思想，同时出反映了冷兵器时代的战场由相对静止向快速多变的巨大飞跃。

7. 贵谋重力，先取其易

北宋至清中后期，兵家战将继承孙子“避实击虚”的思想，提出了“先取其易”的战略思想。赵匡胤采纳王朴“凡攻取之道，必先其易者”的策略，制定了“先南后北”“先易后难”的战略方针，逐步统一了中国。努尔哈赤曾指出：“欲伐大木，岂能骤折？必以斧斤伐之，渐至细微，然后能折。相等之国，欲一举取之，岂能尽灭乎？”这种“伐大木”战略正是“先取其易”思想的反映。“先取其易”的战略思想中蕴含着通观全局、韬光养晦、谋形造势、创造战机、攻虚击弱、积小胜为大胜等一系列战略原则，充分体现出战略思维的基本特点。

8. 用兵之术，知变为大

宋太祖之后的两宋皇帝，出于对武将的猜忌防范，实行“将从中御”政策，极大地束缚了前线将帅的手脚，导致宋军败多胜少。宋朝军事家们对此深恶痛绝，纷纷倡言用兵贵变的思想，以遏止中御之风。《虎钤经》中明确提出“用兵之术，知变为大”的主张。《武经总要》则重新强调了古代军事理论中的“兵贵知变”“不以冥冥决事”的思想，主张以“便于施行”为原则，变通古今阵法，“度宜而行”“沿古以便今”。岳飞提出“运用之妙，存乎一心”的思想，并在实践中身体力行，取得了许多战役战斗的胜利。这些思想是对孙子“将能而君不御者胜”思想的继承，也符合用兵作战的一般规律。

相关链接：

淝水之战：中国历史上以少胜多的经典大战

二、中国古代军事思想的特点

中国古代军事思想是先秦至 1840 年中国社会意识形态的集中反映。中国几千年漫长历史积淀形成的思想文化传统不可避免地在其身上留下深刻烙印，并与丰富的战争实践经验相结合，最终形成自己的鲜明特色。

（一）崇道尚义、贵和慎战

《太白阴经》认为"先王之道，以和为贵，贵和重人，不尚战也"。中国民间也早就流传着"自古知兵非好战"这句格言。它们皆突出而贴切地反映了中国古代兵家研究和认识战争的基本出发点和立足点。基于"安国全军"的根本宗旨，历代兵家把"不战而屈人之兵"作为用兵的最高境界，在谋划和指导战争时，致力于寻求能够避免或减少使用武力的方式，提倡"苟能制侵凌，岂在多杀伤"的自卫和平理念。

（二）注重谋略、守正出奇

中国历代兵家在注重先进的军事技术和武器装备的同时，更注重谋略，注重战争中主体能动性的发挥。谋略之学是中国历代军事思想发展的主流和核心，是其最精彩、最能体现智慧的重要组成部分。《孙子兵法》的"诡道十二法"、《六韬》中的"文伐"之法、宋代的《百战奇法》等，都是为后人津津乐道的谈谋论计之作。这一倾向也渗透到中华民族文化心理的深层，《三国演义》《水浒传》等古典军事文学作品塑造的诸葛亮、吴用等智慧过人、神机妙算的谋士形象，便凭借其指挥的大量著名军事活动而家喻户晓，妇孺皆知。

（三）朴素的唯物主义、早熟的辩证思维和原始的系统观念

中国古代兵家很早就走出了把战争神秘化的蒙昧状态，形成了朴素的唯物主义观点，指出战争活动的胜负是建立在一定的物质基础之上的，战争规律是可以认识的。在考察战争时，历代兵家普遍注意从事物内部的深层联系和整体联系上来把握战争，形成以辩证思维和系统思维为特色的军事思维方法。很早就认识到战争中矛盾的普遍性以及矛盾双方向对立面转化的可能性，提出一系列军事运动中对立统一的范畴，如攻守、进退、虚实、奇正等，其独到的分析蕴涵着丰富的军事辩证法思想。受古代大

《孙子兵法》

战略思维观念的影响，历代兵书大都言兵而又不止于兵，更注重从政治、经济、外交、科技与军事的广泛联系中来宏观地、整体地把握军事问题，进行系统的谋划。中国历代兵书大都带有浓厚的哲学与思辨色彩。它们往往不拘泥于对具体战法的细节设计和描画，而是力求把对战争的认识上升到理性的层面，因而言简意赅，思想内容极为丰富。如被人称为"百代谈兵之祖"的《孙子兵法》不过"五千言"，却几乎涵盖了战争活动的各个领域，从前所未有的深度和广度上揭示了战争的最普遍规律。缺少发达的军事思维方式支撑，是根本做不到这一点的。

三、中国古代军事思想的代表著作

（一）《孙子兵法》

《孙子兵法》是我国现存最早的一部兵书，也是世界上最早的兵书。共13篇，作者孙武，春秋末期齐国人。《孙子兵法》总结了商周以来特别是春秋时期的战争经验，论述了军事领域若干重大问题，揭示了一系列带普遍性的军事规律，形成了系统的军事理论体系。在战争观上，《孙子兵法》开篇指出"兵者，国之大事，死生之地，存亡之道，不可不察也"。强调对待战争必须"慎之""警之"，提倡"安国全军之道"。为探求预知胜负的途径，将战争的客观因素概括为道、天、地、将、法"五事"。其中，"道"意指政治修明、民心团结和士气振奋，居于"五事"之首，触及了政治与军事的主从关系。《孙子兵法》中重战、慎战、备战、善战的思想，"不战而屈人之兵"的"全胜"战略和进攻速决的谋略思想，反映了知彼知己、趋利避害的朴素唯物论和辩证法思想，对后世产生了深远的影响。

相关链接：
《孙子兵法》

学思之窗

西方的重要军事学校有两部书是一定要学的，一本是《孙子兵法》，一本是克劳塞维茨的《战争论》，这是基本的课程。他们在战争行动当中，也是经常借鉴《孙子兵法》。

思考：《孙子兵法》为什么至今仍被积极推崇？

（二）《纪效新书》

《纪效新书》是中国古代著名兵书。明朝军事家戚继光撰。有十八卷本和十四卷本两种。前者有明万历二十三年（1595）徐梦麟刻本和江殿卿明雅堂刻本，后者有明万历年间刻本多种及崇祯十七年（1644）刻本等。十八卷本系作者于嘉靖三十九年（1560）前后在浙江抗倭战争中，"集所练士卒条目"撰成。卷首为公移（二件）和纪效或问，正文分束伍、操令、阵令、谕兵、法禁、比较、行营、操练、出征、长兵、牌筅、短兵、射法、拳经、诸器、旌旗、守哨、水兵共18篇。十四卷本成书于万历十二年（1584），系作者任广东总兵官时，汲取十八卷本和《练兵实纪》的精华，重新雠校增删的新本，分束伍、耳目、手足、比较、营阵、行营、野营、实战、胆气、舟师、守哨、练将（附练将或问）等12篇。该书从多方面阐述了练兵的重要意义、基本原则和方法，提出了精选兵，严节制，重真练，肃军纪，练胆气；练将为重，练兵次之，将应德才识艺兼备；重视兵器等一系列思想。该书语言通俗，文图结合，便于学习，具有较强的操作性，曾远传朝鲜、日本等国，对明、清军事思想的发展有重要影响。

第四节　当代中国军事思想

没有革命的理论，就不会有革命的行动。我们党在创建和领导人民军队的长期实践中，坚持把马克思主义军事思想同中国革命战争和人民军队建设实践相结合，创造了具有中国特色的马克思主义军事理论成果，形成了毛泽东军事思想、邓小平新时期军队建设思想、江泽民国防和军队建设思想、胡锦涛国防和军队建设思想以及习近平强军思想。这些理论成果，既一脉相承又与时俱进，是各个历史时期我们党建军治军经验的凝练升华，集中体现了我们建设强大人民军队的一贯意志主张，是指引我军战胜一切险阻、不断发展壮大的强大思想武器。

一、毛泽东军事思想

以毛泽东为代表的中国共产党人，在波澜壮阔的中国革命战争和新中国国防和军队建设的伟大实践中，创立和形成了毛泽东军事思想。毛泽东军事思想萌芽于土地革命战争前期，形成于土地革命战争后期和抗日战争时期，成熟于解放战争时期，在建设国防和巩固国防时期又实现了新发展。毛泽东军事思想是我们党指导中国革命战争、人民军队和国防建设的理论奠基，实现了马克思主义军事理论中国化的第一次历史性飞跃。

（一）毛泽东军事思想的科学含义

毛泽东军事思想是以毛泽东为主要代表的中国共产党人关于中国革命战争、人民军队和国防建设以及军事领域矛盾运动一般规律问题的科学理论体系，是毛泽东思想的重要组成部分，是马克思列宁主义普遍原理与中国革命战争和国防建设实际相结合的产物，是中国共产党领导中国人民及其军队长期军事实践经验的科学总结和集体智慧的结晶。同时，它还从多方面汲取了古今中外军事思想的精华，是中国共产党领导中国革命战争、军队建设、国防建设和反侵略战争的指导思想。这一定义不仅科学地揭示了毛泽东军事思想的基本内涵，而且充分反映了毛泽东军事思想的本质特征。

1. 毛泽东军事思想是马克思列宁主义普遍原理与中国革命战争实践相结合的产物

马克思列宁主义是毛泽东军事思想产生和发展的直接理论来源。毛泽东军事思想的根本性质属于马克思列宁主义范畴，其基本立场、观点、方法、内在逻辑、整个体系都体现了马克思主义的内在规律性。以毛泽东为代表的中国共产党人在领导中国革命的实践中，把马克思列宁主义同中国革命战争的具体实际相结合，正确地解决了在一个以农民为主要成分的半殖民地半封建国家里如何组织革命军队、进行革命战争的问题，形成了具有中国特色的、发展了的马克思主义军事理论——毛泽东军事思想。

2. 毛泽东军事思想是对中国共产党领导中国人民及其军队长期军事实践经验的科学总结

中国革命武装斗争和国防建设的伟大实践是毛泽东军事思想赖以产生和发展的基础。以毛泽东为首的中国共产党领导的中国革命武装斗争主要有国共合作的北伐战争、独立领导的土地革命战争、抗日战争、解放战争以及新中国成立后的抗美援朝战争和其他自卫战争，其时间之长、规模之大、道路之曲折、情况之复杂、内容之丰富、形式之多样、胜利之辉煌，在中外战争史上都是罕见的。既有同国内反动派作战的经验，又有同国外帝国主义作战的经验；既有小部队分散进行游击战的经验，又有大兵团进行运动战、阵地战的经验；既有"小米加步枪"战胜敌人的经验，又有"飞机加大炮"战胜敌人的经验；既有战争年代武装斗争的经验，又有和平时期国防建设的经验。伟大的军事实践必然产生伟大的军事理论，毛泽东军事思想是中国革命战争和国防建设丰富经验的理论升华。

3. 毛泽东军事思想是具有中国特色的马克思主义军事理论

马克思列宁主义是指导世界无产阶级革命的科学。马克思主义必须同各国的具体国情相结合，才能发挥作用。以毛泽东为代表的中国共产党人，运用马克思主义的立场、观点和方法来研究中国历史，分析中国的社会特点，探求中国革命战争的特点和规律，解决了在半殖民地半封建的中国组织人民军队、进行人民战争的一系列根本问题，创立了具有中国特色的马克思主义军事理论。毛泽东军事思想不是在学院里推究出来的，而是诞生于革命战争的枪林弹雨之中。毛泽东等老一辈无产阶级革命家把战争的实践与辩证思维紧密结合起来，通过对战争不断地实践、认识、再实践、再认识，逐步地深化和完善对战争规律的认识，使主观指导符合客观实际。

4. 毛泽东军事思想是一个开放的体系

建立在辩证唯物主义和历史唯物主义基础之上的马克思主义无产阶级军队建设理论，是在实践与认识的交互作用中产生和向前发展的。马克思主义军事理论由马克思、恩格斯建立后，列宁、斯大林为这一理论增添了新内容。毛泽东把马克思列宁主义的普遍原理与中国革命战争的具体实践相结合，极大地发展了马克思列宁主义军事理论。这种发展的具有中国特色的马克思列宁主义军事理论，就是毛泽东军事思想。而毛泽东军事思想本身，随着时代的发展，也必然在实践中继续发展。邓小平新时期军队建设思想，江泽民国防和军队建设思想，胡锦涛国防和军队建设思想，习近平强军思想，都是对这一理论体系的继承和发展。

（二）毛泽东军事思想的主要内容

毛泽东军事思想作为一个科学体系，有着极其丰富的内容。主要有以下几个方面。

1. 军事辩证法思想

毛泽东运用辩证唯物主义和历史唯物主义的原理，研究指导中国革命战争，创造性地提出了"军事辩证法"这一概念，系统、深刻地阐明了战争和军队的一系列根本观点，揭示了军事领域矛盾运动的各种基本规律，总结提出了关于如何研究和指导战争的许多具有普遍意义的基本原则、观点和方法。主要内容有：

（1）战争是从有私有财产和有阶级以来就开始了的、用以解决阶级和阶级、民族和民族、国家和国家、政治集团和政治集团之间在一定发展阶段上的矛盾的一种最高斗争形式。帝国主义和霸权主义是现代战争的根源。在阶级社会中，革命和革命战争是不可避免的，舍此不能完成社会发展的飞跃。无产阶级拥护一切推动社会进步的正义战争，反对一切阻碍社会进步的非正义战争。人类社会的发展终究是要消灭战争的，支持和参加正义战争是最终为了消灭战争。

（2）从本质上看，帝国主义和一切反动派都是纸老虎，在战略上即总体上要藐视一切敌人和困难，在战术上即每一个具体问题上要重视一切敌人和困难。战争的军事本质和根本目的是保存自己、消灭敌人。这是一切战争行动的根据，它普及于战争的全体，贯彻于战争的始终。一般来说，消灭敌人是主要的，只有大量地消灭了敌人，才能有效地保存自己。

（3）战争双方诸因素的相互对立、依存和在一定条件下的转化，构成战争矛盾运动的内容和过程，决定战争的发展和结局。战争的胜负虽然取决于双方军事、政治、经济、国际援助等诸方面的条件，但这只是提供了胜负的可能性，最终决出胜负还要靠发挥人的自觉能动性，在战争指导上具体表现为主动性、灵活性和计划性。武器是战争的重要因素，但起决定作用的归根到底是人而不是物。

（4）战争虽然较之其他社会现象更带有所谓"盖然性"，但同样是有规律的，是可以认识和驾驭的。战争规律是战争的客观实际在人们头脑中的反映。熟识敌我双方各方面的情况，从中找出其行动的规律，并应用这些规律于自己的行动，是研究和指导战争的根本方法。战争的规律有一般与特殊之分。正确地研究和指导战争，必须着眼其特点和发展。既要熟识和运用一般的战争规律，又要熟识所从事的具体战争的特殊规律，防止不分战争性质和时间、地域差别的教条主义和经验主义。要正确处理战争全局与局部的关系。战争指导者要有战略头脑和全局观念，善于关照全局，掌握关节，抓住战略枢纽部署战役，抓住战役枢纽部署战斗。

（5）战争中，认识情况的过程不但存在于军事计划建立之前，而且存在于军事计划建立之后。要在必要而周密的侦察基础上，进行去粗取精、去伪存真、由此及彼、由表

及里的分析思考，做出正确的判断，据以定下正确的作战决心，制定合理的军事计划。制定军事计划要考虑多种可能性，立足最坏情况，争取最好结果。军事计划实施后，要根据情况变化，及时修正决心，调整部署，求得主观指导不断适合于客观实际。

（6）要运用对立统一的观点，正确认识和处理保存自己与消灭敌人、进攻与防御、优势与劣势、主动与被动、内线与外线、流动性与固定性、进与退、走与打、集中与分散、持久与速决、歼灭与消耗等军事领域中一系列特有的矛盾关系，使矛盾的两个方面达到相反相成或相辅相成。战争的形态是在不断否定旧的作战方式中发展的，要适时实行以转换主要作战形式为主要内容的军事战略转变，使战争形式符合战争特点和作战任务的变化。

2. 人民军队思想

毛泽东高度重视人民军队在夺取政权和保卫政权中的作用，从中国革命战争的实际出发，系统地创立了人民军队的建军原则，成功地解决了如何把以农民为主要成分的革命军队建设成为一支无产阶级性质的新型人民军队的问题。主要内容有：

（1）这支军队是中国共产党领导的，为着广大人民利益而建立、而战斗的无产阶级性质的新型军队，是真正的人民军队。紧密地与中国人民站在一起，全心全意为中国人民服务，是这支军队的唯一宗旨。这支军队是执行革命政治任务的武装集团，它永远是一支战斗队，同时也执行工作队、生产队等任务。作为忠实执行中国共产党的政治纲领和政治路线的工具，这支军队必须完全地无条件地置于中国共产党的绝对领导之下，坚持党指挥枪，决不允许枪指挥党。

（2）实行坚强有力的政治工作。军队政治工作是中国共产党在军队中进行的思想工作和组织工作，是人民军队的生命线。其任务是：保证党对军队的绝对领导和人民军队的性质；保证党的路线、方针、政策的贯彻落实，保证全体指战员充分发挥为人民而战斗、而工作和训练的积极性与创造性，保证各项任务的完成。

（3）实行集中领导下的民主，建立自觉的严格的纪律，保持和发扬人民军队的优良传统和作风。严格执行三大纪律八项注意，尊重政府，爱护人民。时刻保持坚定正确的政治方向，灵活机动的战略战术，艰苦朴素的工作作风，做到团结、紧张、严肃、活泼。

（4）加强正规化、现代化建设，实行统一的指挥、统一的制度、统一的编制、统一的纪律、统一的训练，加强组织性、计划性、准确性和纪律性。不断用现代化的武器和新的技术装备部队，建设诸军种、兵种合成作战的国防军。

（5）加强教育训练，严格训练，严格要求，大力开展群众性练兵活动，提高官兵科学文化知识水平，掌握新的技术和与之相适应的最新战术，全面提高指战员的军政素质。要办好各类院校，培养合格的军事人才。

3. 人民战争思想

毛泽东把马克思列宁主义关于人民群众的历史能动作用原理，创造性地运用于中国革命战争实践，形成了一套完整的人民战争思想。主要内容有：

（1）革命战争是群众的战争，只有动员和依靠群众，才能进行革命战争。战争伟力之最深厚的根源存在于民众之中，兵民是胜利之本，真正有力量的是人民而不是反动派。

（2）在政治、经济发展不平衡的中国社会条件下，要首先在反动统治力量最薄弱的广大农村建立革命根据地，并采取"波浪式"的推进政策逐步加以扩大，作为进行人民战争的依托。建立和发展农村革命根据地，必须把武装斗争与土地革命结合起来，建立革命政权，广泛组织和武装群众。

（3）革命战争是为人民利益而战的战争，要实行代表绝大多数人民利益的奋斗纲领和基本政策。战争中要兼顾人民群众的长远利益和眼前利益，重视发展生产，减轻人民群众的负担，尽力改善群众生活。

（4）团结一切可以团结的阶级、阶层和社会集团，利用一切可以利用的矛盾，结成最广泛的统一战线，使革命获得最广泛的国内社会基础和国际同情援助，最大限度地孤立和打击最主要的敌人。要把武装斗争这种主要斗争形式同其他各种非武装斗争形式，在总体上配合起来，从一切方面的努力中不断增加革命的战争力量，削减反革命的战争力量，使力量对比朝着有利于己不利于敌的方面逐步变化，最后达到获得力量优势，战胜敌人的目的。

（5）以人民军队作为进行人民战争的骨干力量，实行主力兵团（野战军）和地方兵团相结合，正规军和游击队、民兵相结合，武装群众和非武装群众相结合的体制。主力兵团、地方兵团和游击队民兵三种武装力量分工不同，紧密配合作战。实行与人民战争相适应的战略战术，灵活机动地使用兵力和作战形式。

4.人民战争的战略战术思想

毛泽东在指导中国革命战争的长期实践中，创立了一整套具有中国特色的人民战争的战略战术，成为人民军队在战争力量敌强我弱，武器装备敌优我劣的条件下克敌制胜的法宝。主要内容有：

（1）承认积极防御，反对消极防御。在敌大我小，敌强我弱的条件下，战略防御阶段必须实行战略上的内线的持久的防御战和战役战斗上的外线的速决的进攻战，通过战役战斗上的歼灭战达到战略上不断消耗敌人，最终把战略防御推向战略进攻。

（2）以歼灭敌人有生力量作为作战的主要目标，不以保守或夺取城市和地方为主要目标。歼灭敌人有生力量，必须贯彻集中优势兵力、各个歼灭敌人的原则。力求打歼灭战，在特殊情况下也可以采取给敌以歼灭性打击的方法；力避打得不偿失或得失相当的消耗战。实现歼灭战，必须审慎地选择打击方向和攻歼目标，先打分散孤立之敌，后打集中强大之敌。每战集中优势兵力，四面包围敌人，力求全歼，不使漏网。采取恰当的作战形式，实行运动战、阵地战、游击战相结合。运动战、阵地战、游击战在不同时期有不同的重点，应根据战争的实际情况有主有次，灵活运用。

军事理论与技能训练 教程

经典战例

神头岭战斗：日军眼中"一流的游击战"

抗日战争中，八路军第 129 师在师长刘伯承、政治委员邓小平和第 386 旅旅长陈赓的指挥下，于 1938 年 3 月 16 日，在山西省潞城县至河北省涉县之间的邯（郸）长（治）公路上对日军实施了伏击战斗。这次战斗，第 129 师以第 385 旅一部兵力佯攻晋东南地区黎城的日军，诱潞城日军出援。黎城受袭后，潞城日军以步兵、骑兵 1500 余人向黎城增援，第 386 旅的 3 个团在旅长陈赓率领下在神头岭地区设伏，进行了一场围点打援的战斗。经过 2 小时激战，取得了八路军继平型关战役之后的又一次较大规模的胜利，沉重地打击了入侵晋东南地区日军的嚣张气焰，破坏了日军邯长公路上的交通运输线，牵制了日军向黄河南岸和西岸的进攻，而且为开辟晋冀豫抗日根据地创造了有利条件。

（3）力求主动，力避被动，执行有利决战，避免不利决战，尤其应慎重初战。每战须预有准备，立足于能够应付最困难最复杂的情况，力求有胜利把握，不打无准备无把握之仗。发扬勇敢战斗、不怕牺牲、不怕疲劳、连续作战、勇于近战夜战的优良战斗作风；善于利用作战间隙休整部队，以利再战。

（4）立足现有装备战胜敌人，同时注重从作战缴获中不断充实和改善自己的装备。把对敌军的军事打击与政治瓦解结合起来，重视利用敌人营垒内部的各种矛盾，在军事打击的强大压力下开展有力的政治攻势，利用多种方式解决敌人。大力组织支援前线，搞好后勤保障。

5. 国防建设思想

中华人民共和国建立后，中国共产党军事工作的中心随之转到巩固国防、建设现代化国防上来。为此，毛泽东提出了一系列相应的指导思想和原则。主要内容有：

（1）实行积极防御的战略方针，对外永远不称霸，决不侵犯别人，也决不允许别人侵犯中国。必须建立强大的国防，以保卫国家主权、领土完整和合法权益不受侵犯，保卫人民民主专政，维护世界和平与地区和平，为国内建设提供安全保障。

（2）正确处理国防建设与经济建设的关系，把国家经济建设放在首位。国家在以经济建设为中心的同时，要重视加强国防建设，努力实现国防现代化。国防现代化要走适合中国国情的发展道路，坚持独立自主、艰苦奋斗的方针。要在中国共产党的统一领导下，动员和依靠广大军民共建国防。对付外敌入侵，仍要坚持立足现有装备战胜优势装备之敌的优良传统。国防斗争要综合运用军事、政治、经济、外交、文化等多种方式，实行有理、有利、有节的方针。

（3）建立完整的国防科研和国防工业体系，实行平战结合、军民结合的方针，根据自己的特点和需要发展武器装备，尤其要重视发展尖端武器和技术装备。普遍实行民兵

92

制度，完善国防动员体制，加强国防后备力量建设。加强战略后方建设，为未来反侵略战争提供巩固的战略依托。

（三）毛泽东军事思想的科学价值

毛泽东军事思想是把辩证唯物主义和历史唯物主义创造性地运用于军事领域的典范，解决了在半殖民地半封建的中国如何进行革命武装斗争，在夺取政权以后如何进行军队建设的理论和实践问题。在走农村包围城市、最后夺取城市的道路，建设一支以农民为主要成分的无产阶级性质的新型人民军队，实行灵活机动的人民战争的战略战术，以及国防现代化建设等思想方面，极大地丰富和发展了马克思列宁主义军事理论；创造了在无产阶级革命战争中以弱胜强的高超的战争指导艺术，为被压迫民族和被压迫阶级在争取解放的正义战争中实现以小胜大、以劣势装备战胜优势装备之敌，提供了成功的实践范例和理论武器；所揭示的军事规律达到了前所未有的深度和广度，构成了博大精深的军事理论体系，在世界军事思想史上占有重要地位；所包含的军事辩证法思想，为人们科学地认识军事领域的各种矛盾运动规律，正确地指导军事斗争和军事建设的实践，提供了最基本的立场、观点和方法，尤其具有普遍的真理性意义。

二、邓小平新时期军队建设思想

进入改革开放和社会主义现代化建设时期，邓小平在开创中国特色社会主义道路的历史进程中，正确把握战争与和平历史演进的客观规律，立足于中国的国情、军情和时代特征，以巨大的政治勇气和理论勇气，对国防和军队建设作出具有战略意义的重大决策，创造性地提出了一系列建军治军的方针原则，形成了邓小平新时期军队建设思想。邓小平新时期军队建设思想内容十分丰富，从不同侧面揭示了新时期军队建设和军事斗争的规律，构成了一个科学的军事思想体系。

（一）战争与和平思想

邓小平认为，霸权主义、强权政治严重威胁着世界和平，战争的危险依然存在，但是和平力量的发展超过了战争力量，争取一个较长时期的和平是可能的。为适应时代主题的变化与党和国家工作重心的转移，军队和国防建设的指导思想实行战略性转变，从立足"早打、大打、打核战争"的临战准备状态转到和平时期建设的轨道上来。邓小平强调，军队要服从整个国家建设大局，大局好起来了，国力大大增强了，再搞一点原子弹、导弹，更新一些装备，到那个时候就容易了；要坚持勤俭建军，精打细算，把有限的军费真正用在加强战斗力上。

（二）军事战略思想

邓小平强调，国家的主权、安全要始终放在第一位，军队要担当起维护国家主权和安全的历史责任。要实行积极防御的军事战略方针，坚持自卫立场，后发制人，把战略态势上的防御性和军事指导上的积极性结合起来，把和平时期遏制战争和战争时期赢

得战争统一起来；坚持积极防御的战略方针，从根本上讲就是要坚持人民战争的战略思想；搞人民战争并不是不要军队现代化，装备的改进可以使人民战争更有力量；要立足以弱胜强，以劣势装备战胜优势装备的敌人。

（三）军队建设思想

邓小平明确提出，中国人民解放军必须建设成为一支强大的现代化、正规化革命军队。必须把革命化建设放在第一位，始终不渝地坚持人民军队的革命性质；中心是解决现代化的问题，不断提高军队建设的科学技术含量，提高现代化条件下的总体作战能力和水平；正规化建设是重要保证，要推动部队建设逐步走向法制化、制度化的发展道路，把军队训练得像个军队的样子。邓小平强调，在不打仗的情况下，军队素质的提高靠教育训练；要贯彻精兵、利器、合成、高效的原则；军队建设要讲质量，讲真正的战斗力，讲实战能力，搞少而精的真正顶用的、真正是现代化的东西。

相关链接：

百万大裁军

（四）国防建设思想

邓小平指出，在新的历史条件下，国防建设仍然要沿着毛泽东开创的道路前进，仍然要坚持全民办国防的指导思想，把建设精干的常备军与建设强大的后备力量结合起来，建立起人民解放军现役部队与预备役部队、人民武装警察部队和民兵组成的武装力量。要深入持久地开展全民国防教育，建立有效的国防动员体制，坚持平战结合、军民兼容的原则，把战争动员纳入国民经济和社会发展的总体规划，纳入整个国防建设包括军队建设和后备力量建设之中。要坚持军民一致、军政一致，恢复和发扬军政、军民之间紧密团结的优良传统，要广泛深入持久地开展拥政爱民、拥军优属活动。

邓小平新时期军队建设思想是邓小平理论的重要组成部分，主要回答了在和平与发展成为时代主题，国家实行改革开放的历史条件下，如何开创中国特色精兵之路，建设一支强大的现代化、正规化革命军队的问题，是对毛泽东军事思想的继承和发展，为我军开创了一条符合中国国情的、相对和平条件下的建军道路。邓小平新时期军队建设思想具有鲜明的时代性、深刻的实践性和科学的指导性，为正确认识和解决新时期军队建设与军事斗争问题提供了科学的立场、观点、方法。只要和平与发展这一时代特征没有改变，世界军事变革的发展趋势没有改变，邓小平新时期军队建设思想就仍然是国防和军队建设的指导思想，具有长远指导意义。

三、江泽民国防和军队建设思想

20世纪90年代世界形势风云变幻，我国改革开放和现代化建设全面推进，给国防和军队建设带来许多前所未有的崭新课题。江泽民深入思考新的历史条件下"建设什么样的军队、怎样建设军队，未来可能打什么样的仗、怎样打仗"问题，对国防和军队建设一系列新的重大理论和实践问题作出了科学回答，形成了江泽民国防和军队建设思想。江泽民国防和军队建设思想，科学阐明了新的历史条件下国防和军队建设的地位作用、目标任务、指导方针、总体思路、发展动力和政治保证等，是关于新时期军事战略、军队建设和国防建设等基本问题的科学理论体系。

（一）解决好"打得赢、不变质"两个历史性课题

江泽民鲜明提出，"打得赢、不变质"是新的历史条件下我军建设必须着力解决好的两个历史性课题。"打得赢"，就是要把我军建设成为一支具有强大实战能力和威慑能力的现代化军队，能够打赢现代条件特别是高技术条件下的局部战争。"不变质"，就是我军始终坚持党对军队的绝对领导，永远保持人民军队的性质、本色和作风，经得起任何政治风浪的考验。坚持"打得赢"与"不变质"相统一，反映了人民军队建设的本质要求，是我军存在和发展的全部意义与价值所在。

（二）按照"五句话"总要求全面加强军队建设

江泽民提出，军队建设的总要求是"政治合格、军事过硬、作风优良、纪律严明、保障有力"。强调党对军队的绝对领导是我军永远不变的军魂，要把思想政治建设摆在全军各项建设的首位，确保党从思想上、政治上、组织上牢牢掌握军队；要具有牢固的战斗队思想、精湛的军事技术、良好的军事素质和快速高效的反应能力；要有良好的思想作风、工作作

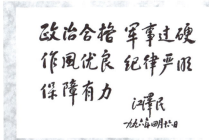

江泽民军队建设总要求

风、战斗作风和生活作风；要严格遵守法律法规和条令条例，做到令行禁止，一切行动听指挥；要及时、准确、高效地保障军队建设和作战需要，建立和完善三军一体、军民兼容、平战结合的联勤保障体制。

（三）用新时期军事战略方针统揽军队建设全局

适应时代发展和中国安全环境的新形势，江泽民主持制定了新时期军事战略方针，把军事斗争准备的基点，从应对一般条件下的战争转变到打赢现代技术特别是高技术条件下的局部战争上。江泽民强调，必须紧紧抓住我军的现代化水平与打赢高技术战争的要求不相适应的矛盾，着力解决增强我军高技术条件下防卫作战能力的关键性问题。要以军事斗争准备为龙头，牵引和带动国防和军队现代化建设的整体推进，按照"整体谋求适度发展，局部争取大幅跃升"的原则，处理好军事斗争准备与现代化建设的关系、主要战略方向与其他战略方向的关系、重点项目建设与体系建设的关系，把军事斗争准备融入军队改革和现代化建设的全局中去。

（四）积极推进中国特色的军事变革

江泽民强调，要按照"三步走"的战略构想，争取在 21 世纪前 50 年逐步实现国防和军队的信息化。要积极推进中国特色的军事变革，走以信息化带动机械化、以机械化促进信息化的跨越式发展道路，通过深化改革，实现军队建设的整体转型。要实施科技强军战略，把依靠科学进步提高战斗力摆在国防和军队建设的战略位置，增强国家的军事科技实力，全面提高军队建设的科技含量，调整改革体制编制，抓好人才战略工程，加快我军武器装备现代化建设步伐，实现我军由数量规模型向质量效能型、由人力密集型向科技密集型的转变。

江泽民国防和军队建设思想是"三个代表"重要思想的组成部分，主要回答了在世界新军事变革蓬勃进行、我国社会主义市场经济深入发展的历史条件下，如何积极推动中国特色军事变革，保证人民军队打得赢、不变质的问题，是当代中国军事领域实践经验的科学总结，是新的历史条件下国防和军队建设基本规律的集中体现，实现了党的军事指导理论的与时俱进。在江泽民国防和军队建设思想指引下，我军经受住了政治斗争、军事斗争和同严重自然灾害斗争的严峻考验，向全面建设一支强大的人民军队迈出了新的步伐。

四、胡锦涛国防和军队建设思想

新世纪新阶段，我军使命进一步拓展，承担的军事任务更加繁重，这对军事斗争准备和我军现代化建设提出了历史性的新要求。胡锦涛紧紧围绕"新世纪新阶段军队履行什么样的使命、怎样履行使命，实现什么样的发展、怎样发展，未来打什么样的仗、怎样打仗"等重大问题深入思考探索，提出了一系列紧密联系、相互贯通的新思想、新观点、新论断，形成了胡锦涛国防和军队建设思想，把我们党对军事力量建设和运用规律的认识提升到了新高度。

（一）在全面建设小康社会进程中实现富国和强军的统一

胡锦涛强调，坚持和发展中国特色社会主义，必须大力加强国防和军队建设，不断提升国家战略能力特别是军事能力；实现富国和强军相统一，关键是科学统筹经济建设和国防建设，必须坚持以经济建设为中心，在经济发展的基础上努力推进国防建设，使国防和军队现代化进程与国家现代化进程相一致；要坚持走中国特色军民融合式发展路子，建立和完善军民结合、寓军于民的武器装备科研生产体系、军队人才培养体系和军队保障体系，完善国防动员体系。

（二）全面履行新世纪新阶段军队历史使命

胡锦涛提出，军队要为党巩固执政地位提供重要的力量保证，为维护国家发展的重要战略机遇期提供坚强的安全保障，为维护国家利益提供有力的战略支撑，为维护世界和平与促进共同发展发挥重要作用。各项建设都要围绕提高履行历史使命的能力来进行；要牢固树立与履行历史使命相适应的思想观念；要坚持把捍卫国家主权、安全、领土完整，保障国家发展利益和保护人民利益放在高于一切的位置，努力做到忠于使命、献身使命、不辱使命；要不断提高履行历史使命的能力，使我军真正做到适应新形势、肩负新使命、完成新任务、实现新进步。

（三）在国防和军队建设中贯彻落实科学发展观

胡锦涛强调，国防和军队建设贯彻落实科学发展观，必须全面准确把握科学发展观的深刻内涵和基本要求，把科学发展观贯彻落实到国防和军队建设的各个领域和全过程；坚持以推动国防和军队建设科学发展为主题、以加快转变战斗力生成模式为主线；按照革命化、现代化、正规化相统一的原则加强军队全面建设；把以人为本作为重要的建军治军理念；提高军队建设的整体质量和效益，努力走出一条投入较少、效益较高的国防和军队现代化建设的路子。

（四）围绕"三个确保"时代课题加强军队思想政治建设

胡锦涛强调，军队思想政治建设要从思想上、政治上、组织上确保我军始终成为党绝对领导下的人民军队，确保国防和军队建设科学发展，确保有效履行新世纪新阶段我军历史使命。要始终坚持党对军队绝对领导的根本原则和人民军队的根本宗旨，坚持把用中国特色社会主义理论体系武装全军作为首要任务，把培育忠诚于党、热爱人民、报效国家、献身使命、崇尚荣誉的当代革命军人核心价值观作为基础工程，把发展先进军事文化作为重要任务，把我军优良传统教育作为建军育人的战略措施。坚持紧贴时代发展、紧贴使命任务、紧贴官兵实际，着力增强思想政治建设的科学性。

忠诚于党 热爱人民
报效国家 献身使命
崇尚荣誉 ——胡锦涛

胡锦涛军队建设总要求

胡锦涛国防和军队建设思想是科学发展观的重要组成部分，主要回答了在世界大发展大变革大调整、我国全面建设小康社会的历史条件下，如何推进国防和军队建设科学发展、全面履行新世纪新阶段历史使命的问题。在胡锦涛国防和军队建设思想的指导下，中国特色军事变革取得了重大成就，军队革命化、现代化、正规化建设协调推进、全面加强，军事斗争准备不断深化，履行新世纪新阶段我军历史使命的能力不断提高，国防和军队建设取得了历史性成就。

五、习近平强军思想

党的十八大以来，以习近平同志为核心的党中央，着眼于实现中华民族伟大复兴的中国梦，带领全军深入进行理论探索和实践创造，形成习近平强军思想并不断丰富和发展，引领人民军队在中国特色强军之路上续写新的时代篇章。在党的二十大后军队一次重要会议上，习主席紧密结合新的时代特征和实践发展，对这一思想进一步作出系统阐

发，深化了我们党对军事领域一些基本问题的规律性认识，集中反映了新时代建军治军的实践经验和智慧结晶。新时代新征程上，我们必须全面准确学习领会、毫不动摇贯彻落实习近平强军思想，不断汇聚起强军兴军的磅礴力量，把强军事业更好推向前进。

（一）深刻理解习近平强军思想的重大意义

人民军队之所以不断发展壮大，关键在于始终坚持先进军事理论的指导。习近平强军思想，本质上就是新时代党的军事思想。面对世界之变、时代之变、历史之变，这一思想准确把握强国对强军的战略需求，创造性回答了新时代建设一支什么样的强大人民军队、怎样建设强大人民军队的时代课题，实现了马克思主义军事理论中国化时代化的新飞跃，为我军始终在党的旗帜下有效履行使命任务提供了根本遵循、指明了前进方向。

开辟了马克思主义军事理论中国化时代化的新境界。勇于推进军事实践基础上的军事理论创新，是我们党建军治军的重要优势。习近平强军思想一系列新的重大判断、新的理论概括、新的战略安排，阐明了新时代人民军队如何赓续传统、保持本色，锚定什么目标奋进、沿着什么道路前行，如何赢得军事斗争主动、怎样打赢现代战争等带根本性、方向性、全局性的重大问题，揭示了人民军队的强军胜战之道，为指导军事实践提供了锐利思想武器。习近平强军思想以体系性创新，把我们党对国防和军队建设规律、军事斗争准备规律、战争指导规律的认识提升到新高度，使马克思主义军事理论在强军实践中彰显出强大真理力量。

擘画了全面建成世界一流军队的宏伟蓝图。善治者谋局，善谋者致远。习主席把国防和军队建设放在实现中华民族伟大复兴的战略全局下来运筹，提出党在新时代的强军目标，确立新时代军事战略方针，明确国防和军队现代化新"三步走"战略，推进政治建军、改革强军、科技强军、人才强军、依法治军，加快军事理论、军队组织形态、军事人员、武器装备现代化，确定和实施建设强大人民军队的目标图、路线图、施工图；深刻洞察我国发展由大向强的安全挑战，揭出新时代人民军队使命任务，与时俱进创新军事战略指导，要求我军坚持边斗争、边备战、边建设，加快提高打赢能力，指明了我军建设的根本指向和能力标准；着眼牢牢把握军事竞争主动权，强调加快机械化信息化智能化融合发展，加强新兴领域军事布局，确保抓住窗口期、跑出加速度、建出高质量，明确了推动我军建设发展的战略路径和着力重点。习近平强军思想立足中国、放眼世界，贯通当前和长远，既有目标上的顶层设计、任务上的战略部署，也有推进中的指导原则、落实上的思路举措，使中国特色强军之路越走越宽广。

引领了新时代人民军队的伟大变革。党的十八大以来，习主席带领全军直面问题、勇于变革、攻坚克难，在新时代挽救、重塑、发展了人民军队，强军事业取得历史性成就、发生历史性变革。这十年，牢牢扭住坚持党对人民军队绝对领导，坚定不移推进政治整训，召开古田全军政治工作会议，把4个带根本性的东西立起来，全面深入贯彻军委主席负责制，坚决查处郭伯雄、徐才厚、房峰辉、张阳等严重违纪违法案件并全面彻

98

底肃清其流毒影响，匡正选人用人风气，持之以恒纠治"四风"，坚定开展反腐败斗争，全面停止军队有偿服务，我军政治生态根本好转，新风正气不断上扬。这十年，全面加强练兵备战，积极主动开辟军事斗争新格局，归正备战打仗工作重心，构建完善联合作战指挥体系，大抓实战化军事训练，坚定灵活开展军事斗争，有效应对外部军事挑衅，震慑"台独"分裂势力，加强边境管控和反蚕食斗争，遂行海上维权、反恐维稳、抗击疫情等重大任务。这十年，大刀阔斧深化国防和军队改革，打好领导指挥体制改革、规模结构和力量编成改革、军事政策制度改革三大战役，形成军委管总、战区主战、军种主建新格局，构建中国特色现代军事力量体系，构建中国特色社会主义军事政策制度体系，统筹加强跨军地改革，我军体制一新、结构一新、格局一新、面貌一新，实现整体性革命性重塑。这十年，创新加强国防和军队现代化建设，推动我军高质量发展，全力抓好规划任务落实，壮大战略力量和新域新质作战力量，建设一切为了打仗的后勤，加快主战武器装备更新换代，全面推进国防科技创新，构建新型军事人才培养体系，我军现代化水平和实战能力上了一个大台阶。正是在习主席坚强领导下，在习近平强军思想科学指引下，我们这支党领导的人民军队守住了根和魂，走开了快速发展的步伐，赢得了迈向世界一流的主动。

强固了全军官兵奋斗强军的精神支柱。唯有精神上站得住、站得稳，一个民族、一支军队才能在历史洪流中挺立潮头。习近平强军思想立起坚定的信仰信念，坚守不忘初心、牢记使命的价值追求，彰显爱党、忧党、护党、兴党的忠诚品格，激励广大官兵向党看齐、向心凝聚，当好红色血脉的时代传人；饱含强烈的历史担当，满怀为人民扛枪、为人民打仗的为民情怀，宣示坚决捍卫国家主权、安全、发展利益的决心意志，激励广大官兵厚植家国情怀、矢志奋斗强军，真抓实干、埋头苦干，不负时代、不负人民；贯穿无畏的斗争精神，彰显越是艰险越向前的坚韧勇毅，激励广大官兵面对风险挑战和强敌对手敢于斗争、敢于胜利。坚持用习近平强军思想铸魂育人，人民军队就能团结成"一块坚硬的钢铁"，战胜一切艰难险阻、打败一切来犯之敌。

（二）全面准确把握习近平强军思想的主要内容

强军实践永不止步，理论创新没有止境。习近平强军思想，立足新时代强军兴军实践，提出一系列标志性引领性的新理念新思想新战略，形成一个内涵丰富、思想深邃、与时俱进的科学军事理论体系。这一思想的主要内容，集中体现在"十一个明确"的新概括，充分彰显了党的军事指导理论的时代性、开放性和创造性。

明确党对人民军队的绝对领导是人民军队建军之本、强军之魂，必须全面加强军队党的领导和党的建设，贯彻党领导军队的一系列根本原则和制度，确保部队绝对忠诚、绝对纯洁、绝对可靠。坚持党指挥枪、建设自己的人民军队，是党在血与火的斗争中得出的颠扑不破的真理，关系我军性质和宗旨、关系社会主义前途命运、关系党和国家长治久安。坚持党对人民军队的绝对领导，首先全军对党要绝对忠诚。必须从思想上政治上建设和掌握部队，全面深入贯彻军委主席负责制，深化党的创新理论武装，锻造坚强

有力的党组织，推进政治整训常态化制度化，充分发挥政治工作对强军兴军的生命线作用，培养"四有"新时代革命军人，锻造"四铁"过硬部队，确保枪杆子永远听党指挥。

明确强国必须强军，巩固国防和强大人民军队是新时代坚持和发展中国特色社会主义、实现中华民族伟大复兴的战略支撑，人民军队必须有效履行新时代使命任务。没有一支强大的人民军队，就不可能有强大的祖国。我们捍卫和平、维护安全、慑止战争的手段和选择有多种多样，但军事手段始终是保底手段，必须对战争危险保持清醒头脑。在全面建成社会主义现代化强国、实现第二个百年奋斗目标的历史进程中，必须把国防和军队建设摆在更加重要的位置，加快国防和军队现代化，为巩固中国共产党领导和我国社会主义制度提供战略支撑，为捍卫国家主权、统一、领土完整提供战略支撑，为维护我国海外利益提供战略支撑，为促进世界和平与发展提供战略支撑。

明确党在新时代的强军目标是建设一支听党指挥、能打胜仗、作风优良的人民军队，到2027年实现建军一百年奋斗目标，到2035年基本实现国防和军队现代化，到本世纪中叶把人民军队建成世界一流军队。听党指挥、能打胜仗、作风优良是建军治军的要害，决定着军队发展方向，也决定着军队生死存亡。实现强军目标，必须同国家现代化进程相一致。到2027年实现建军一百年奋斗目标，全面提高捍卫国家主权、安全、发展利益战略能力，是未来几年我军建设的中心任务，必须全力以赴、务期必成；到2035年基本实现国防和军队现代化，机械化高度发达，信息化基本实现，智能化取得重大进展，基于网络信息体系的联合作战能力、全域作战能力全面提高；到本世纪中叶全面实现国防和军队现代化，把人民军队全面建成同我国强国地位相称、能够全面有效维护国家安全、具备强大国际影响力的世界一流军队。

明确军队是要准备打仗的，必须聚焦能打仗、打胜仗，扭住强敌对手，创新军事战略指导，发展人民战争战略战术，全面加强练兵备战，坚定灵活开展军事斗争，有效塑造态势、管控危机、遏制战争、打赢战争。能打胜仗是党和人民对人民军队的根本要求。必须深入贯彻新时代军事战略方针，坚持战斗力这个唯一的根本的标准，全部精力向打仗聚焦，全部工作向打仗用劲。深化战争和作战筹划，研究掌握信息化智能化战争特点规律，打造强大战略威慑力量体系，增加新域新质作战力量比重，优化联合作战指挥体系。深入推进实战化军事训练，大力培育战斗精神，扎实做好军事斗争准备，加强军事力量常态化多样化运用，确保召之即来、来之能战、战之必胜。

明确推进强军事业必须坚持政治建军、改革强军、科技强军、人才强军、依法治军，坚持边斗争、边备战、边建设，更加注重聚焦实战、创新驱动、体系建设、集约高效、军民融合，加强军事治理，推动高质量发展，全面提高革命化现代化正规化水平。国防和军队现代化建设是一项系统工程，必须坚持用全面的观点抓建设。边斗争、边备战、边建设是今后一个时期的突出特点，要坚持以战领建、抓建为战，形成战建备一体推进的良好局面。我军建设进入提质增效的关键阶段，必须牢牢把握军队建设发展战略指导，转变发展理念、创新发展模式、增强发展动能，实现更高质量、更高效益、更可持续的发展；必须全面加强军事治理，着力构建现代军事治理体系，以高水平治理推动我军高质量发展，改进战略管理，提高军事系统运行效能和国防资源使用效益。

明确改革是强军的必由之路，必须推进军队组织形态现代化，构建中国特色现代军事力量体系，完善中国特色社会主义军事制度。深化国防和军队改革是为了设计和塑造军队未来。要坚持改革正确方向这个根本、能打仗打胜仗这个聚焦点、军队组织形态现代化这个指向、积极稳妥这个总要求，着力解决制约国防和军队建设的体制性障碍、结构性矛盾、政策性问题，进一步解放和发展战斗力，进一步解放和增强军队活力。这一轮国防和军队改革任务基本完成，要巩固拓展改革成果，推进改革既定任务落实，搞好后续改革筹划论证，完善军事力量结构编成，体系优化军事政策制度，奋力开创改革强军新局面，为实现建军一百年奋斗目标提供强大动力。

明确科技是核心战斗力，必须坚持自主创新战略基点，推进高水平科技自立自强，统筹推进军事理论、技术、组织、管理、文化等各方面创新，建设创新型人民军队。科技是军事发展中最活跃最具革命性的因素。赢得军事竞争主动，必须充分发挥科技创新对我军建设战略支撑作用，加快关键核心技术攻关，加强科技创新管理机制和运行模式探索，增强科技认知力、创新力、运用力，加速科技向战斗力转化。全面实施创新驱动发展战略，加强军事理论创新，大力弘扬创新文化，推动我军建设发展质量变革、效能变革、动力变革。

明确强军之道要在得人，必须贯彻新时代军事教育方针，推动军事人员能力素质、结构布局、开发管理全面转型升级，锻造德才兼备的高素质、专业化新型军事人才。人才是第一资源，是推动我军高质量发展、赢得军事竞争和未来战争主动的关键因素。要坚持党管干部、党管人才、组织选人，坚持从政治上培养、考察、使用人才。坚持为战争准备人才，把能打仗、打胜仗作为人才工作出发点和落脚点，提高备战打仗人才供给能力和水平。坚持走好人才自主培养之路，落实院校优先发展战略，建强新型军事人才培养体系。创新军事人力资源管理，形成激励担当作为的工作导向、政策导向、舆论导向，充分调动广大官兵积极性、主动性、创造性，把优秀人才集聚到强军事业中来。

明确依法治军是我们党建军治军基本方式，必须构建中国特色军事法治体系，推动治军方式根本性转变，提高国防和军队建设法治化水平。军队越是现代化，越是信息化，越要法治化。要把依法治军着力点放在服务备战打仗上，形成系统完备、严密高效的军事法规制度体系、军事法治实施体系、军事法治监督体系、军事法治保障体系，实现从单纯依靠行政命令的做法向依法行政的根本性转变，从单纯靠习惯和经验开展工作的方式向依靠法规和制度开展工作的根本性转变，从突击式、运动式抓工作的方式向按条令条例办事的根本性转变。强化全军法治信仰和法治思维，突出依法治官、依法治权，依靠官兵共同建设法治、厉行法治、维护法治。

明确军民融合发展是兴国之举、强军之策，必须巩固提高一体化国家战略体系和能力。随着科学技术快速发展，国家战略竞争力、社会生产力、军队战斗力的耦合关联越来越紧，国防和军队现代化必须融入国家现代化。加强军地战略规划统筹、政策制度衔接、资源要素共享，促进国防实力和经济实力同步提升。我们的国防是全民的国防，要

深化全民国防教育，加强国防动员和后备力量建设，推进现代边海空防建设。大力弘扬军爱民、民拥军的光荣传统，深入做好双拥工作，巩固发展军政军民团结。

明确作风优良是我军鲜明特色和政治优势，必须全面从严治党、全面从严治军，全面锻造过硬基层，坚定不移正风肃纪反腐，大力弘扬我党我军光荣传统和优良作风，永葆人民军队性质、宗旨、本色。作风优良才能塑造英雄部队，作风松散可以搞垮常胜之师。要自觉弘扬伟大建党精神，牢记初心使命，加强党史军史和光荣传统教育，推进红色基因代代传工程。勇于自我革命，持续深化纠治"四风"特别是形式主义、官僚主义，一体推进不敢腐、不能腐、不想腐，坚决打赢反腐败斗争攻坚战持久战。坚持严的基调不动摇，严字当头、全面从严、一严到底，用铁的纪律凝聚铁的意志、锤炼铁的作风、锻造铁的队伍，全面锻造听党话、跟党走，能打仗、打胜仗，法纪严、风气正的过硬基层。

（三）科学运用习近平强军思想蕴含的当代中国马克思主义军事观和方法论

习近平强军思想，坚持用马克思主义审视当代中国军事问题，敏锐洞察新时代军事领域的矛盾运动，深刻阐发军事与政治、战争与和平、稳局与塑势、威慑与实战、人与武器等重大关系，为强军打赢提供了"伟大的认识工具"。

坚持政治引领。习主席指出，军事服从政治，政治性是军队的本质属性。这一重要论断，深刻阐明了军事力量的政治本质。当今时代，军事和政治联系更加紧密，在战略层面上的相关性和整体性日益增强，政治因素对战争的影响和制约愈发突出，军事斗争的政治性、政策性、敏感性显著增强。我军是执行党的政治任务的武装集团，坚持党指挥枪是人民军队的方向所在、力量所在、优势所在。历史和现实启示我们，抓军队建设首要先从政治上看，筹划和指导战争必须深刻认识战争的政治属性，把战争问题放在实现中华民族伟大复兴这个大目标下来把握，把军事斗争作为进行伟大斗争的重要方面来运筹。新时代人民军队坚持政治引领，就是要毫不动摇坚持党对人民军队的绝对领导，全心全意为人民服务，始终从政治高度思考和处理军事问题，忠实履行党和人民赋予的使命任务，永远听党话、跟党走，永远做人民子弟兵。

坚持以武止戈。习主席通过对古今中外战争与和平规律的总结，特别是近代以后我国遭受列强战争蹂躏的历史教训，深刻指出能战方能止战，准备打才可能不必打，越不能打越可能挨打，这就是战争与和平的辩证法。当前，世界又一次站在历史的十字路口，冷战思维和强权政治阴霾不散，实力政治、丛林法则依然大行其道，我国安全形势不稳定性不确定性增大。天下并不太平，和平需要保卫，面对可能强加到我们头上的战争，必须用敌人听得懂的语言同他们对话，用胜利赢得和平、赢得尊重。新时代人民军队坚持以武止戈，就是要对可能发生的战争风险始终保持战略清醒，随时准备打仗，立足现有条件打仗，不打无准备无把握之仗，有力慑止战争，坚决打赢战争。

坚持积极进取。习主席强调，军事领域是竞争最为激烈的领域，积极进取才能掌握先机和主动。当前，新一轮科技革命和军事革命日新月异，战争制胜观念、制胜要素、制胜方式都在发生重大变化，科技之变、战争之变、对手之变愈发凸显。百舸争流，奋楫者先。这些年，我们增强军事战略指导的进取性和主动性，丰富完善积极防御战略思想的内涵，调整优化军事战略布局，塑造于我有利的战略态势；加快战略性、前沿性、颠覆性技术发展，加大军事智能化发展力度，为赢得发展优势创造良好条件。今后一个时期，是我国国家安全的高风险期，也是我军跨越式发展的关键窗口期，机遇和挑战前所未有，必须准确识变、科学应变、主动求变。新时代人民军队坚持积极进取，就是要坚持以我为主，从实际出发，充分发挥自觉能动性，因势而谋、应势而动、顺势而为，善于下先手棋、打主动仗，善于危中寻机、化危为机，力争主动、力避被动，在稳当可靠基础上争取一切可能的胜利。

坚持统筹兼顾。军事实践充满各种复杂矛盾运动，把握关联性、驾驭复杂性是推动军事发展的基本要求。习主席在领导强军事业中，始终坚持和运用系统观念观察形势、分析问题、推动工作，把国防和军队现代化放在国家现代化进程中来运筹，在强国复兴全局下形成了强军兴军的战略设计。在推进我军现代化建设上，加强全局统筹、系统抓建、体系治理，既注重牵住牛鼻子，又注重全面建设；在深化国防和军队改革上，扭住牵一发而动全身的改革任务紧抓不放，把握好各项改革任务的关联性和耦合性；在军事斗争准备上，整体运筹各方向各领域军事斗争，维护战略全局稳定；等等。这些战略谋划总揽全局、抓纲举要，为我们应对复杂局面、全面推进各项建设提供了科学遵循。新时代人民军队坚持统筹兼顾，就是要贯彻总体国家安全观，统筹经济建设和国防建设，统筹军事斗争和其他方面斗争，统筹战建备重大任务，以重点突破带动整体推进，以协调联动提高综合效能。

坚持敢打必胜。习主席指出，战争是物质的较量，也是精神的比拼。我军素以能征善战、有强大战斗精神闻名于世，以小米加步枪打败了美式装备的国民党军队，在朝鲜战场打败了武装到牙齿的世界头号强敌，演出了一幕幕威武雄壮的战争活剧，创造了一个个惊天地、泣鬼神的英雄壮举。敢于斗争、敢于胜利始终是我军血性胆魄的生动写照，过去我们钢少气多，现在钢多了，气要更多，骨头要更硬。这些年，在一系列重大斗争中，广大官兵坚持有理有利有节，敢于斗争、善于斗争，以赤胆忠诚和铮铮铁骨誓死捍卫国家主权、安全、发展利益，谱写了荡气回肠的英雄壮歌。胜利的信念是在斗争中取得的，强军事业是在斗争中前进的。新时代人民军队坚持敢打必胜，就是要发扬一不怕苦、二不怕死的战斗精神，敢于战胜一切困难，敢于压倒一切敌人，善于根据斗争目的选择合理斗争方式，把握好斗争的时、度、效，依靠顽强斗争打开新天地。

理论创新开辟新境界，理论武装必须达到新高度。在新征程上开创强军事业新局面，要更加牢固确立习近平强军思想这一根本指导，坚持不懈用以武装全军、教育官兵，深刻领悟"两个确立"的决定性意义，增强"四个意识"、坚定"四个自信"、做到"两个维护"，贯彻军委主席负责制，把精神状态激发出来，把奋进力量凝聚起来，实现全军在新的历史条件下的空前团结统一。要深入抓好党的创新理论武装和党的二十大精神学习宣传贯彻，扎实开展"学习强军思想、建功强军事业"教育实践活动，引导官兵读原著、学原文、悟原理，深刻领会核心要义、精神实质、丰富内涵、实践要求，全面

把握贯穿其中的立场观点方法，做到学思用贯通、知信行统一。要发扬理论联系实际的优良学风，以正在做的事情为中心，找准贯彻落实的结合点和着力点，真正把学习成效转化为聚焦备战打仗、推动国防和军队现代化建设的思路举措，转化为奋力实现建军一百年奋斗目标的生动实践，用实际行动向党和人民交出新的合格答卷。

《红星报》

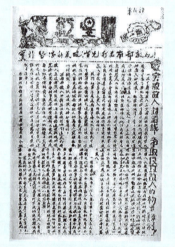

《红星报》

长征中，有这样一支队伍：十来个人，两副扁担，四只铁皮箱子。一到驻地，顾不上人困马乏，铁皮箱一放便是桌子，背包一坐便是凳子，就开始工作。几个小时后，一份份飘着油墨香的报纸送到了连队指战员手中，报头两个大字："红星"。长征途中，《红星报》是党中央和中央军委的唯一喉舌。邓小平任《红星报》主编期间，他手下只有几个人，但为了发挥《红星报》"一架大无线电台""一面大镜子""红军党的工作指导员""红军俱乐部"的作用，从稿件改写、版面编排到校对，他都带头自己动手，使《红星报》形成了独特的风格特点。大量红军领导干部和一线指战员担任该报的通讯员，许多通讯员一边战斗，一边为报纸写稿，《红星报》也刊登了大量"来自火线上的消息"。1934年底，红军突破敌人第四道封锁线，进入贵州。《红星报》相继发表红军进入贵州以来的胜利消息和革命活动。1935年1月15日，《伟大的开始——一九三五年第一个战斗》在《红星报》发表，这篇前线通讯详细报道了红军强渡乌江的作战经过，具有极高的历史纪念价值。

乐学好思

1. 军事思想主要包括哪些内容？
2. 外国军事思想的主要内容是什么？
3. 中国古代军事思想的主要内容是什么？
4. 毛泽东人民战争思想的基本理论观点是什么？
5. 习近平强军思想的主要内容是什么？

课堂自测

第四章 现代战争

学习目标

⊙ 了解战争内涵、特点、发展历程。
⊙ 理解新军事革命的内涵和发展演变，掌握机械化战争的主要知识。
⊙ 掌握信息化战争的主要知识，使学生树立打赢信息化战争的信心。

本章导读

　　自冷战结束以来，人类社会又发生上百次规模不等的战争和武装冲突。这些战争和冲突，虽然直接诱因有种族的、宗教的、地缘的、历史的等多种，但最深刻的根源仍是阶级冲突或类似于阶级冲突，归根到底则是经济利益的对抗性冲突。

　　近年来一些国家发动的一系列战争，以武力和强权打倒了"敌对国家"的政权，但他们的行径也遭到了广泛的抵制和反抗，引发了种族仇恨、民族矛盾、教派冲突、社会动乱、地区分裂和国家内战的浪潮，不仅造成被占国民不聊生，而且自身"硬实力"和"软实力"也受到极大损耗，战争的结局也日益走向了发动者主观意愿的反面。所以，我们要从中看到，当今时代，检验战争胜负的标准已经随着战争目的的改变而发生深刻变化，那种赢得了军事却输掉了政治，打赢了战争却输掉了和平，赢得了强权却失去了民心的胜利，永远不能称之为真正的胜利。"正义战争必胜"这个历史规律不会破。一些国家以"道义战争"形式包装"非正义战争"，虽赢得了武力却赢不了人心，虽赢得了一时却赢不了大势。

第一节　战争概述

什么是战争？战争是怎样产生的，又有怎样变化发展的？战争会不会消亡？只有把这些理论问题弄清楚了，我们才能认清战争，正确对待战争。

军事讲坛

"兵者，国之大事，死生之地，存亡之道，不可不察也。"

出自孙武的《孙子兵法》，意思是说，战争是国家的大事，它关系到军民的生死，国家的存亡，不能不慎重考察研究。

一、战争的内涵

战争是国家、政治集团和民族之间为了一定的政治、经济等目的而进行的武装斗争，是一种特殊的社会历史现象。战争是解决国家、政治集团、阶级、民族、宗教之间矛盾冲突的最高斗争形式，是政治通过暴力手段的继续。

人类社会出现过多种类型的战争。按战争性质分，有正义战争和非正义战争；按社会形态分，有原始社会后期的战争、奴隶社会时期的战争、封建社会时期的战争和资本主义社会时期的战争等；按战争形态分，有冷兵器战争、热兵器战争、机械化战争以及信息化战争；按是否使用核武器，分为常规战争和核战争；按战争规模分，有世界大战、全面战争和局部战争；按作战空间分，有陆上战争、海上战争和空中战争等。战争对人类的安危、民族的兴衰、国家的存亡、社会的进步与倒退产生重要影响。战争将长期存在于人类社会，并对人类社会历史的发展继续发挥重要作用。战争的消亡是有条件的，将经历一个久远的、逐步的过程。只有随着生产力的高度发展和社会的极大进步，随着私有制和阶级的消亡，随着国家或政治集团间根本利害冲突的消失，战争才会最终失去赖以生存的土壤和条件，退出人类历史的舞台。

二、战争的特点

正确认识和把握战争的特点，有利于加深对战争本质和战争属性的认识，区分战争与非战争活动，更加自觉地指导战争活动。战争的特点通常表现为以下三个方面。

（一）战争具有更为激烈的暴力对抗

克劳塞维茨认为，战争无非是扩大了的搏斗。暴力性是战争的最基本的特征。战争暴力是物质暴力，作为其要素所原有的暴烈性是仇恨感和敌忾心。无论是冷兵器战争的刀光剑影，还是热兵器战争的枪炮烽火，都表现为敌对双方的武装人员运用武器装备来破坏对方的力量、保护自己的力量，都表现为双方物质资财、人员生命等方面的直接破坏，都带来交战双方心理、精神方面的严重损伤。在信息化战争中，战争的暴力对抗，不仅表现在以信息牵引的精确火力打击所造成的物质和人员损失上，还表现在电磁对抗所造成的物理空间和信息领域的损失方面。信息化战争并不是使战争不再具有暴力性，而是改变了战争暴力的具体内容、实现领域和表现形式。只要有战争存在，就有超越一般暴力活动的激烈的暴力对抗存在，就难以完全避免流血牺牲和物质毁损。

战争下的残垣断壁

经典战例

凡尔登战役：大规模杀伤战之鼻祖

　　1916年2月21日，德军开始炮轰法国东部凡尔登镇，触发长达10个月的炮战，投入炮弹数目多达3200万枚，逾30万名士兵阵亡。这场被称为"凡尔登绞肉机"的战役不仅是一战中破坏最大、更是人类史上最长的单一战役，且交战方首次把"大规模杀伤作战"的概念应用在战场上。凡尔登战役德法双方投入了近200万兵力，伤亡人数共计达70多万。德军在这一战役中耗尽了元气。法军反攻开始以后，逐次收复了凡尔登以东的大片土地，德军节节败退。到1917年，德、奥阵营日益衰败，终于在1918年战败投降，第一次世界大战随即结束。凡尔登战役是第一次世界大战的决定性战役和转折点，德军未能实现夺取凡尔登包抄巴黎南路的计划，在耗尽共力后再也找不到出路，最终失败。

（二）战争具有盖然性和偶然性

　　现代科学认为，无论自然领域还是社会领域，其规律严格来讲都不是百分之百的、绝对的因果联系。相对于自然界的规律来说，社会科学所揭示的社会的复杂性、流变性更为突出，社会认识所获得的成果具有更大的盖然性和偶然性。战争是人类社会的历史现象之一，相对于其他社会历史现象和社会实践活动领域来说，具有更为突出的盖然性和偶然性。克劳塞维茨指出，在人类的活动中，再没有像战争这样经常而又普遍地同偶然性接触的活动了。而且，随偶然性而来的机遇以及随机遇而来的幸运，在战争中也占有重要的地位。战争领域中客观存在的偶然性，使战争指导者的预测和决策基本上都建立在盖然性的计算上和推测上，通常不会有百分之百的把握。战争虽然有更大的盖然性与偶然性，但这并不否定它同样存在规律性与必然性。战争指导者的一个重要任务，就

是要克服战争特性中的纷乱、黑暗和不确定性，从中找出条理、光明和确实性来。

（三）战争具有更为快速的流动变化

兵形似水，流变不息。毛泽东认为，战争的一个重要特性是其流动性。由于交战双方都是武装和组织起来的活生生的人，战争的暴力对抗，就和人与人特别是双方战争指导者之间的斗智、斗勇密切相关。一方的行动必然引发对方的反行动，一方的决策通常造成对方的反决策。在行动与反行动、决策与反决策的激烈较量中，不断推动战争态势和战场局势的变化，造成战争的快速流动。战争的流动节奏，随着科技进步及其在武器装备上的运用而不断加速。机械化战争的流变速度要远远高于冷兵器时代的战争。而在信息化战争形态中，由于信息流动及其所牵引的物质、人员等方面的加速流动，使战争的流动性更达到了一个新的历史水平。不过，虽然战争的流动性十分明显，但是这并不否定战争也具有某种程度的稳定性。战争没有绝对的确定性，但有某种程度的相对的确实性。在绝对流动的整个战争长河中有其各个特定阶段上的相对的固定性。由于战争只有程度颇低和时间颇暂的确实性，战争的计划性就很难完全和固定，它随战争的运动而运动，且依战争范围的大小而有程度的不同。

三、战争发展的历程

战争是随着社会的发展而产生和发展的，至今已经历了以下几个历史时期。

（一）原始社会末期的战争

原始社会前期生产力极低，人们长期进行采集狩猎，过着集体居住、平均分配的原始共产主义的和平生活，有时为了争夺野果猎物、抢婚或血族复仇，偶尔发生冲突。后来，人口日益增多，由氏族逐渐形成胞族、部落，生产逐渐发展，出现了农业和畜牧业的社会大分工。部落与部落在交往过程中，因利益相同而形成部落联盟，也往往因利益冲突而发生战争。当时兵器与生产工具没有严格区分，战争中主要使用石制的冷兵器，即所谓"以石为兵"。经过战争和其他交往活动，各部落逐渐融合，生产进一步发展，手工业从农业中分离出来，社会的剩余产品和私有财产的成分不断增加，战争俘虏不再被吃掉、杀掉而成为有用的劳动力。这时战争不仅很残酷，而且已具相当规模。战争中胜利者掠夺了大量财富，使过去以血缘关系为基础的氏族部落逐渐演变成以地缘关系为基础的民族；战争也为胜利者提供了大量奴隶，加速了原始社会的瓦解和阶级、国家的形成。

（二）奴隶社会时期的战争

奴隶社会的生产力比原始社会有很大提高，当时私有制已经确立，阶级已经形成，国家已经产生，军队已经出现。中国奴隶社会的经济以农业生产为主，土地被奴隶主占有，大批奴隶被迫在田野里耕作和从事各种劳动。奴隶不占有生产资料，是奴隶主的私有财产，奴隶主可以随意打骂、买卖、杀害奴隶，阶级矛盾十分尖锐。奴隶主之间争夺奴隶、财宝和兼并土地的斗争也很激烈。奴隶制国家的形成是经过斗争的。这时期的战争大体上有：旧的氏族部落势力反对新生的奴隶制的战争；扩大和巩固奴隶制国家的战争；新兴的奴隶主推翻腐朽的奴隶主统治的战争；奴隶制国家分封的诸侯国之间的兼并与争霸的战争；新兴的封建势力推翻奴隶主统治的战争等。

奴隶社会时期进行战争的军队主要是陆军，水军（海军）也已出现。陆军中以车兵为主，还有步兵。军队的骨干是"甲士"，奴隶当兵打仗，由"甲士"统率。当时军队所使用的主要武器是铜制的冷兵器，主要的作战形式

妇好墓中出土的铜戈

是车战，其特点是摆兵布阵，进攻以破阵来实现，防御靠守阵（包括城池）来完成。为了对抗进攻，不仅出现了防御性兵器，而且筑城技术也比较发达，例如中国的万里长城就是从那时开始修建的工程技术最著名的范例。

奴隶社会时期的战争产生了朴素的战争理论。中国古代著名军事家孙武所著的《孙子兵法》，是现存最早的一部战争理论著作。它总结了春秋末期及其以前的战争经验，认为战争是关系国家生死存亡的大事，把道、天、地、将、法归结为战争的制胜因素，提出许多驾驭战争的理论原则，具有丰富的朴素的辩证法思想。《孙子兵法》不仅对中国历代军事思想的发展起过重大作用，而且在世界军事史上享有盛名，曾被人誉为"东方兵学的鼻祖"。除此以外，《易经》《管子》等书中也有一些内容以朴素的唯物论的观点解释战争与政治、战争与经济的关系。

（三）封建社会时期的战争

封建社会是以分散的小农经济为基础的，地主以封建地租和高利贷形式剥削农民。社会的主要矛盾是地主阶级和农民阶级的矛盾，同时还存在地主阶级内部的矛盾，以及国家与国家、民族与民族的矛盾。这些矛盾发展到顶点，就爆发封建社会时期的各种战争。战争的主要类型有：农民战争；封建王朝更迭的战争；封建割据与封建统一的战争；国内各民族之间的战争等。封建王朝的更迭和割据、统一，以及国内各民族之间的战争，情况比较复杂，有些是互相交织在一起的，其结果有的促进当时社会的发展，有的给当时的经济、文化带来严重的破坏。欧洲中世纪除农民战争、封建主内部的战争、民族与民族的战争以外，还爆发过以宗教的名义进行的战争。这种宗教战争本质上也是为着阶级的物质利益而进行的。

封建制国家进行战争的兵员主要来自农民，有定期征集服役的，也有战时招募的。中国有些封建王朝曾实行府兵制，凡充当府兵的，平日务农，农闲教练，征发时自备兵器资粮，分番轮流宿卫京师，防守边疆。封建制国家的陆军和水军（海

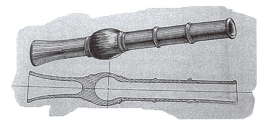

明代火铳

军），是地主阶级的武装支柱。陆军中有步兵、骑兵，在平原和起伏地带，骑兵常起重要的作用。在欧洲主要是封建主骑士组成的军队。当时，军队使用的武器主要是铁制的冷兵器。至迟10世纪中国把火药运用于军事以后，开始使用火器。封建社会的主要作战形式是骑战和步战，快速机动、远程挺进、迂回包围等战法都有很大发展。

中国封建社会时间较长，战争频繁，有丰富的战争经验，出现了《孙膑兵法》《武经七书》《虎钤经》《纪效新书》《兵经百篇》等许多军事著作。这些兵书提出"以战止战""内修文德，外治武备""天时不如地利，地利不如人和""天官时日，不若人事"等观点，以及主张制胜破敌，以弱胜强，要兵将一心，依靠民众。这些观点对后世产生了重要的影响。

（四）资本主义上升时期的战争

17～19世纪，欧洲、北美洲处于资本主义上升时期，逐渐以集中的资本主义工业生产代替分散、落后的小农生产，以雇佣剥削制代替封建剥削制，使社会生产力得到发展，农民摆脱封建桎梏，为资产阶级军队提供了大量的兵员。资产阶级为了对内对外进行战争，比较普遍地实行征兵制和预备兵制度，采用正规的军、师、旅、团、营、连的编制，制定统一的操典、教范和条令，建立庞大的正规的陆军、海军。陆军中有步兵、骑兵、炮兵、工兵和辎重兵等。军队还建立了各级司令部和总参谋部。蒸汽机的发明，大工业的出现，从手工业时代发展到机器时代，给资产阶级军队装备了大量的火枪火炮，使战争从冷兵器与火器并用，逐渐转变为主要使用火器。这一时期，主要的战争类型通常有：资产阶级的革命战争；殖民主义战争；资本主义国家之间争夺地区统治权的战争等。这种战争是由资本主义发展的不平衡性引起的，给殖民地和参战国人民带来深重的灾难。

中国从1840年以后受到资本主义列强的侵略，逐渐变为半殖民地半封建社会。中国人民进行了一系列的反侵略战争。孙中山领导辛亥革命这一资产阶级民主革命，推翻中国最后一个封建王朝的统治，并领导多次反对军阀的战争，促进了中国民族资本主义的发展和社会的进步。

资本主义上升时期，军事学术和战争理论都有很大发展。如在1789～1794年的法国资产阶级革命中，法国人民"改造了全部战略体系，冲破了一切旧的战争法规和惯例，废除了旧军队，建立了新的、革命的、人民的军队，创立了新的作战方法"（《列宁军事文集》第335页）。革命军以各兵种组成了独立的师或军，创造了以散兵和步兵纵队的配合为基础的新的作战方式。这些都被拿破仑一世发展到了完善的地步。普鲁士军事理论家克劳塞维茨所著的《战争论》是资产阶级军事理论的经典著作，它在军事思想上反映了资产阶级上升时期的进步精神，对战争本质等问题提出比较正确的见解，对军事思想的发展起过很大的促进作用。

资产阶级和无产阶级是同时产生、利益根本对立的阶级，资产阶级的残酷剥削和统治，迫使无产阶级发动武装起义。1848年巴黎工人举行"六月起义"，是无产阶级进行武装斗争的尝试。1871 年法国工人进行武装斗争，成立巴黎公社，揭开了无产阶级推翻资产阶级统治的革命战争的序幕。马克思、恩格斯系统地研究人类历史发展的基本规律，深刻地分析资本主义社会的矛盾，及时总结当时无产阶级的武装斗争经验，全面地论证战争与经济、战争与政治、战争与革命等各个方面的关系，以及战争的根源、性质和消灭战争的途径等问题，为被压迫阶级、被压迫民族的革命战争创立了科学理论。

巴黎公社成立

（五）帝国主义和无产阶级革命时代的战争

19 世纪末 20 世纪初，各主要资本主义国家先后从自由资本主义发展到垄断资本主义，进入帝国主义阶段。垄断资产阶级对本国无产阶级和广大劳动人民剥削的加深，帝国主义列强对殖民地人民的掠夺和压迫的加剧，国际垄断资本集团之间竞争的激烈，帝国主义国家经济、政治发展的不平衡和重新瓜分世界领土的斗争，使资本主义世界矛盾重重，阶级斗争、民族矛盾尖锐复杂，因而爆发了一系列战争。这些战争大体上分为：帝国主义国家之间争夺殖民地的战争；帝国主义国家两大集团之间重新瓜分世界的战争；法西斯国家与反法西斯国家的战争；无产阶级革命战争和民族解放战争等。

帝国主义阶段的战争是在社会生产力和科学技术高度发展的条件下进行的，参加战争的不仅有现代化的陆军、海军，而且有空军。战争中不但使用了大量的火炮、坦克、飞机和导弹等现代化武器，第二次世界大战末期美国还使用了原子弹，战争的破坏性、残酷性空前增大。随着现代化武器的出现，资产阶级军事理论家提出了"总体战"理论，以及空中战争论（空军制胜）、机械化战争论（坦克制胜）、核武器制胜论等理论。无产阶级革命导师列宁深刻地分析了帝国主义的特点及其不平衡的规律，指出帝国主义就是现代战争的根源；科学地阐明战争与革命、战争与和平的基本原理，论述无产阶级对待正义战争、非正义战争的态度；提出并实现了利用帝国主义链条上的薄弱环节，变帝国主义战争为国内战争的口号。列宁不仅发展了马克思主义的战争理论，而且在实践上为一切被压迫阶级、被压迫民族的革命战争树立了榜样。斯大林继承和发展了列宁关于无产阶级革命战争的理论，在领导苏联人民反法西斯的卫国战争中作出了重大贡献。

中国人民在中国共产党领导下，进行了新民主主义革命。以毛泽东为代表的中国共产党人，把马克思列宁主义普遍原理和中国革命的实际情况结合起来，在 1927 年大革命失败以后，选择从农村发动革命，以农村包围城市，到最后夺取全国政权的道路，领导全国人民，先后进行了 20 多年的革命战争。中国共产党致力于建设和发展人民军队，广泛发动群众，坚持人民战争，采用人民战争的战略战术，通过长期战争，逐步发展、

壮大自己的力量，消耗、歼灭敌人的力量，赢得战争的最后胜利，建立了中华人民共和

中国人民志愿军跨过鸭绿江

国。此后，中国人民又进行了抗美援朝和边境自卫还击作战等战役，保卫了社会主义建设，对维护世界和平作出了贡献。在长期的革命战争中，中国共产党继承和发展中华民族丰富的战争理论遗产，批判地汲取外国战争理论的精华，集中全党、全军和全国人民的智慧，创立了符合中国革命战争规律的、以人民战争理论为核心的毛泽东军事思想，以劣势装备打败了优势装备的敌人。

经典战例

诺曼底登陆：进军欧洲的"霸王"行动

1944年，世界形势和战场态势发生了有利于同盟国的根本性转变，盟军决定在西欧登陆开辟第二战场。6月6日，盟军对预定空降、登陆地域实施大规模火力准备，随后以3个师的空降兵力实施空降突击，夺控登陆场要点、关键地区和交通枢纽。登陆部队5个第一梯队师分别在5个登陆地段抢滩登陆，建立登陆场。6月7日起，盟军后续部队相继登陆，巩固连接各孤立登陆场，尔后向纵深推进。7月18日，美英盟军建立正面150千米、纵深13～35千米的登陆场，诺曼底战役以盟军胜利告终。这场战役虽然已过去70多年，但仍被世界各国作为经典战例深入研究。作战中，盟军集中空中和海上力量，先期夺取并始终保持制空权和制海权，为顺利实施登陆作战创造了重要条件，生动体现了联合作战的整体威力。

第二节　新军事革命

军事革命是军事领域各个方面、各个层次发生根本性变化的一种社会现象，是社会变革的重要组成部分。军事革命的时机通常与社会生产力的发展状况和生产关系的变化相联系，并往往在社会变革中发挥先导作用。

一、新军事革命的内涵

新军事革命是指当代军事领域内军队组织体制建设训练和军事技术、战争形态、军事理论、作战方式、后勤保障等方面在整体上同时发生的根本性变化。其基本内容包括：军事技术革命、武器装备革命、军事组织体制革命、军事理论革命和军队建设思想革命。其基本目标为：建立小型、高能量的信息化作战力量，实施有区别的精确的作战。其中，建立小型、高能量的信息化作战力量，是现代科学技术高度发展的物化结果，也是人类一种具有划时代意义的主观要求；实施有区别的精确的作战，既是新技术革命最终成果的表现形式，又是新军事革命追求的根本目标。新军事革命已成为塑造信息时代的新式装备、新型军队、新型战争等新的战争机器和新的战争机制，以及各国谋求未来战争主动权和维护世界和平的时代命题。

　　新军事革命的内涵十分丰富。但是军事革命受政治、经济、科技、军事、文化、民族、地理等因素的影响，受自然科学、技术科学、社会科学的影响，又由于各个国家的军事发展、文化底蕴和人的思维方式不同，因此，不同的国家和军队在不同的历史条件下对军事革命的认识也不尽相同。

二、新军事革命的发展演变

　　军事领域是社会形态的一个重要组成部分，军事革命是社会变革在军事领域的反映，受社会发展规律的支配。20世纪四五十年代，以信息技术为核心的高技术群的飞速发展，人类社会由工业社会向信息社会过渡。50年代末，世界上出现集成电路，微电子技术开始渗透到人类社会生活和生产的各个领域，以信息技术、生物技术、新材料技术、新能源技术、空间技术和海洋技术为基础的新技术革命蓬勃兴起。新技术革命的成果如光纤技术、激光技术、红外技术、束能技术、人工智能技术、精确制导技术、超导技术、隐身技术等在军事领域的广泛运用，特别是微电子技术在军事领域的运用，引起军事技术的深刻变化，促进了武器装备的更新和变革，一场以信息技术为龙头的新军事革命悄然兴起。70年代，在美国、苏联和北约军队中，作战平台和武器系统计算机化，开始了军事信息革命的第一阶段——军事传感技术革命。后来，以指挥控制、情报探测为内容的确保信息畅通的 C^3I 系统在军事上的运用，标志着军事信息革命进入第二阶段。70年代末80年代初，美国军方唐·斯塔利将军等，通过总结越南战争和第四次中东战争的经验，提出"空地一体战"理论，标志着传统战争观念和作战理论开始变革。在"以理论牵引技术"的思想指导下，唐·斯塔利等制订了与"空地一体战"理论相适应的武器装备发展、体制编制调整和教育训练改革计划。80年代开始，世界主要国家开始充分运用军事技术成果，新武器系统逐渐装备部队，军事作战理论和体制编制开始发生明显变化。

　　1991年爆发的海湾战争，表现了与以往战争不同的特点，显示了未来信息化战争的雏形，标志着"军事领域发生的根本性变革的时代"已经到来。海湾战争前，军事领域进行的这场新军事革命，以军事技术革命为主体，是新军事革命的初级阶段。这一阶

段，军事技术发展对军事技术革命和军事革命起了主导作用。海湾战争后，世界上的一些主要大国，根据海湾战争反映出的新特点，为了谋求在未来世界战略格局中的有利地位，占领世界军事斗争的制高点，纷纷对军事战略进行调整，创造新的军事理论，制定新的战略战术，以新的军事理论指导军事技术和武器装备的发展，完善技术含量高的作战体系，通过模拟对抗训练和演习，实现理论的先导作用，推动新军事革命进入高级阶段。进入21世纪后，世界新军事革命开始加速发展，目前正在以更快的速度向更广泛的领域加快发展，进入全面质变阶段。

三、新军事革命的主要内容

新军事革命是一场内涵极为丰富的革命，它发生在工业社会走向信息社会的时代，以信息技术为核心，并得以最广泛的使用，引起武器装备、作战理论和组织体制等一系列根本性的变革，它将是一场彻底改变战争形态、作战样式以及军队建设模式的革命。其主要内容包括以下四个方面。

（一）军事技术革命

军事技术革命是指军事技术在发展过程中出现了全局性的新的重大突破，并促使军事领域发生质的变革，多表现为有划时代特征的高新技术群的出现。人类伴随近代工业的发展，大体经历了三次划时代的军事技术革命。第一次是近代火器技术上的重大突破，火药、弹丸、火帽一体和线膛技术的发明，使战争进入火器为主的时代；第二次是近代动力机械技术上的重大突破，蒸汽机、内燃机、电动机的发明，使坦克、飞机、军舰相继问世，战争进入机械化兵器为主的时代；第三次是核技术、火箭技术上的重大突破，使原子弹、战略导弹大量制造，战争进入核战背景的时代。目前正在进行的军事技术革命是信息技术革命，使战争跨进了信息化兵器为主的时代。

瓦特潜心研究蒸汽机

（二）武器装备革命

新军事技术的出现，必然导致新武器装备革命的发生，以军事信息技术为核心的军事高技术群，正在并且必将使武器装备发生时代性的变革，即由机械化兵器发展为高技术信息化兵器。武器装备革命是指武器装备在发展过程中出现的全局性的根本变革。这种变革的主要原因是军事技术发生了重大突破。这种变革的标志是：出现了前所未有的新武器装备，并由此改变了作战样式和战争形态。近代枪炮的出现，改变了冷兵器战争形态；飞机、坦克、军舰的出现，改变了近代火器战争形态；原子弹的出现，改变了常规战争形态；精确制导武器、C⁴ISR 系统的出现，改变了机械化战争形态。

相关链接：

信息时代武器力量的神经中枢——C⁴ISR 系统

（三）军事理论革命

军事理论革命是指在军事技术和武器装备革命的推动下，军事理论出现的全局性的根本变革。军事理论革命主要包括战争理论和军队建设理论两个方面的变革。战争理论革命重点是战争形态、战争样式、战略指导等方面内容的根本变革。例如从冷兵器战争理论到热兵器战争理论、从机械化战争理论到信息化战争理论的转变，都是军事理论上的根本变革。军队建设理论革命重点是军队建设模式上的根本变革。主要包括武器装备、编制体制、教育训练、人才培养、后勤保障等方面内容的根本变革。军事理论革命对于作战指挥、军队建设和新军事革命有重大的指导与推动作用。

（四）体制编制革命

体制编制革命是指军队结构形式及其制度出现的全局性的根本变革。它主要包括组织指挥体制、兵力结构、兵力规模及法规制度等方面内容的根本变革。体制编制革命的总原则是与战争形态、军队建设模式的变革相适应。打什么样的战争，就建设什么样的军队，确立什么样的体制编制。例如，机械化战争形态的确立，必然要求军队建立机械化军种、兵种部队，确立机械化指挥体制及其相应的法规制度。体制编制革命是新军事革命的重要内容和必然结果。

第三节　机械化战争

机械化是工业时代社会生产力和军队战斗力水平的主要标志。18 世纪后，随着近代科技革命所导致的工业革命的兴起，蒸汽机和内燃机的发明将人类带入工业时代，为军队的机械化创造了物质和技术基础，引发了以机械化为核心的军事革命，催生了机械化战争。

一、机械化战争的基本内涵

机械化战争，是指主要使用机械化武器装备及相应作战方法进行的战争，它具有机动速度快、火力毁伤强、战场范围广、战争消耗大等特点。

19 世纪末 20 世纪初，电力能源和内燃机发明后，在众多科技成果的影响下，大科学、大工业、大生产的资本主义社会化生产形成。随着速射机枪、坦克、飞机、潜艇、航空母舰、无线电设备等一大批自动化、机械化武器装备相继问世，战场面貌发生了重大变化，机械力逐渐取代人力、畜力，车辆、舰船、飞机等成为社会生产力和军队战斗

力的主要载体，人类战争至此进入了机械化战争时代。

机械化战争作为两次工业革命的直接产物，是工业时代战争的基本形态。一方面，在决定战争胜负上，"物能"的拥有和释放始终占有主导地位，成千上万的坦克、装甲车、火炮及难以计数的弹药、油料所产生的动能、机械能、化学能的对抗，成为战场上对抗的焦点，交战方式主要表现为"摧毁与反摧毁"，战争始终围绕"物质和能量对抗"这一核心，沿火力、机动力和突击力三大轴线对抗发展。另一方面，战争是在相对分散的陆、海、空战场，以相对应的军兵种和不同的武器装备进行的"单元式"战场较量，也就是通过在不同战场和不同军兵种间相对独立进行的会战和决战来达成战争目的。军队的机械化程度快速提高，机械化作战理论得到空前繁荣，作战形态发生了根本变革。特别是第二次世界大战时期，各主要军事强国将现代化的陆、海、空军及其具有突击力的机械化作战平台大量运用于战争，推动了机械化战争的高速发展和普遍运用，使战争进入了真正的机械化时代。

二、机械化战争的主要特征

（一）武器装备的自动化和机械化

机械化战争以空前的规模把科学技术运用于战争，实现了武器装备自动化和机械化这一质的飞跃。其首要标志是具有高速机动能力的飞机、坦克、军舰成为作战的主要装备。由此，人类兵器从延续了近300年的手持式枪炮、马拉式枪炮，发展为完全靠机械动力推动的自动化武器。主战兵器的重大变化引发了战争形态的巨变：先是战争空间扩大、作战指挥快捷、作战速度加快，继而迈入作战工具自动化、装甲化、机动化和战争立体化的全新的机械化战争形态，并相应出现了空军、装甲兵、防空兵、化学兵等军兵种。核武器出现后，各个国家进一步改造武装力量结构，出现了崭新的军兵种——导弹核部队，发展战略防御力量，增加了新的防御形式——战略核防御，大力发展各式核武器，更新军队装备，革新国家和军队的指挥系统，形成了以 C^3I 为主要标志的指挥与通信系统革命。即便是常规部队的建设和常规武器的研制，也是按照打赢核条件下战争的思路展开的。

（二）作战方式的多样化和立体化

军队全面具备了机械化、摩托化的战场机动能力和远程控制指挥作战的能力，推动闪击战、立体战、大纵深作战等崭新的战争样式的产生与发展。内燃机的出现和发展，使军队的战场机动从徒步、乘马等人力、畜力方式，转变为汽车、摩托车、装甲输送车甚至飞机等机械力方式。无线电通信工具的发明，解决了远距离作战尤其是海上和空中作战的指挥与控制问题。由此，军队的作战样式大大扩展，出现了空地协同、步坦协同，实施大纵深快速突击的闪击战以及战略轰炸、航母战、潜艇战、空降作战、两栖登陆等新的作战样式。战场从平面发展为立体，战线的长度和纵深发展到上千千米，作战行动与军队编制走向大型化、合成化和摩托化，最终实现了现代诸军兵种联合作战的立体化战争模式。

（三）战争规模无限度扩大

战争规模无限度扩大，在现代总体战中，显示出人民群众空前重要的作用。战争已不仅仅是军队的事情，而是将整个国家、整个社会都卷了进去。整个国民经济转入战争轨道，无数的人民群众投入后勤供应和战争经济的运转之中。战争已经没有了前后方之分，并成为整个国家和民族在军事、政治、经济、科技、思想、文化和人的素质等多方面的较量。其中，人民战争、游击战等非正规战争形式凸显出人民群众的巨大威力，这种作战形式成为机械化战争中弱小国家对付强大侵略者的独树一帜的有效作战样式。

（四）催生出新的有限战争时代

随着武器杀伤力的无限扩大，催生出新的有限战争时代。第二次世界大战使现代总体战跃上巅峰。从美国在日本投下第一颗原子弹，到 1952 年氢弹试制成功，核武器完成了从核裂变到核聚变的过程，爆炸威力增长了数千倍，而几场核危机的爆发，更使人们对核战争理论和核武器运用的认识不断深入。当几千年来"战争是政治的继续"这个命题被一种完全不同于以往的、预示彻底毁灭人类的全新战争模式所打破之后，传统的战争观发生了变化。历史上武器技术第一次因发展到极致而走向自己的反面，导致其脱离原来的运行轨迹，从促进战争的工具转化为制约战争的因素，将军事斗争从实战领域引向以威慑为主的全新领域，推动无限化总体战争进入一个新的有限战争时代。

（五）军事理论的系列创新

系列创新型军事理论随着机械化战争形态的发展而产生，出现了大战略、机械化战争论、空军制胜论、大纵深战役以及人民战争等理论。核武器出现后，为了应对核战争的挑战，又出现了新的核战争理论和核战略，改变了传统的作战原则。军事理论的创新为多国家、多军种参加的大规模战争，提供了综合运用国家全部力量的战略指导思想，为新型作战样式的实施提供了理论依据，对第二次世界大战及战后的军事发展产生了深远的影响。

三、机械化战争的代表性战例

（一）坦克首次投入实战：索姆河战役

1916 年 7 月到 11 月间，英、法两国为突破德军防御，同时减轻凡尔登方向德军对法军的压力，在位于法国北方的索姆河区域发动战役。德军在该地区构筑了 3 道防线和一些中间阵地。英、法方面原计划由法军担任主攻，但因凡尔登战役动用了法军大量兵力，改以英军为主。9 月 15 日黎明时分，英军阵地上突然出现 49 辆（实际参战仅 18 辆）形状古怪的钢铁怪物。它们配合英军步兵进攻，对德军步兵产生了巨大心理作用，迫使德军放弃阵地不战自退。

索姆河战役连同凡尔登战役，堪称 1916 年西线乃至整个第一次世界大战中规模最大的两场战役，而且这两场战役互相联系，互相牵制。同凡尔登战役中的德军一样，

坦克首次投入实战

英、法军队作为进攻的一方，没有达到自己的进攻目的。德军以凡尔登战役牵制了英、法军队在索姆河战役中的力量，而英、法军队则以索姆河战役牵制了德军在凡尔登战役中的力量。由于战术的教条和堑壕阵地防线在当时无法克服的缘故，这两场战役最后都成了消耗战，特别是索姆河战役。英军在这次战役中投入了 55 个师，法军投入 32 个师，付出了巨大代价，才从德军手里夺回 180 平方公里的土地。

索姆河会战，英军的损失总数达到 42 万人，法国达到 20 余万人，德军阵亡、负伤、被俘和失踪的总数则达到 65 万人。英、法军未达到突破德军防线的目的，但钳制了德军对凡尔登的进攻，进一步削弱了德军实力。值得一提的是，此役是人类历史上第一次把坦克投入实战。

相关链接：

坦克首次投入实战

（二）史上最大坦克战：库尔斯克会战

发生在 1943 年 7 月至 8 月的库尔斯克会战，是第二次世界大战期间苏德战场的决定性战役之一。库尔斯克会战中，德军与苏联红军共出动了 6300 余辆坦克，参战双方共投入了超过 150 万名士兵，空军部队参战飞机超过了 5000 架，创下史上规模最大的坦克会战和最大规模单日空战两个纪录。

库尔斯克会战

库尔斯克会战是德军最后一次对苏联发动的战略性大规模进攻。战役之前德军掌握有限的战略主动权，能够自主选择发动战略进攻的时间和地点。战役之后，德军完全丧失了战略主动权并从战略进攻转为战略防御，苏联红军从这里开始了收复国土的大规模反击。库尔斯克会战的失利使纳粹德国永久性丧失了战场主动权，此后德军再也没有在欧洲东线发起有威胁的攻势。库尔斯克会战结束后，欧洲东线的战局演变成了苏联红军的长途进攻，一路攻入德国，占领了柏林，并赢得了战争。

库尔斯克会战中，德军 30 个精锐师包括 7 个装甲、坦克师被击溃，其余的遭受重创，损失兵力 18 万人，损失坦克约 900 辆，损失火炮和迫击炮 3000 门，损失飞机 3700 架。苏军损失兵力 80 多万，损失坦克 6064 辆，损失火炮 5244 门，损失飞机 1716 架。虽然苏军损失的坦克、战机、人员数量都超过德军，坦克的损失数量更是超过德军四倍，但却让苏军掌握了战略主动权，最终赢得了战争。

学思之窗

　　斯大林在评价库尔斯克会战时说："苏军在库尔斯克会战的胜利标志着德国法西斯已经处于覆灭的边缘。"

　　思考：库尔斯克会战苏联为什么能取得胜利？其历史意义有哪些？

第四节　信息化战争

　　信息化战争是信息时代的产物，是信息时代经济、技术、生产力水平和生产方式在战争领域的客观反映。目前学术界对信息化战争这种全新的战争形态尚缺乏公认、权威的定义和较为规范的解释。

一、信息化战争的基本内涵

　　根据《中国人民解放军军语》，信息化战争是依托网络化信息系统，使用信息化武器装备及相应作战方法，在陆、海、空、天和网络电磁空间及认知领域进行的以体系对抗为主要形式的战争。信息化战争是信息时代战争的基本形态。简要地说，信息化战争是广泛使用信息技术及其物化的武器装备，通过夺取信息优势和制信息权取得胜利而进行的战争。

　　信息化战争可从以下几个方面来理解：

　　第一，信息化战争是信息时代的产物，是信息时代经济、技术、生产力水平和生产方式在战争领域的客观反映。在信息时代，有多种形态的战争，但信息化战争是最基本、最主要的战争形态。

　　第二，战争工具决定战争形态，有什么样的战争工具，就会有什么样的战争形态，这是战争历史发展规律所决定的。信息时代战争工具的信息化、智能化和综合化，信息武器装备体系的形成，必然导致信息化战争的出现。

　　第三，在物质、能量、信息等构成作战力量的诸要素中，信息起主导作用，信息能严格控制在战争中表现为火力和机动力的物质和能量。

　　第四，信息化战争中交战双方至少一方是信息化军队，因为机械化军队或半信息化军队打不了信息化战争，近期的局部战争之所以算不上真正的信息化战争，就是因为迄今世界上任何国家（包括美国）都没有完全建成信息化军队。

军事纵横

信息化战争所描述的战争形态包括以下几个方面：一是主要使用以信息技术为主导的武器装备系统；二是以信息为主要战略资源；三是以信息中心战为基本作战方式；四是以争夺信息资源为战场目标；五是以信息化武装力量为主体；六是实行以信息化军事理论为基础的战争指导。

二、信息化战争的主要特征

（一）主要武器装备——信息支撑

武器装备作为军事科学技术的物化成果和主要标志，反映着一种战争形态的基本技术水平和科技含量。坦克、飞机、大炮之类的机械化兵器，可以代表机械化战争的主要作战技术水平和科技含量，因而必然成为机械化战争中的主导兵器。而信息化战争作为一种新型战争形态，反映其作战技术水平和科技含量的则是信息化武器装备。所谓信息化武器装备，主要是由信息化弹药和信息化作战平台构成的。信息化弹药主要指各类精确制导武器，而信息化作战平台主要指利用信息技术使作战平台的控制、制导、打击等功能形成自动化、精确化和一体化水平的各种武器装备系统。它主要包括太空中的各种侦察、预警、通信卫星；空战场上各类先进的战斗机、轰炸机、预警机等；海战场上的各种高技术舰艇以及地面战场上各种先进的坦克、装甲战车等。从近几场带有高技术特别是信息化战争特征的局部战争来看，信息化武器装备已经成为战场的"主力军"，在战场上发挥着机械化兵器所不能替代的主导作用。海湾战争中，多国部队使用的信息化弹药在其总弹药量中虽然只占8%，但却完成了80%至90%的战略战役目标打击任务。而伊拉克战争中，信息化弹药已经占到总弹药量的80%左右，充分反映了信息化武器装备的战场主导作用。

（二）战场能量释放——信息主导

战争是力量的竞赛，这种力量的竞赛首先表现在武器装备的质量和数量的较量上，但最终表现在战场能量释放的较量上。正如人们已知的，机械化战争中，战场释放的能量主要是机械能，即机械运动产生的动能和势能。这些能量增加了机械化兵器的机动速度、杀伤能力和防护水平，使战争呈现出高度机械化的特征。信息化战争作为机械化战争的高级发展阶段，其战场能量的释放则不仅是机械能，更主要的是深刻体现人的智能活动的信息能，即各种信息化武器装备的战场探测预警、情报侦察、精确制导、指挥控制、通信联络等软能力。这种新的战场能量支配和主导着信息化战场上的全部作战活动，具有战争制胜的巨大作用。

学思之窗

据资料统计，海湾战争中，多国部队参战的大型主战兵器只有 1 万多件，而参战的"附属保障兵器"——计算机却达到 4 至 5 万台。参战的"附属保障兵器"超过主战兵器的 4 至 5 倍。

思考：结合海湾战争中出现的上述现象，谈一谈为什么说信息能已经成为决定战争成败的重要因素？

（三）战场空间拓展——多维一体

战场空间是战争敌对双方进行较量的舞台。由于高技术兵器的广泛运用，信息化战争战场空间大为拓展，形成了陆、海、空、天、网络电磁等多维战场空间。各战场空间在信息技术的强力"黏合"下，围绕统一的作战目的融为一体。一是立体化、全方位的侦察与监视网覆盖透视战场。信息化条件下，军事侦察与监视能力空前提高，大范围、立体化、多手段、自动化的情报侦察与监视网，将外层空间、高空、中空、低空、地面（海上）、地下（水下）连为一体，进而获取多领域的战场情报信息。二是远射程、高精度的信息化武器密布威胁战场。信息化武器系统所具有的覆盖和打击战场全空间目标的超常作战能力，实现了发现即意味着摧毁，促进了各战场空间的高度融合。加之太空和空中力量的发展，使打击更精确，手段更灵活，作战效益更高，战场空间成为多维一体化战场。这种一体化的战场结构，多空间高度融合，多空间、多领域相互制约。三是全时空、全过程的电磁和信息争夺渗透制约战场。军事信息技术的发展，不仅通过侦察、打击等手段实现有形的陆海空天战场一体化，而且开辟了网络电磁和认知领域无形战场的争夺。电磁和信息是信息化战争之魂，是链接陆海空天战场的纽带，存在于作战的全时空，作用于战争的全要素，贯穿于作战的全过程，深度影响着陆海空天各维有形的战场。可见，信息化战场正是通过日益成熟的信息技术，围绕着战争目的和作战需要，把陆、海、空、天、网络电磁等多维空间紧密地融合在一起，形成不可分割、唇齿相依的有机统一体。离开了哪一维战场空间，或者失去哪一维的控制权，都将直接影响全局作战效能，从而导致战争失败。

（四）主要作战目标——"三大系统"

信息化战争作为一种新的战争形态，在战场较量方式上，改变了机械化战争的那种陆海空单元战场、单一军兵种、单一作战领域的单元式战场较量方式，而是以信息化战场为依托，以战场认识系统、通联系统、指挥控制系统、打击系统（包括兵力、火力）、支援保障系统等五大分系统构成的作战体系间的整体较量。其中，战场认识系统、战场通联系统、指挥控制系统这三大系统，则是构成信息化战场的"眼睛""耳朵""神经"和"大脑"，主导和支配着战场所有力量和打击行动。因而，围绕着破坏、瘫痪敌人的"三大系统"和有效地保护己方的"三大系统"而进行的系统对系统的整体较量，将成

为交战双方战场制胜的关键。只有把敌人的战场认识系统"打瞎"，把敌人的战场通联系统"打聋"，把敌人的战场指挥控制系统"打瘫"，才有可能破坏敌人作战体系的整体构成，夺取和把握战场主动权，创造战场歼敌的有利战机。从近期几场高技术局部战争的结果看，这种不把作战部队作为主要的打击目标，而把"三大系统"作为主要打击目标的方式，已成为发达国家军队的首要选择。

（五）战场争夺焦点——制信息权

制信息权是指运用以信息技术为核心的战场认识系统、通联系统和指挥控制系统等，在能够有效地阻止敌方了解、掌握己方主要情况的同时，实时准确地掌握敌方情况，具有战场上信息的获取权、使用权和控制权。制信息权是信息化战场争夺的"第一制高点"，它主导和支配着制空权、制陆权、制海权、制天权等主动权的争夺。因为信息化战场已经打破了机械化战争那种陆战场、海战场、空战场等单一战场的构成格局，使作战成为陆、海、空、天、网络电磁多维一体化战场的整体较量。在这种多维一体化战场的整体较量中，任何单一空间战场的主动权都不能完全左右整个战场局势，无论是陆战场、空战场还是海战场都必须依靠作战体系这个大系统进行整体协调和运作。因此，制信息权作为主导和沟通陆、海、空、天、网络电磁战场的上一层位的战场主动权，具有制空、制地、制海、制天、制电、制网的系统功能。而深刻体现机械化战争特点的制空权、制陆权、制海权等战场主动权的单一争夺，将完全融入制信息权的整体争夺中。

（六）重要作战形态——联合作战

基于网络信息体系的联合作战能力，就是以打破军兵种和部门局限的电子信息系统为纽带和支撑，各种作战要素、作战单元、作战系统相互融合，将实时感知、高效控制、精确打击、快速机动、全维防护、综合保障一体化集成，所形成的具有倍增效应的联合作战能力。在现代战争"体系对抗、无仗不联"的大趋势下，网络信息体系成为联合作战体系的物质基础、聚合作战能力的支撑平台和遂行作战任务的协同环境，因而必须在数据标准统一、关键链路统一、运行规则统一和基础信息统一的基础上，全力构建网络立体泛在、系统智能高效、信息资源丰富、技术自主先进、安全保底可靠的一体化网络信息体系。提高基于网络信息体系的联合作战能力，就是要使作战指挥由"树状"、粗放向"扁平"、精细过渡，作战方式由火力主导向信息主导转变，作战手段以"硬"为主向"软硬"并举发展，作战进程由"时杀"向"秒杀"递进，从而把作战能力从物理域向信息域拓展。正确认识信息化条件下战斗力形态的转变，有助于找准军队信息化建设的着力点和目标，加快实现战斗力生成模式的转变。

三、信息化战争的代表性战例

（一）信息化战争的雏形：海湾战争

在海湾战争"沙漠盾牌""沙漠风暴""沙漠军刀"三个阶段行动的进行过程中，美军动用了大量的高技术作战兵器，如"战斧"式巡航导弹、"F-117"隐形战斗轰炸机及其他一些新概念武器，并且将夜视技术、电子对抗技术、精确制导技术、隐身伪装技术等高技术手段贯穿战争始终。在海湾战争中，多国部队使用了30多颗卫星、3000多架飞机、500余枚巡航导弹、3000多辆装甲车辆、6艘航空母舰、数十艘水面舰船和潜艇、几百架电子战飞机、30多个地面监听站和20余个侦察营，呈现出的是一幅光、电、磁、声交织，陆、海、空、天相融的多维战场画面。因此，这场20世纪90年代初的战争被认为是信息化战争的雏形。但这场战争仍不是真正意义上的信息化战争，原因有如下几点：首先，从社会信息化背景看，当时只有现代的单项信息技术，网络化程度还不够；其次，从美军信息化建设进程看，美军自海湾战争后才真正全面开始数字化方面的建设工作；最后，从信息战理论发展看，当时还没有真正意义上的信息战理论作指导。

（二）信息化战争基本形成的标志：科索沃战争和阿富汗战争

在科索沃战争和阿富汗战争中，美军更加重视信息的重要性，更加强调制信息权的争夺，信息作战和信息化武器装备发挥了主导作用。这两场战争中，美军依托信息优势实施的远程、中程和近程精确打击成为基本手段，成功地使用了 C^4ISR 系统实施战区外战役指挥与战区内战术控制相结合的作战指挥，战争中交战双方广泛实施信息对抗。这两场战争中，信息化武器运用较为普遍、作用较为突出，信息化作战方法较为灵活、效果较为显著。因此，将科索沃战争和阿富汗战争视为信息化战争基本成形的标志，是有足够的理论和实践依据的。

四、战争形态发展新趋势

战争形态是指在相当长的一个历史时期里战争所表现出来的形状和稳定的运动状态。政治的性质、经济的状况和军事技术的水平决定着战争形态的发展变化。近年来，随着科学技术的突飞猛进、国际政治博弈的加剧、世界经济的跌宕起伏、宗教文化裂痕的扩展，当代战争形态呈现许多新的特点。

（一）信息主导作用日趋加强

信息技术广泛运用于军事领域，直接推动了武器装备的飞跃式发展，甚至强制性地改变世界军队建设发展方向。以信息技术为核心的军事技术革命，引发了包括武器装备、军队编制、军事理论等方面的重大变革。信息技术成为局部战争中的主导技术，信息化武器装备成为战斗力的关键物质基础，基于信息系统的体系作战能力成为战斗力的基本形态，信息能力成为战斗力生成和释放的主导因素。如在火力打击方面，武装力量通过各种信息技术，可以实现对打击目标的精确搜索、定位、跟踪和消灭，成倍提高打击效果；在战场机动方面，信息技术为各个作战单元提供实时精准的战场态势感知能力，能够使分散的部队同时远距离攻击目标；在指挥控制方面，掌握信息优势的一方可以在很大程度上排除"战争迷雾"的干扰，大大缩短"观察—判断—决策—执行"周期，提高指挥控制效果。

（二）新型作战样式将不断涌现

作战样式是战争形态的重要表现形式。随着战争要素在各个领域的深化发展以及新要素的不断涌现，在传统作战样式的基础上将会越来越多地涌现出一些新的作战样式，如无人作战、太空卫星战、网络攻防战等。在无人作战中，无人机、无人舰、机械战士、无人坦克等将会充斥战场，部分取代有人作战，战争的智能化程度大大提高。在太空卫星战中，为争夺制信息权和制天权，战争双方对卫星的攻防将会成为作战计划中的一个重要内容，卫星将是太空战中的重心。在网络攻防战中，战争双方将可能采用"硬摧毁"和"软杀伤"相结合的方式，夺取网络控制权。

相关链接：

战场新势力——无人机

（三）战争主体向多元化方向发展

在相同的价值观、文化认同及共同利益驱动下，新的超大团体组织不断涌现，恐怖主义组织、部落、海盗、贩毒集团、黑客组织、跨国集团等都可能是战争主体，成为战争的发动者。战争将不只是国家或各种武装集团之间的冲突，而是各种主体之间冲突的聚合。国家与国家之间的战争、国家与非国家行为主体之间的战争、非国家行为主体之间的战争将混合在一起。此外，由于军事技术知识的日益普及和武器的泛滥，发动战争的成本越来越低。一些非国家行为主体可以比以往更方便地获得先进军事技术和武器装备，比如，随着3D打印技术的发展和普及，个人拥有枪支变得轻而易举。在互联网环境中，各种行为主体也可以更方便地传播理念、招募人员、筹措资金、下达指令等。

（四）非对称现象越来越突出

在人类从机械化战争时代向信息化战争时代迈进的过程中，由于生产力发展水平不平衡，各战争主体之间的技术"代差"日益拉大，不同主体间进行战争的手段与方式的差异超过以往任何时代，由此导致战争中的非对称现象越发突出。无论对强者还是对弱者而言，非对称作战都将是未来的重要选择。在军事技术和武器装备方面，强国拥有巨大的优势，拥有陆、海、空、天、网络电磁等作战领域的主导权，能够以全维作战的方式去打击对手，而弱者则力求通过破坏性手段和装备抵消对方的技术领先优势；在军队组织形式方面，强国军队追求职业化、合成化、模块化，而非国家行为主体的武装力量则追求数量化、分散化、平民化；在战争耐心方面，强国希望战争时间越短越好，不愿长时间陷入战争泥潭中，而非国家行为主体则希望打持久战争，通过比拼意志获得胜利。

（五）战争整体时间将拉长

在当前和未来一个时期内，由于经济利益的相互交织，特别是核武器的强大制约，使得有核国家之间的战争成为各方默认的禁区。因此，国家行为主体之间发生大规模战争的可能性不大，正式授权的、法律意义上的战争不再是普遍现象。但是，由于政治矛盾而导致的武装冲突却会此起彼伏，未来战争将更多地表现为未被授权的、未经宣战的武装冲突，战争与和平的界限会越来越模糊。在大规模战争之外，一些大国积极利用多种战争手段追求自己的政治利益，代理人战争、介入内战、武装干涉、空袭、封锁等将成为其进行战争的主要方式，战争越来越变成"交易用的商品"，高度服从服务于政治交往。由于大国间的政治权力斗争往往具有结构性、根本性和深远性，因而由其产生的武装冲突往往会久拖不决。

（六）战争进入具有智能特征的信息时代

战争进入具有智能特征的信息时代，将从根本上颠覆传统的作战理念、作战手段和作战方法。数字战场提高了战场信息的透明度和时效性，智慧战场将极大地提高战场信息的精准度和适时性。运用人工智能技术，可以更精准地搜寻战场信息、识别战场信息、传递战场信息，形成从发现目标、识别目标、定位目标、监视目标到引导打击和效果评估的一体化。数据辅助决策为作战筹划提供了精准计算和量化标准，智慧辅助决策为作战筹划提供了近似人的思维能力和自主创造能力。运用作战规划系统，可以提供对作战环境的自适应能力、作战设计的自学习能力和作战构想的自主创造能力。进入信息时代，计算机和网络系统为流程控制提供了新的技术支撑；随着具有智能特征的指挥信息系统不断发展，流程控制进入自主控制的新阶段，自主适应、自主调节、自主协同开始崭露头角，将为一体化联合作战提供可靠支撑。但与此同时我们应保持清醒头脑，无论人工智能技术如何发展，人在战争中的主导作用丝毫不会动摇。如何适应科技发展和军事变革，提高人的智能水平和驾驭人工智能的能力，是打赢未来战争的关键。

五、积极应对战争形态智能化挑战

近年来，智能化浪潮汹涌而来，并在军事领域广泛应用。世界主要国家高度重视军事智能化建设和应用，各种无人作战平台和智能化武器装备不断出现，并列装部队投入实战。面对战争形态智能化加速演变，只有把握发展机遇，积极应对挑战，加快军事智能化发展，加速锻造智能化作战能力，才能夺取智能化战争战略主动，从而打赢未来智能化战争。

（一）着眼设计战争创建智能化理论

军事理论来源于作战实践，并用于指导作战实践。过去受各种条件的限制，军事理论研究多是"向后看"，即总结战例形成作战指导。随着现代技术，尤其是大数据、云计算等颠覆性技术的飞速发展，使作战理论研究摆脱了传统的跟进式、归纳推理式的模式，走入了实验战争、设计战争的新时代。智能领域新的颠覆性技术，为军事理论创新开辟了新的空间。为此，我们应按照"提出概念—需求分析—创新理论"的思路，创建智能化战争基础理论，深入研究智能化战争的概念内涵、本质特征、战争指导、作战样

式、攻防行动、制胜机理、特点规律等内容；创新智能化作战方式方法，充分发挥智能化作战体系整体效能，加强人机协同智能作战、智能化机器人作战、智能无人集群作战等新的智能化作战方式方法研究，以及智能化作战指挥、智能化作战保障的流程和方式方法等；着眼有效应对智能化作战威胁，研究克敌制胜之策，如智能阻断战、智能扰乱战等。这些理论是智能化战争理论体系的基石。未来以强化"制智权"争夺"算法中心战"为核心的战争理论，极有可能取代以"网络中心战"为核心的战争理论。

（二）着眼跨域互联探索智能化形态

军队组织是联结军事技术和作战理论的纽带，是发挥军队整体作战效能的杠杆。现代作战更加强调"大体系支撑下的精兵作战"，即以联合作战体系为支撑，"精前台、强后台"，按照"一体化设计、模块化编组、组合式运用"的思路，编组精确多能的作战模块，使得作战能量得到最大限度释放。未来智能化战争的体制编制将按战略、战役、战术不同层次和不同军兵种，组建不同类型、不同用途的小型多能智能化新型联合作战部队，更加强调编组能够执行多样化作战任务的"全域化"部队，通过智能化的作战网络，按照可重构性、可扩充性和自适应要求，能够依据敌情、战场环境等态势变化，将单个武器平台进行无缝链接、灵活编组，进而聚合形成体系优势，形成攻防一体的作战模块。智能化新型作战力量体系是人工智能技术发展、新质战斗力形成与战争形态演变的综合产物，是夺取未来全域作战空间主动权的"杀手锏"，是构成一体化联合作战体系的关键，是军队战斗力新的增长点。

（三）着眼人机融合发展智能化武器

随着信息技术、智能技术的发展，谁能在人工智能领域中取胜，谁就有望拥有未来军事对抗的主动权。应着眼智能化战争体系作战和智能化武器装备体系建设的双重需要，搞好顶层设计和整体统筹，编制智能化武器装备体系发展路线图，按计划、有重点、分步骤地研制高中低端、大中小型、远中近程，覆盖陆、海、空、天、电和网络等空间领域，作战与保障相配套的智能化无人作战装备体系，建立"人为主导、机器协助、混合编组、联合行动"的有人/无人协作体系，增强各军兵种和作战、保障等各种智能化武器装备的体系融合度。智能化无人作战系统是未来战争装备发展新趋势。其核心在于瞄准未来战争"零伤亡""全覆盖""快响应"等要求，充分运用新理论、新材料、新工艺、新能源、新技术发展成果，在人机协同和自主行动两个方面不断取得突破，构建战略、战役、战术三级无人装备体系，规模化打造新型智能无人之师，实现无人作战系统的体系化协同作战。与此同时，应着眼无人和反无人、智能与反智能作战需要，注重研发反敌智能化无人作战的武器装备系统，确保能够有效地与敌进行智能化无人攻防对抗。

（四）着眼能力复合创新智能化训练

现代战争专业分工越来越细、整个作战体系越来越复杂，推动作战由人力密集型向技术密集型转变，要求参战人员不仅要具备良好的身体素质，更要具备良好的技术素养和智力优势，以应对不同作战任务、作战环境、作战对手的需要。军事智能化对人的素质提出了更高要求，相应地智能化军事人才应具有人才群体性、技能精尖性、知识复合性、思维创新性、决策智能性等特点。智能化战争将是人机结合共同实施的战争，以智能化无人作战系统为主体的作战力量将发挥越来越重要的作用。高素质人员和智能化武器的有效结合，才能最大程度地发挥作战效能。必须适应智能化战争力量体系新特点，创新发展智能化训练理念，探索智能化战争战斗力生成新模式。当前，人工智能技术能够创设更加"真实"的武器操作体验和战场环境，能够逼真演绎作战进程、辅助决策指挥、评估作战构想。为此，适应智能化战争力量体系构成新特点，聚焦于智能化作战系统自我指挥、自我控制、自我作战能力的提升，充分利用智能化系统能够自我博弈、自我成长的特点，形成专门针对智能化作战系统的训练体系、训练环境和训练机制，强化"人"驾驭智能系统训练，探索以"机"为主体对象的新型训练模式。从而使智能化作战系统经过短期的自主强化训练即可获得作战能力的跃升，以应对未来作战环境无序性、复杂性、不确定性的考验。

（五）着眼精确高效改进保障模式

智能化战场，联合作战综合保障实现度是直接影响部队战斗力生成的重要因素。智能化技术的发展必将触发联合作战保障体系建设的革命性变化，实现智能化综合保障。综合保障是战斗力的基础，是把国家经济实力向部队作战能力转化的桥梁。随着物联网技术的不断成熟，智能化战争更加强调一体保障、精确保障、配送保障，即按需要的量在需要的时间投放到需要的地点。依托一体化保障体系，将分散部署的保障力量和资源，按照补给、物资、维修、弹药和管理等职能模块编组，使其涵盖战斗勤务保障工作的各个领域，依托可视化技术，全程跟踪掌握作战供应现状，根据战况实时发展对人员流、物资流进行信息控制、接收和分发，实现点对点的直达保障。通过运用物联网、无人机、智能车、远程手术、3D打印等技术，升级打造涵盖智能仓储、智能投送、智能维修、智能医疗等智能后装保障体系，实现战场后装物资自动快速精准补给、装备故障快速诊断与维修、战场人员及时救护，变被动保障为主动服务，提升后装整体保障效率和效益。

（六）着眼军民兼用深化智能化融合

人工智能核心关键技术的突破，是应对智能化战争威胁和挑战的"国之重器"。智能技术的快速发展，已经成为军事智能化的加速器。信息时代军用技术和民用技术的界限越来越模糊，可转换性越来越强。积极建立军民协同创新机制，不断强化智能化核心技术创新发展原动力，构建全社会开放的产学研协同创新体系，对人工智能等核心前沿技术前瞻布局、扶持投资，充分发挥整个社会的创新力量，促进军事智能化快速可持续发展。加快推进重点领域技术突破。要聚焦相关重点技术领域，打破制约军事智能化发展的技术瓶颈。加强军事智能化基础支撑领域的研究，例如，军用大数据、军用物联网等；从作战需求出发，加强各个作战要素的智能化应用技术研究，尤其是智能化指挥决策、智能化武器平台、智能化战场感知、智能化对抗技术等方面的研究。军事智能化核

心关键技术的研发，不仅要开展跨学科、跨领域协作创新，还要使社会智能化与军事智能化发展对接并轨，借鉴社会智能化发展的成熟技术和成功经验，推动各类人工智能技术快速嵌入作战要素、作战流程。加快军事智能化发展，应抓紧探索相关人才的培养规律，充分利用军地教育资源，加大相关人才培养力度，为推进军事智能化建设提供坚实的智力支持和人才保障。

鄂豫皖苏区 "28 年红旗不倒"

鄂豫皖苏区首府烈士陵园

鄂豫皖苏区是土地革命战争时期由中国共产党在湖北、河南、安徽三省边界，以大别山为中心区域建立的一块农村革命根据地，是仅次于中央苏区的第二大革命根据地，在中国革命史上具有重要地位。一方面，鄂豫皖苏区在坚守革命老区、创建革命新区过程中起到了重要且积极的作用，川陕和鄂豫陕根据地就是在鄂豫皖苏区被围剿时逐渐建立起来的。另一方面，鄂豫皖苏区创造了"28 年红旗不倒"的奇迹，经历了第一次国内革命战争、土地革命、抗日战争、解放战争等各个时期的革命斗争活动，走出了 1 位元帅、570 位开国将领，200 万人参与战斗，100 多万人牺牲，涌现出像吴焕先家族、大别山"江姐"晏春山和蔡申熙等众多英雄烈士。毫不夸张地讲，鄂豫皖苏区"家家有红军，村村有烈士，山山埋忠骨，岭岭皆丰碑"。

乐 学 好 思

1. 战争的特点包括哪些？
2. 新军事革命经过了怎样的发展演变？
3. 新军事革命的主要内容是什么？
4. 机械化战争的主要特征是什么？
5. 信息化战争的基本特征包括哪些方面？
6. 简述战争形态发展的新趋势。

课堂自测

第五章　信息化装备

学习目标

⊙ 了解信息化装备的定义、分类、对现代作战的影响及发展趋势。

⊙ 了解信息化作战平台的主要内容及发展趋势。

⊙ 熟悉世界主要国家信息化装备的发展情况，激发学生学习高科技的积极性。

本章导读

2017 年 7 月 30 日，新中国成立后首次以庆祝建军节为主题的盛大阅兵在朱日和训练基地举行。这次阅兵共有 12000 名官兵、600 余台（套）地面装备，100 多架战机，展开空地分列式，以战斗姿态接受检阅。

此次阅兵展示的装备是历年阅兵新装备最多的一次，其中 40% 的新型装备是第一次公开亮相，如新型战略核导弹、红旗 -22 防空导弹、99A 主战坦克、电磁保障车辆等。空中梯队受阅的一些机型也是第一次公开亮相，包括运 -20、歼 -16 多用途战斗机、歼 -10C 战斗机等。除此以外，歼 -20 隐形战斗机编队是继珠海航展后首次亮相。

中国人民解放军建军 90 周年大阅兵，展示了中国现代武器装备的发展成果，喻示着人民军队有信心、有能力打败一切敢于来犯之敌！

第一节　信息化装备概述

信息化装备是信息化战争的物质基础，是赢得信息化战争的重要因素。伴随着信息化装备的发展，出现了信息优势战略、信息威慑战略、非线式作战、网络中心战、超视距作战、一体化联合作战等一系列新军事理论。各主要军事大国陆续组建了数字化部队、电子战部队、网络战部队、联合作战部队等新型部队。信息化装备和新的作战理论，导致新军事革命，推动着战争形态由机械化战争向信息化战争演变。

一、信息化装备的内涵

（一）信息化装备的定义

信息化装备，是指信息技术在装备技术构成中占主导地位，信息要素在作战行动中支配物质、能量要素的效能发挥，具有较高信息获取、传输、处理、存储、共享、管理、分发、对抗能力及数字化、智能化、网络化和一体化水平的武器、武器系统和军事技术器材的统称。如精确制导武器、综合电子信息系统、加装了数据链和电子信息系统的飞机、舰船等。

（二）信息化装备的分类

信息化装备按功能分为以下三个方面：一是信息化作战平台，装有多种侦察和信息传感设备，与综合电子信息系统联网，及时而有效地获得敌方目标信息，控制各种武器系统实施快速、精确火力打击，如装有先进电子信息系统和数据链的飞机、舰艇等。二是信息化弹药，能够获取和利用所提供的目标位置信息，修正自己的弹道，准确命中目标，如制导炸弹、制导炮弹、巡航导弹等。三是单兵数字化装备，是士兵在信息化战场上使用的个人装备。主要由一体化头盔分系统、单兵通信分系统、士兵定位系统、武器接口分系统、防护分系统和敌友识别系统等几部分组成。

军事纵横

信息化装备是信息时代装备现代化的显著标志。它以信息技术为基本手段，以实现武器装备互联、互通、互操作为基本途径，以提高装备之间的信息融合能力为基本目标，追求武器装备的信息力，提高火力、机动力和防护能力。信息化装备是在机械化装备的基础上发展起来的，一方面用信息技术对机械化装备进行信息化改造，另一方面发展开放性的（可随时增添新型电子信息系统）新型信息化装备。

二、信息化装备对现代作战的影响

信息技术的飞速发展和广泛应用，已经并正在军事领域引起一系列革命性的变化，其中最直接、最突出的变化，是大量信息化武器装备登上了现代战争舞台，对作战行动产生了巨大的影响。概括起来，主要表现在侦察立体化、防护综合化、打击精确化、反应高速化、控制智能化五个方面。

（一）侦察立体化

在传统战争中，由于受科技与装备发展水平的限制，"眼观六路观不远，耳听八方听不全"。随着信息技术的飞速发展和广泛应用，情况发生了本质的变化。现在，从大洋深处到茫茫太空，布满了天罗地网式的侦察监视系统：水下的声呐，能够偷偷地寻觅军舰和潜艇的踪迹；地面的传感器，能够警惕地注视人员与车辆的动静；空中的侦察飞

美国 RC-135S 导弹监视机

机，能够同时监测高空、低空、地面、海上的各种活动目标。侦察是打击的前提。从一定意义上讲，高水平的侦察监视技术本身就是一种威慑力。侦察能力的差异性，决定了交战双方的不平等性。

（二）防护综合化

"保存自己，消灭敌人"是一切战争的共同原则。由于现代侦察、监视和探测手段具有全方位、全频谱、全天候、全时辰的特点，进攻一方如果不能有效地保护自己，就可能出现"发难者先遭难"的结局。当一架战斗机在重要地区 300 米以上高度飞行时，可能受到 800～900 部雷达的照射，其中可能有 300～400 部雷达以 600～700 个不同频率的波束进行搜索，有 30～40 部雷达跟踪飞机。如果再加上光电探测设备的威胁，战场电磁环境必将更加复杂。这对飞机、导弹等进攻性武器是一个严峻的挑战。在这种情况下，防护的地位显得特别重要。海湾战争中，F-117A 飞机大出风头，且无一损伤，其奥妙之处是借助于外形设计和表面涂料，有效地实现了隐身要求，其雷达反射面只有 0.1 平方米，和一顶钢盔的外表面积大小差不多。

学思之窗

毛泽东指出："一切军事行动的指导原则，都根据于一个基本的原则，就是：尽可能地保存自己的力量，消灭敌人的力量。这个原则，在革命战争中是直接地和基本的政治原则联系着的。"

思考：结合经典战例史实，谈谈你对"保存自己，消灭敌人"这句话的认识。

（三）打击精确化

衡量武器装备的优劣，打击力是首当其冲的要素。传统的武器装备，由于对能量的释放缺乏有效的控制，准确度不高，往往片面追求唯大、唯多和大规模杀伤破坏。信息化装备，强调在"精"字上做文章。所谓"精"，就是要能够"攻其一点，不及其余"，尽量不引起不必要的附带毁伤。根据推算，就杀伤破坏效果而论，精度每提高1倍，相当于增加了3颗弹，增加了7倍当量；精度每提高2倍，相当于增加了8颗弹，增加了26倍当量。提高武器控制精度所产生的效果，与此相仿。正因为精确制导武器有如此的奇效，所以世界各国竞相研制和发展。

（四）反应高速化

虽然历来"兵贵神速"，但因为受技术条件的限制，传统武器装备常常"欲速不达"。在现代战争中，由于充分利用了信息技术的成果，真正做到了机动快、反应快、打击快、转移快。在部队机动速度大大加快的同时，现代武器从发现目标到攻击目标的反应时间也大为缩短。当前，计算机控制的火控系统，能在96秒内操纵4门火炮摧毁35个分离的目标，而传统武器摧毁这些目标需要2小时。在信息化战争中，"被发现就意味着被命中"，现代防空系统的反应时间更是以秒计时。如美制"罗兰特"地空导弹的反应时间为8秒，英制"长剑"地空导弹的反应时间为6秒，法制"西北风"地空导弹的反应时间为5秒。从一定意义上讲，反应的加快等效于距离的缩短，效能的提高。所以，谁的反应速度更快，谁就更易于发挥火力，撤离现场，消灭敌人而不敌所消灭。

（五）控制智能化

由于现代高技术被大量地运用于战争中，在军队的指挥和对各种作战力量的控制水平上呈现智能化的特征：计算机运算速度越来越快，大大加快了对各种信息的处理能力；网络技术的运用，使指挥由树状结构变为网状结构，因而更加快速和准确；传感技术和制导技术的综合运用，使武器装备的射程、威力、精度都几乎达到各自的极限；传感技术、计算机技术、网络技术和通信技术的综合运用，改变了战场评估和信息反馈的方式与质量，甚至变得可以自由地控制战争。因此，在现代战争条件下，交战双方的差距在很大程度上取决于其对作战力量的指挥控制水平。

 军事讲坛

　　"兵不杂则不利。长兵以卫，短兵以守，太长则难犯，太短则不及，太轻则锐，锐则易乱，太重则钝，钝则不济。"

　　出自《司马法》，意思是说，各种兵器不配合使用，就不能发挥威力。长兵器用以掩护短兵器，短兵器用以抵近战斗，兵器太长就不便使用，太短就打击不到敌人，太轻就脆弱，脆弱就容易折毁，太重就不锋利，不锋利就不中用。

三、信息化装备的发展趋势

在信息化条件下，武器装备体系的构成主要可以划分为战场感知装备、指挥控制装备、信息化作战平台、精确打击武器、信息战装备以及相应的作战、后勤与装备保障装备等。不同类型的装备发展趋势各有不同。

（一）战场感知装备：立体化、全谱化、实时化

战场感知装备就是能够以自身携带的感知器材获取战场信息、兵力信息、装备信息的军事装备的统称。立体化是指陆海空天各个维度都有战场感知能力。尤其是航天信息获取装备的发展，显著提升了战场感知能力，如提高分辨率、通信带宽、定位精度、缩短回访周期等，对现代战争的力量增强效果越来越明显。全谱化是指能够在全频谱的范围内获取信息。从可见光到短波、红外、紫外、微波、激光，几乎整个频谱波段都有感知装备的存在，极大地丰富了战场感知能力。甚至一些战场感知装备可以穿透地表，获取地下隐蔽的目标或采取伪装措施的目标信息。实时化就是能够全天时、全天候地感知战场情况。随着立体化、全频谱战场感知装备数量的增多，尤其是太空、临界空间感知装备的大量出现，战场信息的实时化将成为现实。

（二）指挥控制系统：栅格化、全球化、智能化

指挥控制系统是链接战场感知装备、武器平台、指挥控制中心等的一系列装备的综合系统，具有信息处理、信息分发、战场态势显示、指挥决策等能力，是现代信息化条件下，实施作战的指挥枢纽和神经网络。栅格化，即各种网络的无缝、智能链接，增强了网络系统的抗摧毁和抗干扰能力。全球化就是通过栅格化的网络、太空的卫星实现全球化的、实时的作战指挥。智能化是指挥控制系统的终极目标。对战场目标信息的智能化处理，对作战目标的智能化打击，将极大地提升作战指挥的效率。随着计算机能力的不断提升，战场感知的实时化和作战平台的无人化，作战行动的智能化决策控制将是必然的发展趋势。

（三）作战平台：隐身化、无人化、远程化

作战平台是实施作战的基础。现代坦克、飞机、舰艇是作战平台的典型代表。随着军事技术的发展，作战平台的战术技术性能也得到了根本性的改变。隐身化是作战平台发展的一个标志和里程碑。隐身的实质是降低目标的被探测性，使雷达等探测装备的探测距离降低或失去探测能力，从而提高平台的生存能力和突防能力。无人化也是未来作战平台的一个重要发展。无人机不仅广泛地应用于侦察、监视，更重要的是发展无人作战飞机。无人作战飞机在无人、远程、隐身等方面，对未来作战样式将产生重要影响。远程化就是实现洲际快速打击。过去主要是核武器的洲际打击，现在是发展常规洲际打击。

（四）打击武器：精确化、系列化、高速化

打击武器是各种导弹、炮弹、炸弹、水雷、鱼雷等攻击性、毁伤性武器的统称。精

确化就是提高打击武器的精度，实现精确打击、点对点打击。现在导弹、炮弹、炸弹甚至弹药都实现了精确制导。系列化就是打击武器的多用途、多平台、多种制导方式，以满足不同作战条件下的使用。高速化就是打击武器的超高音速飞行，也包括平台的超高速飞行。现在的巡航导弹大部分都是亚音速，速度慢容易被击落。提高打击武器或平台的飞行速度，既可以提高突防能力，更可以增强打击效果。

经典战例

摩苏尔战役：精确作战

2016年10月至2017年7月，美国主导的打击"伊斯兰国"国际联盟对伊拉克第二大城市摩苏尔发动进攻。联军依靠其精心打造的情报支持，运用精确制导武器系统，对"伊斯兰国"实施精确打击。联军使用的火力精度远远超过历史上的任何时期，伊拉克安全部队在联军精确火力掩护下，通过机动行动占领阵地，最终击败了"伊斯兰国"。在为期10个月的战事中，面对一个隐藏在城市之中、蓄意顽抗到底的对手，美国及其盟国的精确武器精确地将这座城市的建筑一次次夷为平地。从联军角度看，联军打击目标与其宣称的作战初衷基本吻合，对目标的"精确作战"达到了预期效果。

（五）信息对抗装备：多能化、智能化、综合化

信息对抗装备主要包括电子对抗装备和网络对抗装备。由于武器装备的信息化、网络化程度不断提高，使用电磁频谱和网络，形成一体化的武器装备体系，是现代武器装备的一个典型特征。作战的对抗就是体系的对抗，因此针对广泛使用电磁和网络的武器装备的对抗就成为现代战争的首选，而且这种对抗贯穿于战争的始终。多能化、综合化的装备发展体现在电子对抗装备领域，即发展多频谱的对抗装备和多手段的对抗装备，如干扰、欺骗、致盲等。智能化、综合化的发展体现在网络对抗装备领域。由于网络的栅格化、自主化发展，网络对抗将同时向着更加智能化、多能化等方向发展，以形成有效的抗击手段。

第二节　信息化作战平台

信息化作战平台，即信息化武器及其载体的总称。它包括信息化的坦克与装甲车、火炮与导弹发射装置、飞机以及舰艇等作战平台。在信息化战争中，信息化作战平台与各种先进的打击系统结合在一起，可以极大地提高武器系统的综合作战效能，对取得战争的胜利具有举足轻重的作用。世界各国尤其是军事大国和强国都非常重视发展作战平台，尤其是信息化作战平台，注重提高作战平台的信息化程度。信息化作战平台主要包括信息化陆上作战平台、信息化海上作战平台和信息化空中作战平台等。

一、信息化陆上作战平台

（一）信息化陆上作战平台的发展历程

20世纪70年代，陆军信息化作战平台开始出现，主要有初步信息化的坦克、步兵战车和火炮。当时研制的坦克配备了热成像瞄准镜、指挥仪、数字式火控系统等信息系统，使其探测、识别目标的距离增大，反应时间缩短。其中最具代表性的有1985年装备美军的M1A1坦克、1976年装备苏军的T-80坦克等。M1A1坦克配有先进的探测和火控系统，

美制M1A1坦克集群冲锋

可先敌发现目标并在恶劣天候条件下作战。80年代开始服役的步兵战车，如美军装备的M2"布雷德利"步兵战车，采用了先进的指挥控制和火控系统，作战效能明显提高。火炮加装了先进的火控系统和多种电子设备，反应能力、生存力、杀伤力和可靠性均有大幅提高，美军的M270多管火箭炮和苏军的2S19型152毫米自行榴弹炮，就是其中的典型代表。

海湾战争后，美国广泛采用信息技术，注重以研制和改造相结合的方式发展信息化陆上作战平台。陆军主要研制与装备了M1A2坦克、M2A2"布雷德利"步兵战车。M1A2主战坦克于1993年开始装备于美军。它在M1A1坦克的基础上增加了战场管理系统、敌我识别装置、多目标捕捉系统、抗干扰装置、嵌入式数字化通信系统和改进型热成像仪等，成为典型的陆上信息化作战平台。这一时期，为英国陆军研制的挑战者-2主战坦克也于1994年开始装备部队，它具有全新的战斗系统和瞄准装置。法国陆军开发的"勒克莱尔"坦克在世界上首先使用模块化装甲和综合战场管理信息系统，该战场管理信息系统采用MIL-STD1553B数据总线结构，可将各种电子设备的微处理器连接在一起。德国陆军自主研发的PzH-2000自行榴弹炮和"猎豹"35毫米双管自行高射炮，也是当时较为先进的信息化陆上作战平台。为了节约军费，德军重视对现有的主战装备进行信息化升级改造，主要陆战项目有"豹"2主战坦克改造计划，重点是提高其装甲防护能力和火力；"猎豹"自行高炮和"罗兰"防空导弹改造计划，主要是提高其技术战术性能。日本陆上自卫队开发和装备的90式主战坦克配有自动装弹机、先进的射击控制系统、热成像瞄准系统、激光测距仪等，其传动装置采用电子全自动控制，总体性能超过美国的M1A1坦克和德国的"豹"2主战坦克。

相关链接：

"豹"2坦克

进入21世纪后，美国陆军研制的信息化作战平台主要有以下5种：具有单炮多发

同时弹着能力、能实施远程精确攻击的非直瞄火炮；装备火炮、地地导弹和机关炮的乘车战斗系统；能在各种地面作战环境中遂行多项任务的装甲运输车；与 C⁴ISR 系统联网的指挥控制车；装有多种传感器，具有对目标进行探测、定位、跟踪、分类和自动识别能力的侦察监视车。另外，美军还对 M1 "艾布拉姆斯"系列主战坦克和 M2/M3 "布雷德利"步兵战车等进行了进一步的信息化改造。英国的信息化陆上作战平台主要是：2008 年装备部队的"轻型轮型炮兵武器系统"；装备"未来快速奏效系统"的轻 / 中型装甲车辆；挑战者 -2 主战坦克升级项目以及 M270 式火箭炮改进项目。德国陆军则研制了"美洲狮"和"澳洲野狗 -2"装甲步兵战车、"拳击手"装甲运输车与指挥车等。日本陆上自卫队 2009 年装备了配有"未来快速作战系统"的新型坦克，其重量比 90 式坦克轻 10 吨，采用模块化复合装甲和 120 毫米滑膛炮，2008 年开始交付使用的新式装甲车采取通用型轮式车体设计，机动性能明显提高。

军事纵横

号称"陆战之王"的中国 99A 型主战坦克具有强大的火力系统，配备了可装载复杂弹种的 125 毫米滑膛炮，还具有炮射导弹，可对目标实施打击。此外，99A 型主战坦克的最大特点是信息化能力强，使得车长能够知晓整个战场态势，使车与车之间有信息链相连，可互相指示目标，指挥者可以指挥多台战车的战术动作。同时，99A 型主战坦克还具备红外瞄准具、微光夜视仪、激光瞄准具等，并且发动机马力也比 99 式坦克大得多，已赶上了世界先进坦克的动力。该坦克安装了先进的车内自动灭火抑爆系统和"三防"系统，其自动灭火设备对车内火源的反应时间小于 0.1 秒。此外，该坦克还采用了先进的综合火控系统。

（二）信息化陆上作战平台的发展趋势

21 世纪，陆战武器装备的发展重点是提高信息力、火力、生存能力和战场机动能力，实现标准化、通用化和系列化。近年来，世界各国调整了陆上作战平台的发展进度，加快了对现有装备的改进和提高，其主要发展趋势如下。

1. 全面应用先进信息技术

近年来，美、英、法等发达国家都在先期概念演示验证的基础上开始研究下一代主战武器系统，正将资金从传统平台的研制转移到发展信息化装备平台上。新的主战系统将发展成为以网络为中心的"系统之系统"，即由侦察车辆、指挥控制平台、独立的火力压制系统、地面战斗与人员输送车辆以及用于支援作战的无人机等功能平台构成的大系统，集侦察、监视、目标搜索、火力打击、保障等功能于一体。

2. 进一步提高机动性能

提高机动性能的重点是提高陆上作战平台的越野机动性、加速性和转向性。这些性能与平台的动力传动装置、操纵与悬挂系统的性能水平、单位功率、履带接地压力以及负重轮行程和发动机的加速性等有关。其中，动力装置的发展趋向是：除继续改进增压、中冷柴油发动机外，燃气轮机的采用将逐步增多，并将进一步研究陶瓷绝热发动机；传动装置的发展重点是：设计先进的综合推进系统，采用电子操纵，增大功率密度（单位体积功率），达到结构紧凑、传递功率大、操纵维修方便等目的。此外，液气悬挂使用增多，并有可能出现主动式悬挂系统。为进一步提高作战平台的战场机动性，还提出在平台上建立战场管理信息系统，安装显示器，供乘员阅读地图信息，配设导航仪，明确敌我配置态势等。

3.进一步提高生存能力

较强的生存能力是保持战斗力必不可少的条件。由于现代探测技术的长足进步和精确制导技术的飞速发展，来自空中的威胁越来越大，对陆上作战平台的战场生存构成了严重威胁。因此，未来陆上作战平台将通过多种途径，全面系统地提高平台的防护性能。进一步提高生存能力主要包括以下几个方面：一是采用隐身技术来提高防护能力；二是大量采用复合装甲提高车体的防护能力，重点是研究新型复合装甲、反作用装甲和主动防护系统；三是陆上作战平台的总体结构设计将有新的突破，主要是继续探索顶置火炮式坦克方案与遥控车组方案。

4.发展系列化、通用化作战平台

系列化是根据某类产品或装备的使用需求和发展规律，按一定序列排列其主要性能参数和结构形式，有计划地指导产品的发展，以满足广泛需求的一种标准化方法。如美国陆军的 M 系列的坦克装甲车，俄罗斯的 T 系列坦克等都是系列化的地面主战装备。通用化是将现有的或正在研制的具有互换性特征的通用单元用于新研制武器系统的一种标准化方法。未来将把导弹和火炮综合在同一辆装甲车上，以便构成弹炮一体化武器系统，使坦克具有直射、间射和对空作战能力。例如，"新型装甲作战平台（NGP）"装上不同的武器，就可以分别作为成为主战坦克、步兵战车或防空系统使用。

（三）信息化陆上作战平台在海湾战争中的运用

在海湾战争中，100 小时惊心动魄的地面作战，既让人们看到了机械化战争时代大规模集团进攻的缩影，更让人们认识到了空地一体战的巨大威力。由于大批高技术武器装备的使用，海湾战争的地面作战展现出许多崭新的内容。

1.战争中使用的主要地面作战装备

为进行地面决战，多国部队投入了大量的地面作战装备，包括 6000 辆（美军 3000 多辆）主战坦克、大量的装甲车辆和火炮，其中很多都是高技术武器装备。

（1）M1A1 主战坦克。美军投入的 2316 辆 M1A1 和 654 辆 M1A1HA 以良好的三防能力和卓越的战斗性能，成为对抗伊军 T-72 主战坦克和进行直接火力攻击的有力武器。

（2）M2 和 M3 "布雷德利"步兵/骑兵战车。美军投入 2200 辆（M1A1 占 32%，M1A2 占 48%），其车载热像瞄准具可以全天候捕获目标，"陶"式反坦克导弹可在 2500 米～ 3000 米上准确摧毁装甲目标。它们与 M1 主战坦克协同作战，是实施快速地

面进攻作战的有效武器。

（3）M270多管火箭炮。美军部署189部。它是唯一能跟上快速机动部队的野战炮兵武器，具有机动性强、杀伤力大、用途广等突出特点，可以非常有效地对多种地面目标进行面杀伤，并能发射陆军战术导弹进行快速远程精确打击。

在科威特战区，伊军部署了大量的坦克、装甲车辆和火炮，包括数百辆T-72，其战斗性能与M1A1基本相当。但由于遭到空中火力的重创，伊军损失坦克3700多辆，剩下的1000辆坦克未能组织起有效的防御作战。在夜战装备、C⁴I系统等高技术武器装备的数量和质量上，多国部队都明显超过伊军，总体上占有绝对的优势。

2. 地面作战装备的作战运用

（1）战场火力准备。战场火力准备包括空中火力准备、海军火力支援和地面火力准备。伊军在一线部署了大量的火炮，且射程较远，往往超过多国部队的火炮射程，因此，多国部队地面火力准备的主要任务是压制和摧毁伊军火炮。一般由无人机搜索和识别伊军炮兵阵地，然后主要由攻击直升机、飞机将其摧毁。地面部队的火炮和多管火箭炮则以火力突击摧毁伊军一线炮兵阵地和防御工事，仅第7军的炮兵部队就发射了1.4万枚炮弹和4900枚火箭弹。

（2）地面快速突击。在"沙漠军刀"行动中，多国部队向科威特战区伊军的右翼和后方进行了大范围的穿插和迂回，为包围和歼灭伊军奠定了基础。使用装甲部队进行大规模作战，是取得地面作战胜利的关键。如美陆军第7军装备1400多辆坦克和1200多辆"布雷德利"战车，其规模之大史无前例。而地面作战的成功在很大程度上依赖于M1A1主战坦克强大的综合作战能力。M1A1是美军装甲和机械化部队的中坚，在快节奏、复杂的进攻作战中表现十分出色。在如暴雨、大风、沙暴和油田燃烧产生的浓烟等恶劣天气和能见度很差的情况下，M1A1可昼夜不停地进行作战。M1A1解决了在行进中射击运动目标的难题，可以依靠先进的目标探测和火控系统先敌开火并摧毁目标，甚至后退到伊军坦克炮的射程以外进行打击。在一次交战中，美军第1装甲师第2旅在45分钟内摧毁了伊军100辆坦克和30辆装甲输送车。

二、信息化海上作战平台

（一）信息化海上作战平台的发展历程

从20世纪50年代起，美、苏、英、法等国就开始在作战舰艇上加装各种信息系统。到80年代，不少作战舰艇已初步实现信息化，新建航母都装有各种对空、对舰导弹，对空、对海、导航、空中管制等多部雷达，卫星通信系统和作战数据链，飞机战术导航系统，指挥控制系统以及电子干扰和诱饵发射装置等；巡洋舰、驱逐舰和护卫舰等水面战舰配备了各种雷达、水声探测装置、通信设备、编队与本舰作战指挥系统、作战武器控制系统等；潜艇配有综合声呐系统、电子战设备、雷达侦察仪、无线电通信系统、无线电导航系统、自动消磁系统以及作战指挥与武器装备系统，具有较强的探测、攻击和防御能力。这种初步信息化作战平台的出现，使人与武器之间可以通过手控操纵各种自动化和信息化装置，实现对"信息流"的控制，进而实现对化学能、电能和原子能的有效控制与精确释放，大幅提高了作战效能。

海湾战争后，美国进一步加强信息化海上作战平台建设。海军建造并装备了"伯克"级导弹驱逐舰，对"提康德罗加"级导弹巡洋舰和 SH-60 系列舰载直升机进行了信息化升级。1991 年，首舰"伯克"级（DDG-51）导弹驱逐舰服役，它是当时世界上吨位最大的驱逐舰，装有"战斧"巡航导弹、"鱼叉"反舰巡航导弹、"标准"型防空导弹、"阿斯洛克"反潜导弹等武器系统以及"宙斯盾"防空系统。英国海军的"美洲狮"号隐身导弹护卫舰于 20 世纪 90 年代中期进入现役，该舰配有"超级大山猫"式直升机，其主要作战系统包括 SSCS 改进型作战管理系统、"海狼"防空导弹、"海贼鸥"反舰导弹、有源拖曳阵列声呐、MK 型深水炸弹和综合通信管理系统等。法国海军研发的"拉法耶特"级隐身护卫舰具有良好的红外隐身和声隐身性能，其雷达反射截面积仅相当于一艘 500 吨级的巡逻艇。日本海上自卫队建造了具有远洋作战能力的大型水面作战舰和扫雷大型水面作战舰艇配有"宙斯盾"战斗系统的"金刚"级驱逐舰和"村雨"级多用途驱逐舰；扫雷舰艇有"浦贺"级扫雷支援舰、"八重山"级远洋扫雷舰和"菅岛"级扫雷舰等。

进入 21 世纪，美国海军打造全新的海上信息化作战平台，建造了"濒海战斗舰"和 CVN-21 新一代航母。"濒海战斗舰"是一种适合于近海作战、快速敏捷和网络化的水面舰艇，其首舰"自由"号已于 2008 年 8 月 21 日进行海试。CVN-21 航母之首舰"福特"号于 2008 年开始建造，2015 年开始服役。这些新型战舰将配备联合指挥控制系统终端，取代已有的海军全球指挥

美国海军"福特"号航母

控制系统终端；装备先进的综合舰载网络系统以及 MFR/VSR 多功能雷达；设有开放式、集成度高、决策能力强的指挥中心，具有很强的指挥控制能力。与此同时，海军进一步对"提康德罗加"级巡洋舰进行信息化改造，提升其指挥控制能力和战场态势感知能力；对"弗吉尼亚"级攻击核潜艇进行信息化改装。英国海军在 21 世纪的信息化海上作战平台主要有：2006 年 12 月公布的"战略导弹核潜艇研制计划"，决定研制 3 ~ 4 艘新型弹道导弹核潜艇；2007 年 7 月实施的"新型航母建造计划"，建造了两艘航母，分别于 2014 年和 2016 年开始服役；同时，实施信息化改造为主的"45 型驱逐舰建造计划"。日本海上自卫队建造的大型信息化海上作战平台，主要有 1 艘 2900 吨级潜艇、1 艘 1.35 万吨级直升机导弹驱逐舰以及 2 艘 7700 吨级新型"宙斯盾"驱逐舰。印度海军也大力建造了 4 类信息化海上作战平台，包括航空母舰、"先进技术"核潜艇、"鱿鱼"级潜艇和隐身护卫舰。

军事纵横

　　航空母舰是一种以舰载机为主要作战武器的大型水面舰艇，依靠航空母舰，一个国家可以在远离其国土的地方进行作战，航空母舰也是一个国家综合国力的象征。山东舰作为我国第二艘航空母舰，是我国真正意义上的首艘国产航母。从2013年开工建设到2019年交付海军，它经历了6年时间，也是我国国防装备建设的一个重大里程碑。山东舰立足国内自主设计建造，重点解决了航母总体设计、船体建造、主动力装备国产化研制等问题，提高了综合作战效能和综合保障水平。

（二）信息化海上作战平台的发展趋势

1. 水面舰艇的发展趋势

　　随着高新科技的发展和海上作战的需要，水面舰艇将向大吨位远续航力和提高综合作战能力的方向发展，使之在现代海战中充分发挥"基本兵种"的作用。根据目前掌握的资料分析，水面舰艇的发展将主要集中于以下几个方面。

　　（1）研制新型导弹发射装置，提高水面舰艇的作战能力。各种类型的舰载导弹，是水面舰艇的主要攻防武器。导弹的携带数量是构成水面舰艇作战能力的主要因素。水面舰艇以往采用的臂式发射架、箱式发射架等，较为笨重，需占用较大空间，战斗使用也不够简便，限制了舰艇携带导弹的数量。随着导弹垂直发射技术的研制成功，新型导弹发射装置将采用"井"式结构，可使每艘舰所携带的各型舰载导弹达到上百枚，从而极大地提高大中型舰艇的海上作战能力。

　　（2）采用新型动力装置，提高水面舰艇的机动能力。动力装置是水面舰艇的"心脏"，其性能决定了水面舰艇的机动能力。与航空兵器相比较，水面舰艇的机动能力差是一个十分明显的弱点。采用新型动力装置，提高水面舰艇的机动能力，是水面舰艇发展上的一个重要方向。目前，水面舰艇采用的动力装置有核动力装置、蒸汽轮机动力装置、内燃机（主要是柴油机）动力装置和燃气轮机动力装置。其中，燃气轮机动力装置是一种新型动力装置，越来越多地在各型水面舰艇上采用。为了弥补燃气轮机耗油量大的缺陷，各型水面舰艇往往把燃气轮机和其他发动机组成联合动力装置，通常采用的联合方式是柴燃联合装置和全燃联合装置。

　　（3）采用隐形技术，提高水面舰艇的隐蔽性。机动能力低，隐藏性差，易被发现和遭到攻击，是水面舰艇的主要弱点。提高水面舰艇的隐蔽性，实质上就是提高水面舰艇的生存能力。随着隐形技术的发展和在水面舰艇上的广泛应用，这个弱点可望得到解决。当前水面舰艇所采用的隐形技术主要有两个方面：一是尽可能地减少雷达波的反射面积；二是采用降噪技术，将舰艇的主机与舰壳相隔离，舰壳的振动大为减轻，明显地降低了噪声。

（4）研制新船型。船型是一种船舶区别于其他不同类型船舶的综合特征。开展对船型的研究，探索适合建造各种水面舰艇的新船型，对水面舰艇的发展具有深远的战略意义。研究适合水面舰艇的船型，其目的和要求是：提高水面舰艇的机动能力；提高水面舰艇的隐蔽性；提供更大的空间，以装载更多的武器装备。根据资料分析，正在探索、研究的新船型有多种。其中，引起关注的主要有半潜型和深 V 型三体舰。

2. 潜艇的发展趋势

潜艇的发展趋势包括以下几个方面：以高新技术为导向，广泛采用综合减振、降噪技术和磁隐身技术，提高潜艇的安静性和隐蔽性；采用高强度耐压壳体材料和非金属复合材料，增大潜艇下潜深度，减轻艇体结构重量；提高反应堆及一回路自然循环能力以增强核动力装置的固有安全性；进一步开发和完善燃料电池、闭式循环柴油机、斯特林发动机、安全可靠的小型核动力装置等不依赖空气的新型动力装置，研制性能先进的超导、永磁电机，实现更高水平的全电推进系统，提高常规动力潜艇的水下续航力，减少暴露率；进一步提高综合声呐、舷侧阵声呐、拖线阵声呐的性能以增大水下探测距离和精度，并增强水声对抗能力；采用重力匹配、地形匹配、地磁匹配等技术，提高潜艇自主导航能力，获得更精确的目标坐标和运动参数；提高作战指挥控制系统的自动化和智能化；进一步探索未来的新概念潜艇，在艇体外形、结构形式、能源、武器等方面建立起与传统潜艇概念完全不同的新的理念和模式，以安静型、信息化和新概念武器综合集成为主要标志，使潜艇的综合作战能力产生新的跨越。

相关链接：

南昌舰

（三）信息化海上作战平台在海湾战争中的运用

海湾战争中，由于伊拉克海军十分弱小，海上作战显得微不足道，无法与大规模空中作战、快节奏的地面作战相提并论。但多国部队海军仍然投入了大量的高技术武器装备，并在战争中发挥了重要作用，也对海上力量的运用方式产生了重大影响。多国部队部署了 230 艘舰艇，美海军投入了 6 个航母战斗群、4000 多架舰载机和 240 多架海军陆战队飞机以及大量的直升机。这些高技术武器装备的作战运用十分广泛，不仅直接用于海上作战，而且在空中作战和地面作战中也发挥了重要作用。

1. 反舰作战

反舰作战的任务是摧毁伊海军全部水面作战舰艇和布雷艇，将伊海军赶回到波斯湾北部，以防其进攻或威胁多国部队。美国、英国、沙特阿拉伯和科威特海军承担了主要作战任务，阿根廷、澳大利亚、加拿大、丹麦、法国、意大利、荷兰、挪威、西班牙等国海军参加或支援了反舰作战。美军 A-6E、F/A-18、F-14 和 S-3A/B 等舰载机、

P-3C 和英国"猎迷"海上巡逻机、美海军 SH-60B、英国"大山猫"和美陆军 OH-58D 等直升机也直接参战。把在波斯湾北部的伊海军舰艇与巴士拉、祖拜尔、乌姆盖斯尔的港口设施和海军基地隔离开来，将更多的伊军舰艇封锁在港内，并最终掌握了波斯湾北部海域的制海权。在整个反舰作战中，多国部队击毁或击伤伊军 143 艘舰船，伊拉克所有海军基地和港口被严重毁坏，基本上全军覆没，未对多国部队海军发动过任何攻击。

2. 防空作战

防空作战的主要任务是在波斯湾建立和保持空中优势。伊空军 4 种战机具备反舰攻击能力：32 架可发射 2 枚"飞鱼"反舰导弹的"幻影"F1 战斗机；4 架可携带"蚕"式空舰导弹的轰-6D 远程轰炸机；25 架可携带 AS-7、AS-9、AS-14 等空舰导弹的苏-24；"超黄蜂"直升机可发射 2 枚"飞鱼"反舰导弹。它们对多国部队水面舰艇构成了空中威胁。为此，中央总部海军成立了防空作战司令部，负责指挥和控制舰艇编队的防空作战。作战兵力包括波斯湾上的 4 艘航空母舰、9 艘"提康德罗加"级巡洋舰、12 艘驱逐舰和护卫舰。尽管伊军在战争中无法主动出击，多国部队仍起飞 3805 架次舰载机执行海上防空作战任务。

3. 反水雷战

反水雷战的主要任务是为实施舰炮火力支援的战舰和可能发动的两栖突击开辟一条通向科威特海岸的通道。伊拉克有 11 种不同型号的水雷，战前在费莱凯岛到科威特边界南端 230 千米长的弧线内布设了 1167 枚水雷。为了扫除水雷，中央总部海军成立了反水雷大队，共 20 余艘反水雷舰艇，6 架 MH-53E 扫雷直升机和 20 多个爆破排雷小分队，还部署了多种未经试验的扫雷装备，如第一艘"复仇者"级扫雷舰和一批感应式、机械式扫雷装置等。反水雷大队首先在科威特以东 100 千米海域扫出一条长 24 千米、宽 300 米的通道。为配合扫雷，多国部队摧毁了科威特海岸的伊军"蚕"式反舰导弹。多国部队海军遇到的最大威胁就是水雷，而对付水雷的办法并不有效，几乎所有行动都受到影响。在扫雷过程中，美舰"特里波利"号撞上一枚触发锚雷，受到重创；美舰"普林斯顿"号触发一枚感应式沉底雷，舰体遭到破坏。直到海湾战争结束，扫雷工作也没有完成。

4. 两栖佯动

进入波斯湾的两栖部队为中央总部提供了一支机动性很强的作战力量，包括美军第 4 和第 5 陆战远征旅及第 13 陆战远征分队，约 1.7 万人，31 艘两栖舰船和 1 艘修理船，17 艘气垫登陆艇和 13 艘通用登陆艇，115 辆两栖突击车，34 辆坦克，19 架 AV-8B 攻击机和 136 架直升机。多国部队虽未进行两栖突击，但一直进行两栖作战的威胁和佯动欺骗，牵制了伊军 10 多个师。同时，还实施了一系列作战行动，如攻击乌姆迈拉迪姆岛、佯攻费莱凯岛和谢拜赫港口设施以及第 5 陆战远征旅登陆等，有力地策应和支持了地面作战行动。

三、信息化空中作战平台

（一）信息化空中作战平台的发展历程

20 世纪七八十年代，美、苏、法等国装备了第三代先进作战飞机。美国空军装备了 F-15、F-16 战斗机和 F-117A 隐身战斗机等。F-117A 隐身战斗机表面覆盖吸波涂料，能将电磁波的反射能量集中在几个凸起的点上，使雷达截面显示只有 F-15 战斗机的 1%。飞机排气管释放的红外辐射经过冷处理后也十分微弱，因此使红外探测装置难以发现。该机于 1982 年 8 月开始装备美军，在后来的几场局部战争中都有出色的表现。1994 ～ 1995 年，美国操纵北约干涉波黑战争。在美国主导的北约空袭行动中，F-117A 隐身战斗机作为当时最先进的信息化空中作战平台，具有不俗表现。

20 世纪 80 年代，苏联空军装备了苏 -27 战斗机。1983 年，苏联空军装备的米格 -29 第三代战斗机配有先进的自动搜索与跟踪系统，可遂行截击、护航、对地攻击和侦察等任务，主要用于超视距空战和视距内对地攻击。该战机可同时发现和自动跟踪 10 个目标，并对其中 1 个目标实施攻击。1985 年装备苏联空军的苏 -27 战斗机装有先进的相干脉冲多普勒雷达搜索瞄准、光学定位光电瞄准、头盔目标指示、驾驶导航、电子对抗和通信等系统。这一时期，法国的幻影 2000 通过安装计算机控制的导航与攻击系统，实现了导航、攻击、显示一体化。

海湾战争后，美军注重以研制和改造相结合的方式发展信息化空中作战平台。美国空军研制了 B-2 隐身战略轰炸机和 F-22 隐身战斗机。B-2 隐身战略轰炸机雷达反射截面积仅相当于一只小鸟，具有很强的隐身能力；配有 AN/APQ-118 雷达、TCN-250 塔康导航系统和 ICS-150X 通信系统等，具有远程作战能力；可携带 16 枚空地导弹和巡航导弹等，具有较强的突击能力。F-22 战斗机属于第五代战机，集隐身技术、超级巡航技术和航空电子技术于一身，携载 2 枚"响尾蛇"导弹、6 枚 A1M120 中程空空导弹，具有灵活敏捷、杀伤率高、支持能力强的特点。

相关链接：
B-2 隐身战略轰炸机

英国与德国、意大利、西班牙联合研制的 EF2000 欧洲"台风"战斗机的首架原型机，于 1994 年 3 月进行首次试飞，并于 2000 年定型生产，它采用了大量隐身技术，增加了机载设备，包括多功能脉冲多普勒雷达、集成防卫辅助子系统、红外搜索与跟踪系统和北约标准数据总线等。法国空军研制了"阵风"战斗机、幻影 2000 改进型战斗机等。"阵风"战斗机分为空军

法国空军幻影 2000 战斗机

型和海军型两类，空军型装有 3 波道数字化飞行控制系统、自动化地形跟踪系统和全球定位系统以及多种传感器，能遂行多种作战任务。幻影 2000 改进型战斗机有 3 个型号：幻影 2000-5 战斗机能同时跟踪 8 个目标，发射 4 枚空空导弹攻击不同的目标；幻影 2000-9 不仅移植了"阵风"战斗机的模块化数据处理器，而且其雷达性能也有很大改进；幻影 2000N 战斗机装有羚羊 -5 雷达和惯性导航系统，可挂载常规导弹和核导弹。德国空军对 F-4F 和"旋风"式战斗机实施信息化改造，使前者具备同时攻击多个目标的能力，后者则提高了侦察能力、精确打击能力和自我防护能力。日本于 1997 年从美国引进了 4 架 E-767 大型空中指挥预警机，实现了直接与地面"巴其"防空系统、各种战斗机和 E-2C 预警机联网，使自卫队的防空能力提高了 15 ～ 30 倍，拦截来袭目标的能力提高了 35% ～ 150%，预警时间增至 30 分钟。

进入 21 世纪后，美国空军开始装备 F-22 "猛禽"战斗机，并开始研制 F-35 "联合攻击战斗机"。2006 年，常规起降型 F-35A 完成首飞；2008 年，短距起飞 / 垂直降落型 F-35B 完成首飞；舰载型 F-35C 试验机于 2009 年首飞。同时，美国空军还对 B-52H 战略轰炸机、B-2 轰炸机等进行了信息化升级与改进。英国空军先是完成了对 24 架 GR9 型"鹞"战斗机的信息化升级，继而对 12 架"猎迷"战斗机、E-3D 型预警机进行信息化改造。印度空军研制的新型战斗机有轻型、中型和多用途三种。2008 年 11 月，"光辉"轻型战斗机完成首次夜间试飞。它装有数字式飞行控制系统和 PS-05 多功能雷达，配备法制"魔术 - Ⅱ"空空导弹和自行研制的"阿斯特拉"空空导弹。此外，印度空军拟投资 23 亿美元研制中型战斗机，以取代"美洲虎"和幻影 2000H 战斗机。

军事纵横

歼 -20 是我国适应未来战场需要，自主研发的首型第四代超音速隐身战斗机。歼 -20 的机身长 21.2 米，高 4.69 米，翼展 13.01 米，最大飞行速度达到 2.0 马赫。2011 年 1 月 11 日在成都实现首飞。2016 年 11 月 1 日，空军试飞员驾驶歼 -20 战斗机在第十一届珠海航展上空进行飞行展示，这是中国自主研制的新一代隐身战斗机首次公开亮相。2018 年 2 月 9 日，中国自主研制的新一代隐形战斗机歼 -20，开始列装空军作战部队。

（二）信息化空中作战平台的发展趋势

随着信息技术推动空中作战平台不断发展，信息化水平进一步提高，其发展趋势有如下几点。

1. 更加注重多用途作战能力

未来的战斗机将向多用途战斗机发展，因此在设计、研制时就要求兼有对地面打击和电子战的多用途作战能力。"一机多用"或"一机多型"将成为战斗机发展的标准模式。同时，战斗机与攻击机的界限也将越来越模糊。未来的运输机通过功能模块的变更与替换，或经过适当改装，也可以变成多用途的飞机。

2. 更加强调隐身性能

现役的战斗机 F-22、轰炸机 B-2A 等都具备了良好的隐身性能。目前，美国、俄罗斯正在研制的新一代作战飞机更加强调隐身性能。例如，具有隐身特点军用运输机，能向战区运送部队和军事装备，以及大规模毁灭性武器；直升机采用现代化的传感器和先进的复合材料技术以及各种吸波材料涂层，使其雷达反射截面、红外特征值减小，提高其隐身性能。

3. 无人作战平台向实用化方向迈进

无人机的造价低，隐蔽性能好，生存能力强，而且不受人的生理条件限制，在现代战争中有广泛的用途。采用高技术研制新型的无人机将是空中作战平台今后发展的一个重要方向。自主式无人机和遥控机器人无人机除继续执行战场监视、侦察、电子对抗、通信中继、战场运输、气象监测和模拟假目标等任务外，还可执行空战和对地攻击任务，其作用将越来越大。

4. 提高电子对抗能力

除专用的电子对抗飞机外，一般的作战飞机自卫电子对抗设备将进一步发展。除进一步扩大频宽、增大有效辐射功率外，还将发展以电子计算机为核心的自适应系统。这种系统能在复杂的电磁环境中截获、分析和处理各种电磁信号，并根据这些信号反映出的威胁类型和程度自动选择对抗措施。

经典战例

贝卡谷地空战：电子战制胜的经典之作

贝卡谷地之战，是以色列与叙利亚在第五次中东战争（亦称"黎巴嫩战争"）中，为夺取制空权和地区控制权展开的一场空袭与反空袭作战。1982年6月9日，以色列空军与地面部队协同，在6分钟内彻底摧毁叙利亚在贝卡谷地苦心经营10年、耗资20亿美元的19个"萨姆"-6防空导弹连，次日又摧毁叙军增援的7个"萨姆"-6防空导弹连。随后两天，叙军仓促出动多架米格-21PF、米格-23BM飞机迎战，受以军电子干扰，起飞后与地面失去联络；防空导弹发射后也失去控制，损失惨重，以军创造了82∶0的空战纪录。贝卡谷地之战，终结了自1973年第四次中东战争以来，萨姆-6导弹令以色列和西方备感神秘以至恐惧的历史，在世界防空作战史上占有重要地位。

（三）信息化空中作战平台在伊拉克战争中的运用

伊拉克战争像以往历次高技术局部战争一样，美英联军的空中作战装备发挥了关键作用，特别是大量精确制导弹药的使用，极大地提高了空中作战的效率，并从根本上改变了空中作战的面貌。

1. 战争运用的主要空中作战装备

美英联军使用的空中打击平台主要分为两大部分：从停泊在波斯湾和地中海的航空母舰上起飞的 400 余架舰载机，包括第一次参加实战的 F/A-18E/F "超大黄蜂" 战斗机；从伊拉克周边基地和二线基地起飞的 1100 余架空军飞机，主要包括 B-1B 和 B-52H 战略轰炸机、B-2A 隐形战略轰炸机、F-117A 和 F-15E 战斗轰炸机、F-15 和 F-16 战斗机、A-10 和英国 "美洲虎" 攻击机，另有 RQ-1B "捕食者" 无人攻击机。

美英联军使用了许多新型弹药：英国 "风暴阴影" 防区外空地导弹，具备全天候作战能力和发射后不用管能力，射程超过 200 千米；美军最大型常规制导炸弹 MO-AB 燃料空气弹，重达 21000 磅；AGM-154 "联合防区外武器" （JSOW），是由得州仪器公司制造的一种制导炸弹，主要用于攻击静止的飞机、导弹阵地等目标；CBU-105 集束炸弹，是 CBU-97 "传感器引爆武器" 加装 "风力修正弹药撒布器" 后的改进型，主要用于打击坦克和车辆等大型集群运动目标。

2. 空中作战装备的作战运用

（1）防区外精确打击。它是指空中作战平台在敌方防空火力圈外，利用远程空地导弹或制导炸弹等对敌方目标实施攻击。伊拉克战争中，美英联军实施防区外精确打击的目标主要有以下两类。

一是固定的点目标和面目标。伊拉克高官住宅、政府大楼、军队指挥中心、雷达站、地空导弹阵地、高炮阵地以及机场等大型目标始终是美英联军持续打击的重点。萨达姆及其两个儿子的官邸从开战之日到战争结束反复遭到美英联军的轰炸，政府大楼基本都被摧毁。战争中，美军的猛烈轰炸使伊军战场指挥体系陷入瘫痪，分散部署的作战部队都变成了 "瞎子" 和 "聋子"：雷达被摧毁、电台联络不通、指挥命令无法下达。伊军不得不采取类似于阿富汗战争中塔利班部队所采取的原始办法，利用摩托车送信等方法下达作战命令，其时效性和可靠性可想而知。

二是定点打击单个目标的 "斩首" 行动。这类似于以色列军队对巴勒斯坦激进组织成员采取的 "定点清除" 行动，区别在于以军一般以直升机作为发射平台，而美军则以战斗机作为发射平台。其作战流程：作战中心收到 "可靠情报" 后标示目标位置，然后马上向在空中巡逻的战斗机发布作战命令和目标信息，战斗机接到命令后即赶赴目标空域进行精确打击。

（2）战斗空域临空轰炸。它是伊拉克战争中的重头戏，其基础是美军占有信息优势和制空权。如果没有制空权，敌方防空导弹和高炮会对己方战斗机形成巨大的威胁，临空轰炸就不可能进行。美军掌握了战场信息优势，伊军一举一动尽在其掌握之中。尽管伊军没有像海湾战争那样把坦克埋在沙堆下，而是分散部署和进行城市防御，但只要一出动，被发现进而被摧毁的命运就无法避免。例如，美军 B-52 向巴格达伊军坦克部队投下 6 枚 CBU-105 集束炸弹，每枚装有 10 个 BLU-108 "斯基特" 灵巧反坦克子弹头，可以同时攻击多个目标，使暴露的伊军坦克部队遭受了灭顶之灾。

（3）低空对地支援轰炸。低空对地支援轰炸是空中力量配合地面部队作战的支援行动，主要是杀伤敌方作战力量，给地面部队的推进扫清障碍。同时，从空中实施打击也是一种比地面遭遇战高效的作战手段，可以在保全自己的同时达成歼敌目的，在战争的中、后期，空中力量主要执行这类任务。强有力的空中支援，为美英联军地面部队实施"精确闪击战"提供了可靠的保证。

第三节　综合电子信息系统

综合电子信息系统是指为实现最优资源配置，提高作战能力，按军队信息系统一体化原则和综合集成技术而构建的多种使命、多种功能的电子信息系统。用于夺取信息优势、决策优势和全维优势的主要装备。具有互操作能力、信息共享能力、态势一致理解能力、快速优化决策能力，能有效地支持协同作战和联合作战。由国家统一设计，充分考虑建设全军共用信息基础设施，实现信息资源的最优配置。

一、指挥控制系统

（一）指挥控制系统的基本概念

指挥控制系统是支撑指挥员及其指挥机关对所属部队及武器系统进行指挥控制的系统。指挥控制系统是综合电子信息系统的核心组成部分，是实现各项作战业务和指挥控制手段自动化的信息系统，是综合电子信息系统的核心，在作战过程中辅助指挥员对部队和主战兵器实施指挥控制。指挥控制系统具有较强的信息收集与处理、信息传递、信息检索、信息显示、辅助决策、武器控制、系统监控和适时报告运行状态与安全保密等功能。指挥控制系统包括指挥组织、信息处理系统及各种设备，并用通信系统把它们联为一体，其主要部分有指挥组织各成员席位与工作台、各种显控设备、服务器、视频指挥系统等。

（二）指挥控制系统的发展趋势

1.指挥控制系统一体化

指挥控制系统一体化是实现一体化联合作战的基础，其发展的一个重要的方向是实现从传感器到武器平台的一体化。通过将情报侦察系统与作战指挥、电子对抗和火力武器等系统和平台联为一体，最大限度地满足指挥和作战的情报需求，使打击行动具备实时和近实时性，从而提高火力打击的效率，在现代战争中具有重要地位，发挥了举足轻重的作用。指挥控制系统一体化主要包括以下几个方面：一是战略、战役和战术信息系统一体化，以战役、战术为主；二是全军指挥自动化系统一体化，建设信息栅格服务；三是指挥系统与武器平台一体化，实现从传感器到射手的快速打击。

2.指挥控制系统智能化

错综复杂的电子对抗和信息对抗环境，迫使军事电子信息装备朝着智能化方向发

展。随着新型高能计算机、专家系统、人工智能技术、智能结构技术、智能材料技术等的出现和广泛应用，指挥控制系统装备智能化将成为现实。指挥控制系统装备智能化主要表现在以下几个方面：一是态势感知透明化，增强对战场态势的感知能力；二是指挥决策智能化，提高决策的正确性和指控的准确性、灵活性，提高作战效能；三是作战协同网络化，实现作战活动自我同步，提高兵力协同和武器装备协同作战能力。

3. 指挥控制系统组织运用高效化

随着军队信息化建设和指挥控制系统的发展完善，指挥控制系统的组织运用呈现出高效化的发展趋势，主要体现在以下几个方面：一是将以模块化、可部署指挥所为中心，组织整体保障，进一步提高指挥控制系统适应部队高度机动要求的组织调整能力；二是随着机动指挥控制系统越来越依托无基站的无线网络，将使战场频谱管理和网络管理进一步得到加强。频谱管理呈现出从单一功能、频段向多功能、全频段，从满足某一特殊需要向面向联合作战权威频谱管理发展，注重嵌入式等频谱管理的系统和模块的研制，加强战场频谱网络化管理和智能化辅助决策技术研究，提升频谱管理的共享能力的发展趋势。网络管理呈现出不断提高网络的安全路由交换能力、可控可管能力、动态组网和顽存能力、子网随遇接入能力、即插即用能力和端到端通信服务能力的发展趋势。

（三）指挥控制系统的战例应用

1991 年的海湾战争中，美军利用当时的 C^3I 系统实现了有效的联合作战，在战争中发挥了重要作用，但同时也暴露了兼容性差、互通性和信息共享能力差等缺陷。海湾战争结束后，美军加大了对 C^3I 系统的建设投入，并不断发展，形成了 C^4ISR 系统。在科索沃战争、阿富汗战争和伊拉克战争中，美军通过 C^4ISR 系统实现了作战部队和各级指挥机构甚至国家指挥当局的连续高速联络，做到了信息实时共享与行动的协调同步，并大大提高了作战效率，其打击链所需时间由海湾战争时的 100 分钟缩短至阿富汗战争的 20 分钟左右，基本实现了"发现即摧毁"。

二、预警探测系统

（一）预警探测系统的基本概念

预警探测系统是综合电子信息系统的重要组成部分。它的主要功能包括及时发现目标、稳定跟踪目标、位置预测和报告、准确识别目标、作战效果评估。即将担负不同任务的预警探测资源联合形成一个能够探测远、中、近距，兼顾高、中、低空以及空间、海面目标，具备全时域、全空域作战能力的预警系统在尽可能远的警戒距离，及时、准确地探测到来袭目标；通过多源信息的综合集成，完成从目标的发现到连续的跟踪，为指挥系统提供可靠、准确的预警信息；在发现和跟踪目标的同时，可根据目标的运动方向和速度等信息，对目标的位置进行预测，以便更好地、及时地跟踪目标，并将目标的位置信息报给相关的指挥机构，以便后者及时作出指挥决策，并预测攻击的线路，引导拦截武器；综合目标特征信息，判定目标属性，给出结果和可信度，为指挥控制提供依据；综合多种技术手段，对战斗效果进行评估，将评估结果报告给指挥系统供决策。预警探测系统按作用可分为战略、战役和战术预警探测系统；按目标种类可分为防空、反导弹、防天、反舰（潜）和陆战等预警探测系统；按传感器平台可分为陆基、海基、空基和天基预警探测系统。

预警探测系统主要由传感器系统、预警信息处理系统和预警信息传输系统三部分构成。其中，传感器系统负责搜集信息；预警信息处理系统负责对传感器系统获取的信息进行综合处理，形成供指挥用的情报信息和武器系统的引导信息；预警信息传输系统将传感器系统、预警信息处理系统和指挥控制系统链接起来。

（二）预警探测系统的发展趋势

1. 发展机载与星载大空域监视、多功能相控阵雷达预警探测系统

根据军事需求，只有多功能的相控阵雷达才能集搜索、跟踪、武器控制于一体，也只有与升空平台结合，才有监视全空域的能力，对来袭的超低空目标提供必要的预警距离、反应时间和引导拦截的能力。为了提高距离分辨力达到飞机尺寸的量级，完成分辨飞机架数的任务，将普遍应用带宽 10 兆赫兹的发射信号。要提高角度分辨力以便对目标成像，必须采用机载合成口径雷达体制。

2. 发展对隐身目标挑战的预警探测系统

美国把隐身技术称为一张技术王牌，它的成功引起世界各国军事界和科技界的震惊，认为它是对雷达最严峻的挑战。这使得传统的单基地、窄频带信号、常规体制的微波雷达的探测距离大大缩短，使得大部分防空的预警探测系统失效。因此，雷达技术必须进行单命性飞跃，才能克服隐形飞机的威胁。对抗隐身目标挑战的预警探测系统的措施将是：增加雷达的有效辐射功率与天线口径乘积和灵敏度；采用宽频带的频率较低的雷达，甚至采用多频段的雷达；发展多基地雷达；改进短波超视距离雷达的可用性与灵敏度。

3. 发展功能综合化的预警探测系统

21 世纪初，战争的形式是密切依靠信息和高技术的、以精确打击军事目标为主的立体化战争。预警探测系统和雷达的任务是全空域监视、快速的反应能力、精细的目标分类和识别。要将多部雷达的功能综合于一部雷达之中，需要采用更高级技术才能实现。机载相控阵雷达可以完成局部战区范围内高、低空兼顾的综合探测能力，又可以综合各种合成口径（常规形式的、斜视形式的、聚束照射形式的）、逆合成孔径雷达的功能，是完成上述任务的近期目标。卫星载的固态相控阵雷达可以在整个战场（跨度几千千米）内完成这些任务，并指挥控制武器系统进行作战。这是 21 世纪预警探测系统

和雷达功能综合化的目标。

4. 发展与其他电子信息系统一体化的预警探测系统

在综合电子信息系统中，与预警探测系统关系密切的还有通信、导航、电子对抗与指挥控制中心等电子系统，将它们一体化，是提高整个系统效率、可靠性、快速反应能力、生存能力等的关键。例如，机载微波相控阵雷达可以用分时处理办法来执行导航雷达的功能；雷达可与可见光、激光、红外、毫米波、电子战支援设备组成多传感器的、高质量的一体化预警探测系统；雷达和电子对抗装备的一体化，可以有效地提高雷达在现代战争中的生存能力。

（三）预警探测系统的战例应用

E-3A 空中预警和控制飞机

海湾战争中，美国使用了众多的预警探测系统和情报侦察系统，对伊拉克实施了多种信息战进攻，最终使伊拉克的飞机和防空武器几乎完全丧失战斗力，只能放下武器，宣告失败。战争过程中有多架 E-3A 空中预警指挥飞机昼夜监视伊拉克上空的各种目标，并指挥空中作战；E-8A 联合监视和目标攻击雷达系统从空中精细地观测地面目标，为各军种提供攻击地面目标的信息。美国在这次战争中使用了100 余颗通信、侦察等各类卫星。在 42 天的战争中，以美国为首的多国部队依靠指挥、控制、通信、计算机和情报系统的情报处理和辅助政策，平均每天指挥 2600 架次飞机攻击数以百计的伊方目标，多次摧毁伊拉克的指挥中心和通信枢纽，对伊方的雷达和无线电通信施放干扰或进行摧毁。有人风趣地比喻这场战争是"硅片战胜了钢铁"。

三、导航定位系统

（一）导航定位系统的基本概念

导航是引导飞机、舰船、车辆或人员（统称为运载体）准确地沿事先规定的路线准时地到达目的地的过程，为实现导航所发展起来的技术称为导航技术。定位是确定物体或点在规定的坐标系中位置的过程，定位借助于导航系统完成。导航系统为运载体的驾驶人员或自动驾驶设备提供运载体的实时位置。航行中的运载体根据实时位置和时间，便可以导出当前的偏航距、应航航向、待航距离和待航时间，从而对运载体进行操控，实现对运载体的引导。所以实时位置是导航系统引导运载体航行最基本的信息。随着导航技术的发展，导航系统除了为运载体提供实时位置信息之外，还提供速度、航向、姿态与时间等信息。导航系统一般可分为自主式导航系统（包括惯性导航系统、多普勒导航系统等）、他备式导航系统、卫星导航系统、组合导航系统等。随着近代科学技术的飞速发展，导航系统得到了广泛应用。导航和定位系统在国民经济和现代战争中的作用越来越大。

（二）导航定位系统的发展趋势

1. 向多系统组合式导航方向发展

世界各国、各地区和组织纷纷建立自己的卫星导航定位系统，我国的"北斗"导航、欧盟的"伽利略计划"就在此列。多种系统并存为组合导航技术的发展提供了条件。通过对全球定位系统（GPS）、"北斗"、"格罗纳斯"、"伽利略"等信号的组合利用，不但可提高定位精度，还可使用户摆脱对一个特定导航星座的依赖，可用性大大增强，多系统组合接收机有很好的发展前景。

相关链接：

点亮北斗　走向世界

2. 向差分导航方向发展

使用差分导航技术，既可降低或消除影响用户和基准站观测量的系统误差，包括信号传播延迟和导航卫星本身的误差，还可消除人为因素造成的误差。随着全球定位技术的发展，差分导航将得到越来越广泛的应用，将应用于车辆、船舶、飞机的精密导航和管理，大地测量、航测遥感和测图，地籍测量和地理信息系统（GIS），航海、航空的远程导航等领域。其本身也会从目前的区域差分向广域差分、全球差分发展，其导航精度将从近程的米级、分米级提高到厘米级，从远程的米级提高到分米级。

（三）导航定位系统的战例应用

第一次海湾战争让全球定位系统（GPS）大露其脸，出尽了风头。1991年1月，在海湾战争中全球定位系统（GPS）赢得了飞翔的翅膀；那些装备的小型轻便接收机（SLGR）显示出良好的定位功能……在海湾战争的总结报告中，将战争的胜利归结为"GPS的胜利"，说它是"军事力量的倍增器"。从此，有关全球定位系统（GPS）的计划在美国国会中几乎是一路绿灯，获得核准建设24颗卫星的星座。应该说，在第一次海湾战争中，全球定位系统（GPS）第一次用于实战，就取得了一鸣惊人的效果。

第四节　信息化杀伤武器

信息化杀伤武器是指在物理空间、信息空间和认知空间战场上，为达到信息化条件下"硬"对抗作战目的，所使用的各种"硬杀伤"型信息化装备。本节重点介绍新概念武器、精确制导武器和核生化武器的发展趋势和战例应用。

一、新概念武器

（一）新概念武器的基本概念

新概念武器是指在工作原理、破坏机理和作战方式上与传统武器有显著不同，可大

幅度提高作战效能和效费比，或形成新军事能力的高技术武器群体。正处于探索和发展中的新概念武器主要有定向能武器、动能武器、地球物理武器、非致命武器等。定向能武器主要有激光武器、粒子束武器、高功率微波武器等。动能武器主要包括动能拦截器和电磁发射武器。地球物理武器以气象武器为代表，其他还有臭氧武器、电离层武器等。非致命武器按照用途可分为反装备和反人员两大类：反装备非致命武器如超级润滑剂、材料脆化剂、超级腐蚀剂、超级黏胶剂以及动力系统熄火弹等；反人员非致命武器如非致命激光武器、化学失能剂、刺激剂和黏性泡沫等。其中，发展比较迅速、影响比较大的新概念武器是强激光武器、高功率微波武器、动能拦截弹、电磁发射武器等，有望成为防空、反导和反卫星的有效武器。有些非致命武器也有望取得突破性进展，为未来的军事行动提供新的选择。

相关链接：

新概念武器综述

（二）新概念武器的发展趋势

新概念武器实战化探索取得实质性进展，以定向能武器、动能武器、非致命武器为代表的新概念武器技术正在成为"杀手锏"。在定向能武器方面，用于防空、导弹防御以及空间控制的激光武器通过演示验证与试验，将陆续具备实战能力。高功率微波武器的发展趋势有两个方面：一是以精确制导武器或无人作战飞机作为未来优选武器平台。二是该武器及其系统继续向着小型化、高效率、高功率的方向发展。粒子束武器靠高能强粒子束流的动能摧毁目标，目前尚处于探索阶段。由于定向能武器具有的独特性能，一旦在技术上有重大突破，必将在未来信息化战场上发挥重要作用。在动能武器方面，世界各军事强国竞相加大动能武器的投入与研究，力图将动能武器打造成反导"长拳"。为此，各国都在努力进一步提升动能武器的智能化水平，推动其向小型化方向发展，解决其当前存在的结构复杂及成本较高等问题。在非致命武器方面，其发展趋势有三个方面：一是今后各国将继续研制高新非致命武器，力求在关键技术上有所突破。二是将注重利用现有武器平台，实现致命和非致命打击能力的一体化。三是将加强非致命武器作战效能可调控性研究。

（三）新概念武器的战例应用

2011年德国莱茵金属公司成功研发10千瓦级防空激光炮并成功击毁一架"提尔-1"型无人机；同年，以色列国防军在对加沙地带发动的军事打击行动中，使用先进的战术激光武器，致盲了哈马斯武装反坦克导弹的光电火控系统。2015年，洛克希德·马丁公司在进行的一次实地测试中，使用新型激光武器成功击毁1英里外一辆小卡车引擎。激光武器无须弹药补充、能以光速命中目标，并且射击性价比高，它将从根本上改变作战方式。

二、精确制导武器

（一）精确制导武器的基本概念

精确制导武器是指采用精确制导技术，直接命中概率超过 50% 的制导武器。直接命中是指武器的圆概率偏差小于其弹头的杀伤半径。精确制导武器主要包括导弹和精确制导弹药两大类。导弹依靠自身动力装置飞行。按发射点与目标位置的关系，分为地地导弹、潜地导弹、潜舰导弹、地空导弹、空空导弹、空地导弹等；按攻击目标的类型，分为反飞机导弹、反舰导弹、反潜导弹、反坦克导弹、反辐射导弹、反导弹导弹等；按弹道特征，分为弹道导弹和巡航导弹等。精确制导弹药是末制导弹药和末敏弹药的总称。末制导弹药主要有制导炮弹、制导炸弹、制导地雷、制导水雷、制导鱼雷等，末敏弹药主要有反装甲反集群目标子弹药等。精确制导弹药多数无飞行动力装置，但有的也有动力装置，如制导地雷、制导水雷、制导鱼雷等。

军事纵横

制导系统是精确制导武器的核心，常用的制导方式有以下几种：一是自主制导。根据弹体内部或外部固定参考基准，导引和控制弹体飞向目标。二是遥控制导。由设在弹外的制导站发出制导指令，控制弹体飞向目标。三是寻的制导。由弹上的导引头截获目标辐射或反射的电磁信号，自动跟踪并控制弹体飞向目标。四是复合制导。采用两种或者两种以上制导系统组合运用的制导方式。可以克服单一制导方式制导精度低、作用距离近、抗干扰能力差等缺点。

（二）精确制导武器装备的发展趋势

精确制导武器发展和使用的情况表明，进攻性精确制导武器正在向自主式、"发射后不管"方向发展，抗电磁干扰能力逐步增强，制导精度不断提高，防御性精确制导武器将具备全方位保护、分层拦截能力，并且有力地推动精确制导武器向复合制导、远程化、系列化、智能化方向发展。

1. 采用复合制导提高打击精度

导弹的制导方式主要有惯性制导、无线电制导、红外制导、激光制导和雷达制导等。不同类型导弹通常使用的制导方式有所不同。弹道导弹和打击低速目标的巡航导弹将惯导作为首选，为提高命中精度，多采用惯性制导＋GPS 中制导＋末制导（红外成像、图像匹配）等，精度可达 80%。防空导弹主要使用指令制导、半主动寻的制导，加末制导的复合制导。复合制导进一步提高精确制导武器的打击精度，且可以全天候、昼夜作战，实现对目标的精确打击。

2. 远程化

现代作战强调非接触纵深精确打击。为了实现战区纵深精确打击，作为现代战争中

空袭主要手段和"杀手"武器的战术弹道导弹、巡航导弹及空地导弹，将增大射程；防御性精确制导武器为实现远距离拦截入侵目标，也将增大射程，致使精确制导武器迅速地向远程化方向发展。

3. 系列化

进入 20 世纪 90 年代以来，国际形势发生了重大变化，世界格局呈现多极化和动态变化的态势。各国都纷纷重新调整自己的国际发展战略，武器装备发展系列化的特点更加明显。以防空导弹为例，由于俄罗斯 C-300 地空导弹系统新型导弹的经费高、周期长、风险大，因此美、俄等军事大国在防空导弹领域都选择了"基本型系列化"的发展道路，都以一种主战型地空导弹为基本型，如美国重点研制"爱国者"，俄罗斯重点研制 C-300，并在此基础上发展系列化。

4. 智能化

未来战争的战场环境越来越复杂，精确制导武器要在极短的时间内将目标摧毁，仅仅依靠人工引导已不可能，必须使制导武器具有某种人工智能，在陆上能区分出坦克、卡车、火炮等不同目标，在空中能区分不同类型的飞机，在海上能区分不同类型的舰船。如美国已经在论证人工智能的"黄蜂"机载反坦克导弹，这种导弹能在距目标很远的飞机上发射，到目标上空能自动俯视战场，搜索、发现、识别敌坦克，然后各子弹头分散攻击不同的目标并攻击其要害部位和薄弱环节。从目前的情况看，智能化导弹尚处于概念的论证阶段，有许多技术问题还有待解决。

（三）精确制导武器的战例应用

20 世纪 90 年代以来，世界上发生了数次高技术条件下的局部战争或武装冲突，而反映这些局部战争或武装冲突高技术水平的突出例证，就是精确制导武器得到大量而广泛的运用。通过几个典型战例，可以发现精确制导武器在战争中发挥了不可替代的重要作用。当年美军轰炸越南清化大桥的战例就预示着精确制导武器将成为战场的主角。从 1965 年 4 月 3 日起，美军曾出动数百架次飞机，投了数千吨炸弹，发射了包括"小斗犬""大斗犬"空地导弹等各种类型的武器，结果却始终未能将桥炸断，反而损失了十几架作战飞机。到 20 世纪 60 年代末，美军把一批新一代武器运往越南战场，其中包括新型的"灵巧炸弹"，即电子光学制导炸弹和激光制导炸弹。1972 年 5 月 13 日，14 架 F-4 各带一枚"灵巧炸弹"飞向清化大桥。炸弹全部命中目标，清化大桥被拦腰斩断。到海湾战争时，精确制导武器的威力就越发神奇。在美军攻击伊拉克一个发电站时，美军侦察发现该发电站主体外侧还修建有一堵高墙，采取普通攻击手段只能破坏这堵高墙而无法对发电站主体构成致命打击。但这丝毫没有难倒精确制导武器。

AGM-84H "斯拉姆"空地导弹

美军首先发射了一枚"斯拉姆"导弹在高墙上炸开了一个大洞，十几分钟后又发射了一枚该型导弹。这枚导弹在飞行数十千米后，就像长了眼睛一样穿过了炸开的大洞直接命中了墙后的发电站主体。从这些战例中，可以认为精确制导武器在战争中将发挥着举足轻重的作用。

三、核生化武器

核生化武器是核武器、生物武器、化学武器的统称，是大规模毁伤性武器。

（一）核武器

1.核武器的基本概念

核武器是利用重原子核自持链式裂变或（和）轻原子核自持聚变反应，瞬时释放出巨大能量而产生爆炸，对目标实施大规模杀伤破坏的武器。

核武器由核战斗部及其承载壳体等组成。它与投掷发射系统和指挥控制系统等使核武器形成作战能力的各系统共同组成核武器系统。核战斗部的主体是核爆炸装置，简称核装置，由核部件、炸药部件、火工品和其他构件组成。另外，还有核点火部件（中子源），可以设置在核装置内部，有的只可以设置在核装置外部。这些部件与引爆控制系统等一起组成核战斗部，装入承载壳体，即构成核弹。核武器投掷发射系统由运载工具、投射装置及各种辅助设备等组成。核武器指挥控制系统由指挥、控制、通信和情报等分系统组成。

相关链接：

中国导弹核武器横空出世

随着核武器技术的发展，核武器种类日益增多，可从不同角度进行分类：按核装置原理结构，可分为原子弹、氢弹和特殊性能核弹。后者包括中子弹、弱剩余放射性弹等；按投掷发射系统，可分为核导弹、核炮弹、核炸弹、核鱼雷、核地雷等；按作战使用，可分为用于打击战略目标、执行战略任务的战略核武器和用于打击战役战术目标的战术核武器；按威力大小，可分为高威力核武器（百万吨梯恩梯当量级）、中等威力核武器（数十万吨梯恩梯当量级）和低威力核武器（万吨梯恩梯当量级及以下），但其界限并不严格。

2.核武器的发展趋势

（1）核武器技术将继续发展。目前，美国、俄罗斯的核弹头及其运载工具已相当成熟，但核技术和关键技术仍在不断发展，如核武器的设计技术、材料技术、引爆控制技术、安全技术、加工制造技术、长期存储技术及管理技术等，发展这些技术的方法正迅速向现代化高新技术手段转化，而且效率更高、保密性更强。主要体现在以下三个方面：一是通过计算机仿真试验，完善和发展核技术；二是赋予和平利用核能以特定任

务，"民为军用"是部分核大国在现今发展核技术的辅助手段；三是顶住国际压力，执意发展核武器技术。

（2）核武器作战性能进一步提高。今后，核武器威力多数在数十万吨梯恩梯当量级，但作战性能将进一步提高，主要体现在以下四个方面：一是命中精度更高，具有打击硬目标的能力；二是突防能力增强；三是抗核加固技术进一步提高；四是灵活反应能力得以提高。

（3）核大国正在研制"第四代核武器"。金属氢武器是目前可以想象到的威力最大的化学爆炸物，反物质武器是其中一种，美国已将其列为国家重点研究项目。除美国在费米国立加速器实验室进行这项研制工作外，法国和瑞士合建的欧洲核研究中心，以及俄罗斯的高能物理研究所，目前都在加速进行反物质的研究和生产。但无论如何，第四代核武器尚未达到实用化程度。初步实验证明，这种武器具有能量密度高、爆炸威力大（1克反物质的爆炸能量相当于普通炸药的上百亿倍，比原子弹、氢弹威力大得多），且附带杀伤效应较小，有"长久干净"超级炸弹之称的突出特点，因此可作常规武器运用，具有极其重大的军事应用前景。不过，设计与制造反物质武器存在难以解决的两大问题：一是反物质的获取；二是反物质的安全储存。

军事纵横

第四代核武器，一般是指利用超激光、强 X 射线、磁压缩、反物质等前沿技术对核弹的触发装置进行改进，并激发核聚变的新一代核武器。由此，第四代核武器具备了三大特点：一是没有剩余核辐射，不产生放射性污染危害环境；二是可对核聚变过程进行某种程度的干预和控制，小型化更易实现和彻底；三是不必进行核爆炸试验，只需利用前期核武器的经验和成果，通过计算机模拟即可研制。目前公开报道的在研第四代核武器中，最具代表性的有两种，即反物质武器和核同质异能素武器。

（4）为了适应未来核威慑条件下的信息化战争，军事大国特别是美国、俄罗斯的核武器发展大体分为以下两个方面：一是战略弹道导弹是当前威慑力最大的核武器，其发展趋势为大幅增强突防能力；提高生存能力；提高命中精度；减少型号，战术核武器和潜射核武器将会加强。二是战术弹道导弹具有射程远、威力大、精度高、使用灵活及能在短时间形成密集火力等特点，它在核武器家族中有着不可替代的地位和作用，仍然备受军事大国的青睐，其发展趋势为采用多种类型弹头，提高作战使用的灵活性；追求高机动性，提高生存能力；缩短反应时间，适应瞬息万变的战场态势；减少型号，制造精品。

3. 核武器的战例应用

1945 年 5 月 8 日，第二次世界大战的罪魁祸首德国法西斯宣布无条件投降。7 月 26 日，美国、英国和中国发表"波茨坦宣言"，敦促日本迅速无条件投降，但日本政府置之不理。为迫使日本迅速投降，1945年8月6日8时15分，美军一架B-29轰炸机飞临日本广岛市区上空，投下一颗代号为"小男孩"的原子弹。"小男孩"是一颗铀弹，长3米，直径0.7米，内装60千克高浓铀，重约4吨，梯恩梯当量为1.5万吨。炸弹在距地面580米的空中爆炸，在巨大冲击波的作用下，广岛市的建筑物全部倒塌，全市24.5万人口中有7.815万人当日死亡，死伤总人数达20余万，城市化为一片废墟。这是人类历史上首次将核武器用于实战，广岛成为第一座遭受原子弹轰炸的城市。

广岛原子弹爆炸场景

（二）生物武器

1. 生物武器的基本概念

生物武器是以生物战剂杀伤有生力量和毁坏植物的武器，又称细菌武器。包括装有生物战剂的炮弹、航空炸弹、火箭弹、导弹和航空布洒器、气溶胶发生器等。生物武器可使大量人员、牲畜发病或死亡，也可大规模毁伤农作物，从而削弱敌方的战斗力，破坏其战争潜力。

军事纵横

生物武器的特点包括以下几个方面：一是面积效应大。10吨生物战剂的杀伤面积达数千平方千米。二是具有传染性。许多生物战剂如鼠疫杆菌、霍乱弧菌等不断从病人体内排出，感染周围健康人，在人群中造成流行。三是生物专一性。生物武器只能伤害人、畜和农作物等，不能破坏武器、装备和建筑物等无生命物质。四是没有立即杀伤作用。生物战剂进入人体后，必须经过一定的潜伏期才能发病。五是受自然因素影响大。生物战剂在自然界作用持续时间比较短，武器的储存时间也比一般武器短。使用条件受自然因素影响大，如雨天、大风时都不能使用。六是成本较低。生产条件比较简单，所用原料容易获得。

2. 生物武器的发展趋势

未来生物武器的研制技术将进一步提高威力，主要包括以下几个方面：一是利用分子生物学新技术改造生物战剂，提高其毒力和稳定性；二是生物武器攻击目标可能转向以大面积单一作物种植区和牧场为主，破坏战争潜力，造成长期后效应；三是生物武器应用于局部战争和恐怖袭击的可能性大大提高。

3. 生物武器的战例应用

第一次世界大战期间，德国军队使用了鼻疽和炭疽杆菌等生物战剂。第二次世界大战期间，侵占中国的日本军队曾建立了细菌战实验室，并多次在中国一些地区用飞机投撒污染鼠疫杆菌的跳蚤等生物战剂，造成当地鼠疫流行，人员发病死亡。20世纪50年

代，美军在朝鲜战争中，对朝鲜北部和中国东北地区使用细菌武器达数百次之多，引起了当地居民鼠疫、霍乱病的发生。生物战不仅给受害国人民带来巨大灾难，殃及后代，而且对人类及自然界产生无法挽回的甚至是毁灭性的破坏。

（三）化学武器

1. 化学武器的基本概念

化学武器是以毒剂的毒害作用杀伤有生力量的武器器材的总称。包括毒剂及装有毒剂的化学炮弹、化学航空炸弹、化学火箭弹、导弹化学弹头、化学地雷、化学航空布洒器、毒剂气溶胶发生器以及装有毒剂前体的二元化学弹药等。化学武器在使用时，借助于爆炸、热气化或空气阻力等作用，将毒剂分散成蒸气、气溶胶和液滴、微粉等状态，作用于人体造成伤亡或使之暂时失去战斗力，以达到削弱对方有生力量、干扰对方军事行动的目的。1948 年联合国安全理事会常规军备委员会通过决议，将化学武器列为大规模杀伤性武器。化学武器按毒剂的分散方式可分为爆炸分散型，如各种化学弹药、化学地雷；热力分散型，如各种毒烟发生器；布洒型，如航空布洒器。

军事纵横

化学武器与常规武器相比，其特点包括以下几个方面：一是杀伤途径多。如呼吸道吸入中毒、皮肤吸收中毒、食用染毒食物和水经消化道摄入中毒等。二是杀伤范围广。化学炸弹杀伤面积一般比同口径普通炮弹的杀伤面积大几倍至几十倍，并有空间杀伤效应。三是杀伤作用时间长。化学武器的杀伤作用一般可延续几十分钟甚至几十天。四是使用选择性大。化学武器种类多，可根据不同的军事目的选用致死性或失能性、暂时性或持久性化学武器。五是使用效果有不确定性。气象、地形等因素对化学武器的使用效果影响很大。

2. 化学武器的发展趋势

（1）研制新型化学毒剂。20 世纪 70 年代以来，有化学攻击能力的国家，其军队装备的毒剂主要是沙林、梭曼、维埃克斯、芥子气、氢氰酸等，其中神经性毒剂是主体。为了增强毒性和改进其使用性能，有些国家还研究了毒剂的混合使用、胶黏化和微包胶等技术。随着化学、毒物与毒理学、分子生物学等学科的发展，天然毒素、合成毒物、高效药物等高毒性、高活性物质的军事应用得到广泛研究，研究范围包括具有致死、麻痹、瘫痪、皮肤伤害、失能等作用的毒物，以及能穿透防护器材的新毒剂。

（2）完善毒剂的使用技术和使用手段。完善毒剂的使用技术包括毒剂微包技术、气溶胶分散技术、多种毒剂配伍使用技术等。完善毒剂的使用手段包括发展密集型和远程化学战剂投送系统等。

（3）发展二元化学武器。所谓二元化学武器，是相对一元化学武器提出的更新性化学武器概念。一元化学武器由于直接将毒剂装填在导弹或炮弹中，在运送和储存方面有较大风险。而二元化学武器则是将相对无毒或者低毒的两组或两种化学物质分别装载在弹体内隔墙的两边或者两个不同的容器中，在弹体飞行过程中隔墙破裂或爆炸，两种制剂依靠弹体旋转作用力或者内置的搅拌装置发生快速化学反应，生成毒剂，对目标进行打击。这种反应过程一般低于10秒钟。二元化学武器的优势在于可以大量生产和储存，并可以保障这一过程的安全性。相对一元化学武器而言，二元化学武器降低了弹药腐蚀渗漏所带来的毒性，也减小了对存储环境带来的风险和危害。目前美国、俄罗斯均已装备二元沙林和二元维埃克斯化学弹药，今后将一方面研制新的二元化学武器，另一方面对其现有二元化学弹药进行改造，提高性能和使用效果。

3. 化学武器的战例应用

人类使用人工合成的化学武器始于第一次世界大战。1915年4月22日下午5时许，就在日落西山时，守卫伊普尔的协约国军队突然发现一种黄绿色的烟雾，外表"像是寒夜笼罩在水草地上的那种烟雾"，随风慢慢飘动，向法军第45后备师的堑壕蔓延。那是德军从5700多个金属容器中释放出来的氯气。堑壕里不知所措的士兵们顿时觉得眼睛、鼻子和喉咙好像被酸性物质烧灼似的，不断有人倒下，痛苦地扭曲着身体直至死去，幸存者则抓住喉咙四散奔逃。在这次毒气战中，英法联军1.5万人中毒，其中5000人死亡。第一次世界大战首次见证了化学武器的使用。到了战争最后一年，50%的德国炮弹都充了毒气。同样，英国、法国、俄、美国也相继大量使用毒气等化学武器，其中英、法以牙还牙率先使用了路易斯毒气。从1917年7月起，化学战达到高潮，几乎每次战役都使用化学武器，直到1918年第一次世界大战结束，交战双方频繁使用刺激性、窒息性、糜烂性毒剂，动用毒剂54种，总施放量12.15万吨，导致127.9万军民中毒，其中9.1万人死亡，约占整个战争伤亡人数的4.6%。

中国国防信息化装备与技术博览会

中国国防信息化装备与技术博览会创办于2012年，作为中国唯一一个以国防信息命名的展会，近年来以其专业权威的高端视角和独具匠心的个性化服务铸就了强大的品牌影响力，引领国防科技工业"军民融合"建设的同时，进一步推进建设有中国特色的国防工业体系。该展会是中国军队和政府部门大力支持的行业品牌盛会。2021年10月25日至27日，由中国和平利用军工技术协会、全国工商联科技装备业商会、中国国防科协信息化专委会主办，北京企发展览服务有限公司独家承办的第十届中国国防信息化装备与技术展览会在中国国际展览中心隆重召开。此次展会就如同我国高科技企业的一次大阅兵，将我国的高科技技术展示给全世界，不但为企业创造了机会，也为我国争得荣誉。先进的国防信息化装备

与技术吸引了来自军队和国防、军工、武警、公安、航空、航天、兵器、舰船、雷达、电子、核工业以及政府部门等各军兵种、装备部、信息部门、通信科站、基地及各大战区和军工企事业单位、国防系统内大专院校及科研院所的主要负责人。还包括信息化产业领域的制造商、分销商及代理商、系统集成商等专业观众共计 32320 余人，从会后分析来看，本展会已经发展成为国内国防信息化行业新品展示、技术更新、经验交流及把握市场脉动的第一平台。

第十届中国国防信息化装备与技术博览会

乐学好思

1. 信息化装备的内涵是什么？
2. 信息化作战平台包括哪些内容？
3. 信息化作战平台的发展趋势是什么？
4. 综合电子信息系统包括哪些内容？
5. 新概念武器主要包括哪些内容？
6. 精确制导武器的发展趋势是什么？
7. 核生化武器包括哪些内容？

课堂自测

下篇　军事技能

第六章　共同条令教育与训练

学习目标

⊙ 了解中国人民解放军三大条令的主要内容。
⊙ 掌握队列动作的基本要领，养成良好的军事素养。

本章导读

彭德怀元帅说，共同条令是建立我军正规生活，巩固军队纪律，保证军队训练的根本法典。我军现行条令作为规范全军行动秩序的章程，内容完备详细，条款明确具体，入伍教育中的各项内容包括党的基本理论教育、我军性质宗旨教育、优良传统教育、法纪教育的内涵等都可与条令中的具体条款一一对接。"凡兵，制必先行"，学习贯彻条令作为部队最普遍、最经常、最基础的工作，应该渗透到官兵日常生活的点滴，贯穿军人职业生涯的始终，更要在"兵之初"就努力夯实学用条令的扎实底子。

我军共同条令中《内务条令》阐明了内务建设的基本原则，《纪律条令》规定了纪律的性质、内容和地位作用，《队列条令》更是锻造合格军人的入门教材。因此，应坚持让共同条令成为各级抓入伍教育的关键主线，在筹划设计入伍教育中，注重遵循条令的结构脉络，针对条令的具体条款，突出主题、系统整合，立起一一对应的政治教育专题。这样一来，不仅能够把以往相对分散的不同教育专题统一到条令的整体框架之内，而且通过对接条令立题，靠学用条令步步深入，更好地牵引政治教育落实。靠这种"内化于心"的教育层层递进，持续强化条令意识，更加直接、清晰、具体地反映人民军队的基本特征，更加符合新兵思想架构的客观规律，满足新兵管理教育工作的实际需要。

第一节　共同条令教育

解放军的共同条令，即《中国人民解放军内务条令》《中国人民解放军纪律条令》《中国人民解放军队列条令》，人们习惯把它们称为三大条令，也被统称为"共同条令"。中国人民解放军共同条令，以法规的形式规定了军队日常活动，包括建立正规的战备、训练、工作、生活秩序等最基本的行为规范。三部条令互相补充、共同形成相对完整的规范体系。

一、军队颁布共同条令的意义

共同条令是从领率机关到基层部队，从高级将领到普通士兵都必须共同遵守的基本法规。其中，《中国人民解放军内务条令》是全军建立和维护良好的内外关系以及正规的内部秩序，履行职责，培养优良作风和进行行政管理的依据；《中国人民解放军纪律条令》是全军维护纪律、实施奖惩的依据；《中国人民解放军队列条令》是全军队列训练和队列生活的依据。共同条令不仅规范了军人的行为模式，而且规范了军人行为的法律后果。在众多的军事法规中，共同条令是最具有代表性的基本法规，是保障我军各项法规贯彻执行的法规。

2018年4月，中央军委主席习近平签署命令，发布新修订的《中国人民解放军内务条令（试行）》[简称《内务条令（试行）》]、《中国人民解放军纪律条令（试行）》[简称《纪律条令（试行）》]、《中国人民解放军队列条令（试行）》[简称《队列条令（试行）》]。新修订的共同条令，全面贯彻习近平强军思想，坚持党对人民军队的绝对领导，全面深入贯彻军委主席负责制，贯彻新形势下军事战略方针，坚持"五个更加注重"战略指导，适应"军委管总、战区主战、军种主建"新格局，把全面从严治军要求体现在条令的各个方面，增强了时代性、科学性、精准性和操作性，是新时代军队正规化建设的基本法规和全体军人共同遵守的行为准则。新修订的共同条令颁布施行，对在新的历史起点上坚定不移走中国特色强军之路，全面推进国防和军队现代化，实现党在新时代的强军目标、把人民军队全面建成世界一流军队具有重要意义。

二、新修订的共同条令简介

（一）《内务条令（试行）》简介

《内务条令（试行）》是全军建立和维护良好的内外关系以及正规的内部秩序，履行职责，培养优良作风和进行行政管理的依据。新修订的《内务条令（试行）》，于2018年3月22日中央军委常务会议通过，自2018年5月1日起施行。该条令共有总则，军人宣誓，军人职责，内部关系，礼节，军人着装，军容风纪，与军外人员的交往，作息，日常制度，日常战备，军事训练和野营管理，日常管理，国旗、军旗、军徽的使用管理和国歌、军歌的奏唱以及附则 15 章 325 条；并有中国人民解放军军旗式样、中国人民解放军军徽式样、中国人民解放军军歌、报告词示例、军服的配套穿着和标志服饰的佩戴、标志服饰的缀钉方法、宿舍物品放置方法、基层单位要事日记式样、外出证式样、军人发型示例 10 项附录。

新修订的《内务条令（试行）》，明确了内务建设的指导思想和原则，坚持政治建军、改革强军、科技兴军、依法治军，聚焦备战打仗，着眼新体制新要求，调整规范军队单位称谓和军人职责，充实日常战备、实战化军事训练管理内容要求；着眼从严管理科学管理，修改移动电话和互联网使用管理、公车使用、军容风纪、军旗使用管理、人员管理等方面规定，新增军人网络购物、新媒体使用等行为规范；着眼保障官兵权益，调整休假安排、人员外出比例和留营住宿等规定，新增训练伤防护、军人疗养、心理咨询等方面要求。

（二）《纪律条令（试行）》简介

《纪律条令（试行）》是规定军队纪律的条令，是全军维护和巩固纪律的依据。新修订的《纪律条令（试行）》，于 2018 年 3 月 22 日中央军委常务会议通过，自 2018 年 5 月 1 日起施行。该条令共有总则，纪律的主要内容，奖励，表彰，纪念章，处分，特殊措施，控告和申诉，首长责任和纪律监察，附则 10 章 262 条；并有三大纪律、八项注意，个人奖励登记（报告）表，单位奖励登记（报告）表，处分登记（报告）表，行政看管审批表，行政看管登记表，士官留用察看审批表，控告、申诉登记表 8 项附录。

新修订的《纪律条令（试行）》，围绕听党指挥、备战打仗和全面从严治军，提出了政治纪律、组织纪律、作战纪律、训练纪律、工作纪律、保密纪律、廉洁纪律、财经纪律、群众纪律、生活纪律 10 个方面纪律的内容要求；充实思想政治建设、实战化训练、执行重大任务、科技创新等奖励条件；新增表彰管理规范，对表彰项目、审批权限、时机等作出规范，同时取消表彰与奖励挂钩的相应条款；充实违反政治纪律、违规选人用人、降低战备质量标准、训风演风考风不正、重大决策失误、监督执纪不力等处分条件；调整奖惩项目设置、奖惩权限和承办部门，增加奖惩特殊情形的处理原则和规定。

（三）《队列条令（试行）》简介

《队列条令（试行）》是规定部队和单个军人队列动作的条令，是全军队列训练和队列生活的依据。新修订的《队列条令（试行）》，于 2018 年 3 月 22 日中央军委常务会议通过，自 2018 年 5 月 1 日起施行。该条令共有总则，队列指挥，队列队形，单个军人的队列动作，分队、部队的队列动作，分队乘坐交通工具，国旗的掌持、升降和军旗的掌持、授予与迎送，阅兵，仪式，附则 10 章 89 条；并有队列口令的分类、下达的基本要领和呼号的节奏，队列指挥位置示例，标兵旗的规格，符号 4 项附录。

新修订的《队列条令（试行）》，着眼进一步激励官兵士气、展示我军良好形象、激发爱国爱军热情，新增誓师、组建、凯旋、迎接烈士等 14 种仪式，规范完善各类仪式的时机、场合、程序和要求；调整细化阅兵活动的组织程序、方队队形、动作要领；调

整队列生活的基准单位和武器装备操持规范，统一营门卫兵执勤动作等内容。

相关链接：

对照新条令你错在哪了？

第二节　分队的队列动作

分队的队列动作分为集合、离散，整齐、报数，出列、入列，行进、停止，方向变换等内容。通过队列动作的学习，养成良好的组织纪律观念、积极协作的意识和令行禁止的战斗作风。

一、集合、离散

（一）集合

集合

集合，是使单个军人、分队、部队按照规范队形聚集起来的一种队列动作。集合时，指挥员应当先发出预告或者信号，如"全连注意"或者"×排注意"，然后，站在预定队形的中央前，面向预定队形成立正姿势，下达"成××队——集合"的口令。所属人员听到预告或者信号，原地面向指挥员成立正姿势；听到口令，跑步到指定位置面向指挥员集合（在指挥员后侧的人员，应当从指挥员右侧绕过），自行对正、看齐，成立正姿势。

1. 班集合

口令：成班横队（二列横队）——集合。

要领：基准兵迅速到班长左前方适当位置，成立正姿势；其他士兵以基准兵为准，依次向左排列，自行看齐。

成班二列横队时，单数士兵在前，双数士兵在后。

口令：成班纵队（二路纵队）——集合。

要领：基准兵迅速到班长前方适当位置，成立正姿势；其他士兵以基准兵为准，依次向后排列，自行对正。

成班二路纵队时，单数士兵在左，双数士兵在右。

2. 排集合

口令：成排横队——集合。

要领：基准班在指挥员前方适当位置，成班横队迅速站好；其他班成班横队，以基准班为准，依次向后排列，自行对正、看齐。

口令：成排纵队——集合。

要领：基准班在指挥员右前方适当位置，成班纵队迅速站好；其他班成班纵队，以基准班为准，依次向右排列，自行对正、看齐。

3. 连集合

口令：成连横队——集合。

要领：队列内的连指挥员或者基准排，在指挥员左前方适当位置，成横队迅速站好；各排和连部成横队，以连指挥员或者基准排为准，依次向左排列，自行对正、看齐。

口令：成连纵队——集合。

要领：队列内的连指挥员或者基准排，在指挥员前方适当位置，成纵队迅速站好；各排和连部成纵队，以连指挥员或者基准排为准，依次向后排列，自行对正、看齐。

口令：成连并列纵队——集合。

要领：队列内的连指挥员或者基准排，在指挥员左前方适当位置，成纵队迅速站好；各排和连部成纵队，以连指挥员或者基准排为准，依次向左排列，自行对正、看齐。

4. 营集合

营集合，通常规定集合的时间、地点、方向、队形、基准分队以及应当携带的武器、器材和装具等事项。

各连按照规定，由连队值班员整队带往营的集合地点，随即向基准分队取齐，然后，跑步到距主持集合的营值班员 5～7 步处报告人数，营值班员整队后，向营首长报告人数；也可以由连首长整队带往集合地点，直接向营首长报告。例如，"营长同志，× 连应到 ×× 名，实到 ×× 名，请指示"。

营长以口令指挥集合时，参照"（一）集合"的有关规定实施。

5. 旅集合

旅集合，参照营集合的规定实施。

（二）离散

离散，是使列队的单个军人、分队、部队各自离开原队列位置的一种队列动作。

1. 离开

口令：各营（连、排、班）带开（带回）。

要领：队列中的各营（连、排、班）指挥员带领本队迅速离开原列队位置。

2. 解散

口令：解散。

要领：队列人员迅速离开原列队位置。

二、整齐、报数

（一）整齐

整齐，是使列队人员按照规定的间隔、距离，保持行、列平齐的一种队列动作。整

齐分为向右（左）看齐和向中看齐。

口令：向右（左）看——齐。

向前——看。

军人的"整齐划一"

要领：基准兵不动，其他士兵向右（左）转头（持枪时，听到预令，迅速将枪稍提起，看齐后自行放下；持120反坦克火箭筒时，听到预令，左手握提把，右手握握把，提起发射筒，看齐后自行放下），眼睛看右（左）邻士兵腮部，前四名能通视基准兵，自第五名起，以能通视到本人以右（左）第三人为度；后列人员，先向前对正，后向右（左）看齐；听到"向前——看"的口令，迅速将头转正，恢复立正姿势。

口令：以×××为准，向中看——齐。

向前——看。

要领：当指挥员指定"以×××为准（或者以第×名为准）"时，基准兵答"到"，同时左手握拳高举，大臂前伸与肩略平，小臂垂直举起，拳心向右；听到"向中看——齐"的口令后，其他士兵按照向左（右）看齐的要领实施；听到"向前——看"的口令后，基准兵迅速将手放下，其他士兵迅速将头转正，恢复立正姿势。

一路纵队看齐时，可以下达"向前——对正"的口令。

（二）报数

口令：报数。

要领：横队从右至左（纵队由前向后）依次以短促洪亮的声音转头（纵队向左转头）报数，最后一名不转头；数列横队时，后列最后一名报"满伍"或者"缺×名"；连集合时，由指挥员下达"各排报数"的口令，各排长在队列内向指挥员报告人数，如"第×排到齐"或者"第×排实到××名"。

必要时，连也可以统一报数。

要领：连实施统一报数时，各排不留间隔，要补齐，成临时编组的横队队形。报数前，连指挥员先发出"看齐时，以一排长为准，全连补齐"的预告，尔后下达"向右看——齐"口令，待全连看齐后，再下达"向前——看"和"报数"的口令，报数从一排长开始，后列最后一名报"满伍"或者"缺×名"。

三、出列、入列

单个军人和分队出列、入列，通常用跑步，5步以内用齐步，1步用正步，或者按照指挥员指定的步法执行；然后，进到指挥员右前侧适当位置或者指定位置，面向指挥员成立正姿势。

（一）单个军人出列、入列

1. 出列

口令：×××（或者第 × 名），出列。

要领：出列军人听到呼点自己姓名或者序号后应当答"到"，听到"出列"的口令后，应当答"是"。

（1）位于第一列（左路）的军人，按照本条上述规定，取捷径出列。

（2）位于中列（路）的军人，向后（左）转，待后列（左路）同序号的军人向右后退1步（左后退1步）让出缺口后，按照本条的上述规定从队尾（纵队时从左侧）出列；位于"缺口"位置的军人，待出列军人出列后，即复原位。

（3）位于最后一列（右路）的军人出列，先退1步（右跨1步），然后，按照本条有关规定从队尾出列。

2. 入列

口令：入列。

要领：听到"入列"口令后，应当答"是"，然后，按照出列的相反程序入列。

（二）班（排）出列、入列

1. 出列

口令：第 × 班（排），出列。

要领：听到"第 × 班（排）"的口令后，由出列班（排）的指挥员答"到"，听到"出列"的口令后，由出列班（排）的指挥员答"是"，并用口令指挥本班（排），按照本条的有关规定，以纵队形式从队尾（位于第一列的班取捷径）出列。

2. 入列

口令：入列。

要领：听到"入列"的口令后，由入列班（排）指挥员答"是"，并用口令指挥本班（排），以纵队形式从队尾（位于第一列的班取捷径）入列。

四、行进、停止

横队和并列纵队行进以右翼为基准，纵队行进以左翼为基准（一路纵队行进以先头为基准）。

（一）行进

指挥员应当下达"× 步——走"的口令。听到口令，基准兵向正前方前进，其他士兵向基准翼标齐，保持规定的间隔、距离行进。纵队行进时，排、连通常成三路纵队，也可以成一、二路纵队。行进中，需要时，用"一二一"（调整步伐的口令）、"一二三四"（呼号）或者唱队列歌曲，以保持步伐的整齐和振奋士气。

（二）停止

指挥员应当下达"立——定"的口令。听到口令，按照立定的要领实施，分队的动作要整齐一致；停止后，听到"稍息"的口令，先自行对正、看齐，再稍息。

五、方向变换

方向变换，是改变队列面对的方向的一种队列动作。

（一）横队和并列纵队方向变换

停止间，通常是左（右）转弯或者左（右）后转弯，必要时可以向后转。

停止间口令：左（右）转弯，齐（跑）步——走，或者左（右）后转弯，齐（跑）步——走；向后——转，齐（跑）步——走（当需要向后转走时，应当先下"向后——转"的口令，待方向变换后，再下"齐步——走"或者"跑步——走"的口令）。

行进间口令：左（右）转弯——走，或者左（右）后转弯——走。

要领：一列横队方向变换时，轴翼士兵踏步，并逐渐向左（右）转动；外翼第一名士兵用大步行进并同相邻士兵动作协调，逐步变换方向（愈接近轴翼者，其步幅愈小），其他士兵用眼睛的余光向外翼取齐，并保持规定的间隔和排面整齐，转到 90 度或者 180 度时踏步并取齐，听口令前进或者停止。

数列横队和并列纵队方向变换时，第一列轴翼士兵停止间用踏步、行进间用小步，外翼士兵用大步行进，保持排面整齐，边行进边变换方向，转到 90 度或者 180 度后，听口令前进或者停止；后续各列按照上述要领，保持间隔、距离，取捷径进到前一列转弯处，转向新方向跟进。

（二）纵队方向变换

停止间，通常是左（右）转弯，或者左（右）后转弯，必要时可以向后转。

停止间口令：左（右）转弯，齐（跑）步——走，或者左（右）后转弯，齐（跑）步——走；向后——转，齐（跑）步——走（按照横队和并列纵队向后转走的方法实施）。

行进间口令：左（右）转弯——走，或者左（右）后转弯——走。

要领：一路纵队方向变换，基准兵在左（右）转弯时，按照单个军人行进间转法（停止间，左转弯走时，左脚先向前 1 步）的要领实施，在左（右）后转弯时，用小步边行进边变换方向，转到 90 度或者 180 度后，照直前进；其他士兵逐次进到基准兵的转弯处，转向新方向跟进。

数路纵队方向变换时，按照数列横队和并列纵队方向变换的要领实施。

第七章 射击与战术训练

学习目标

⊙ 了解轻武器的战斗性能，掌握射击动作要领，进行体会射击。
⊙ 学会单兵战术基础动作，了解战斗班组攻防的基本动作和战术原则。

本章导读

越是身处飞速发展的时代、越是面对急剧变化的世界，越要了解过去，才能更好地把握当下、规划未来。革命战争时期，我军从战争中学习战争，战役战术训练具有战训一致、以战教战的鲜明特点。新中国成立后，我军军事训练逐步走向正轨，以合同战役战术训练为中心构建了系统规范的军事训练体系。20世纪90年代，全军兴起科技练兵，以网络与模拟系统为支撑的首长机关指挥训练、以基地为依托的合同战术实兵对抗演习、以现实军事斗争任务为牵引的战略战役集训持续深化，战役战术训练的内容、标准、保障等得到全面发展。

进入信息时代，现代战争制胜机理发生深刻变化，战役战术训练必须聚焦联合，更加注重信息主导，把信息系统构建和信息获取运用在训练全过程中突出出来；更加注重体系融合，合理编组作战要素，把各种力量协同配合突出出来；更加注重精确作战，精确选定目标、运用火力、组织保障，把培养指挥员精确指控能力突出出来；更加注重环境构设，在陆海空天电网多维空间，把设置近似实战的信息化战场环境突出出来；更加注重自主对抗，编配专业模拟蓝军，把高难度高强度的真抗实练突出出来，确保符合信息化作战要求。

第一节　轻武器射击

轻武器射击，是指操作人员使用轻武器发射装置，经过瞄准将射弹射向目标的行动。本节重点介绍95式自动步枪的基本常识，简易射击学理，武器操作与实弹射击等内容。

一、轻武器性能、构造与保养

（一）基本常识

中国1995年式5.8毫米自动步枪

95式自动步枪是指中国1995年设计定型、1997年装备部队的5.8毫米自动步枪。具有枪身短、容弹量大、重量轻、机动性好、射击震动小、精度高等特点。采用导气式活塞短行程，使自动机获取后坐能量，机头回转开闭锁，机构动作可靠，能够在各种气候、环境条件下使用；通用组件多，使用、维修方便；采用黑色磷化、阳极氧化等先进工艺以提高防腐能力；采用热模锻铝机匣以及塑料件注塑成型等新工艺，零部件互换性好。枪长（不带刺刀）746毫米，枪重3.25千克，弹匣容量30发，发射87式5.8毫米步枪弹，有效射程400米。95式自动步枪对单个目标在400米内射击效果最好，集中火力可射击500米内的敌机、伞兵以及集团目标。弹匣供弹，每支枪配有5个弹匣。也可使用弹鼓供弹。可实施单发射、短点射（2～5发）和长点射（6～10发）。单发射每分钟40发，点射每分钟100发。

95式自动步枪由刺刀、枪管、导气装置、瞄准装置、护盖、枪机、复进簧、击发机、枪托、机匣和弹匣等部件组成。与白光瞄准镜、微光瞄准镜、多功能刺刀及下挂榴弹发射器组成武器系统，与班用机枪、短步枪组成枪族。

（二）自动原理

扣扳机后，击锤打击击针，撞击子弹底火，点燃发射药，产生火药气体，推送弹头沿膛线向前运动；弹头一经过导气孔，部分火药气体通过导气孔，涌入导气箍，冲击活塞，推动枪机向后，压缩复进簧，完成开锁、抛壳，并使击锤向后成待发状态；枪机退到最后方时，由于复进簧的伸张，使枪机向前运动，推动次一发子弹入膛、闭锁。此时，如保险走在连发位置，扳机未松开，击发阻铁不能卡住击锤，击锤再次打击击针，形成连发，如保险定在单发位置，击锤被单发阻铁卡住不能向前，若再次发射，必须松开扳机，再扣扳机。

（三）分解结合

1. 分解

打开握把盖取出附品筒，将附品从附品筒内取出。左手掌心向上握下护盖（下护手）前端，使枪面稍向左，右手握弹匣，拇指按压弹匣卡榫（也可右手掌心向上握弹匣，以手掌肉厚部分推压卡榫），前推使弹匣凹槽脱离弹匣卡榫，再向后下方取下弹匣。右手握枪托底下部，拇指用力压住枪托底中部偏下部位，左手拇指从左向右将枪托销顶出；左手将枪托销向右拉到尽头。然后，左手托握机匣，右手握枪托并且向后拉，取下枪托。右手向后拉动击锤取下，抽出复进簧，再向后拉出枪机。左手向左旋转机头，待机头开闭锁凸对准机体上的让位槽时，向前拉出机头。左手握机匣尾部，右手先将上护盖向后移动 5 ～ 8 毫米，然后向上提起上护盖。按压调节器卡榫，使其退出定位槽，然后转动气体调节器，当其向上两平面处于水平位置时，向外抽拉卸下气体调节器。用手捏住活塞簧向前推动，当活塞头部露出导气箍时，取出活塞与活塞簧。

2. 结合

结合时，按分解的相反顺序进行。将活塞与活塞簧套装好后，从导气箍处插入。将气体调节器上两平面呈水平状态放入导气箍内，按压调节器卡榫并转动到"1"的位置。右手将上护盖从瞄准镜处装上，并前推下压到定位。右手拿机头，左手拿机体，将机头上闭锁凸榫对准机体上的让位槽，放入机头并向右旋转到定位。右手拿枪机，左手拿复进簧，将复进簧插入复进簧巢内，然后将枪机上的导槽沿机匣上的导棱装上枪机，再将击锤头插入复进簧后部，击锤座对准导棱并装上，此时左手按住击锤不放松。右手握住枪托底上部，使击锤后端对正枪托底部的缓冲器座，装上枪托并插上插销。然后，拉送枪机数次检查机件结合是否正确，扣扳机，关上保险。右手握弹匣，使弹匣头部进入机匣上的弹匣结合口后，再向后扳，当弹匣凹槽进入弹匣卡榫时，会发出"咔嚓"的响声，即为装好。将附品装入附品筒内，再将附品筒放入大握把内并盖好握把盖。

（四）子弹

1. 子弹的各部名称和用途

子弹由弹头、弹壳、底火和发射药组成。弹头，用以杀伤敌人的有生力量；弹壳，用以容纳发射药，安装弹头和底火；底火，用以点燃发射药；发射药燃烧后产生火药气体，推送弹头前进。

2. 子弹的种类、用途和标志

（1）普通弹：用以杀伤敌人的有生力量。弹头头部未涂色。

（2）曳光弹：主要有以试射、指示目标和发信号。命中干草能起火。曳光距离可达800 米。弹头头部绿色。

（3）燃烧弹：主要用以引燃易燃物体。如汽油、煤油、柴油、干草等。

（4）穿甲燃烧弹：主要用以射击飞机及轻装甲目标（在 200 米距离上穿甲厚度为 7 毫米），并能在穿透装甲后引燃油。弹头头部黑色并有一道红圈（1967 年 1 月份以后出厂的只涂黑色）。

（5）空包弹、教练弹等辅助弹：主要用以演习。没有弹头，弹壳口收口压花并密封。教练弹主要用以练习装弹、退弹、击发等动作，外形和重量与普通弹相似，弹壳上

有三道凹槽，无发射装药，底火为橡皮制成。

子弹箱外均标有弹种、数量、批号和年号等。

相关链接：

子弹出膛后的真实运动轨迹

（五）爱护和保养

1. 爱护武器的要求

爱护武器、子弹（枪榴弹）是军人的重要职责，是一项经常性的战备措施，也是预防故障的有效方法。为此，必须做到：勤检查、勤擦拭、不碰摔、不生锈、不损坏、不丢失。如发现机件损坏、丢失，应及时送修或请领，使武器一直保持完好状态。

2. 正确使用擦拭工具

（1）通条头结合在通条上要拧紧，否则容易使结合部螺纹损坏。通条头缠布不要超过转动部分，以免影响通条头转动。松紧适当，过松膛线内壁不易擦净，过紧来回拉动费力，枪膛两头不易擦到，且容易损坏通条头。

（2）对不可卸枪管擦拭枪膛时，一定要用枪口罩，以避免通条摩擦枪口部；对可卸枪管，则用穿孔弹壳放入弹膛内，从枪膛后端擦拭。

（3）油刷只用于射击后立即对枪膛涂油（以软化火药残渣），不能用以擦拭其他部位。使用时，也不允许将其直接伸入油壶，以免把油弄脏，影响油的质量。

3. 各部位的擦拭保养方法

（1）金属未涂漆部分。先用旧布除去旧油，然后用干净布将机件表面擦干净，再涂上新油。凡是孔、沟、槽等难以擦拭的部位，应用擦拭棍缠上布进行擦拭，生锈严重的机件，可用煤油或木炭粉蘸上枪油除去，然后擦拭干净再涂上枪油。

（2）涂漆部分。不能用煤油洗涤，也不准涂油。其上的尘土可用旧布擦去或用水清洗（注意防止水分侵入机件内部）。脱部位可在擦净后，涂上薄薄的一层油。

（3）木质部分。无须涂油，用布将其表面擦拭干净即可。当其受雨或浸水后，只需用布将水擦干，放在通风干燥处晾干，严禁火烤和曝晒。如受雨淋或浸水过久，水会浸内部，使得木质部分膨胀，应及时将水分擦干，金属部件涂上油，然后结合起来晾干，以防止木质变形。

（4）胶质部分。用湿布擦拭，或用净水冲洗掉其上的泥土即可。严禁日晒和火烤。

（5）皮革部分。用干净布将泥土、灰尘擦净即可。若有生霉现象，可先用湿布擦去霉点，然后用干净布擦干，再涂上保革油。严禁日晒和火烤，以防变硬、变脆。

（6）射击后枪械的擦拭。对射击后枪械的擦拭，重点应擦拭枪膛、导气装置以及其他受火药气体熏染过的机件。

（7）对枪膛的擦拭。首先将枪分解，并结合好通条，然后用麻（或代用品）蘸上擦拭剂，插入枪膛，来回拉动数次，直至用干净布检查时，白布上没有火药烟垢为止。之后，在通条头上缠上干净的布将擦拭剂擦干净。最后在通条头上缠上干净的布蘸油，在膛壁上涂油。

（8）对导气装置的擦拭。在擦拭棍上缠上白布蘸擦拭剂进行擦拭。若导气孔被烟垢堵塞可先灌上擦拭剂，待烟垢软化后，再用相应的铣杆除去烟垢，待烟垢擦拭净后，再用布擦净擦拭剂，最后用干净的布蘸油涂在导气装置的表面。若零件上结有硬固烟垢，一时难以擦除掉，应将其放在擦拭剂内浸泡一段时间，以软化烟垢，严禁用砂布擦或在地上打磨。

（9）对其他受火药气体熏染过的机件的擦拭。先用旧布蘸上擦拭剂，将烟垢除去，再用布擦干，最后涂油。

4. 擦拭保养检查

检查外部时，看金属部分是否有污垢、锈痕和碰伤；塑料（木质）部分有无裂缝和碰伤；各部机件号码是否一致；准星是否弯曲和松动，刻线是否与矫正结果一致；表尺转轮转动是否自如并能固定在各个分划上。检查枪膛时，看是否有污垢、生锈和损伤。检查机能时，将装有教练弹的弹匣装在枪上，拉送枪机数次，检查送弹、闭锁、击发、退壳和保险时各部机能是否正确。检查附品和子弹时，看附品是否齐全完好，子弹（枪榴弹）有无锈蚀、凹陷、裂缝、结合部松动等现象。

二、简易射击学理

射击基本原理，主要包括发射与后坐、弹道的基本知识、选定表尺分划和瞄准点、射弹的影响因素及其修正方法等。

（一）发射与后坐

1. 发射及其过程

发射是指火药气体压力将弹头从膛内推送出去的现象。发射的全过程是：击针撞击子弹底火，使起爆药发火；火焰通过导火孔引燃发射药，产生大量火药气体，在膛内形成很大的压力，迫使弹头脱离弹壳，沿膛线旋转加速前进，直至推出枪口。

2. 后坐

后坐是指武器发射时，枪身向后运动的现象。发射药燃烧时，产生的气体同时作用于各个方向，作用于膛壁周围的压力被膛壁所抵消；向前作用于弹头后部的压力推送弹头前进；向后作用于弹壳底部的压力经过枪机传给整个武器，使武器向后运动，形成后坐。武器的后坐和弹头的运动是同时开始的。在弹头脱离枪口瞬间，大量的火药气体随弹头后部从膛内向外喷出，形成了反作用力，使武器后坐更加明显。

后坐对单发射击和连发射击的首发命中影响极小。因为弹头在膛内运动的时间极短（约千分之一秒），并且枪比弹头重得多（冲锋枪、半自动步枪400倍以上），所以弹头在脱离枪口以前，枪的后坐距离只有1毫米多。而且是正直向后运动，加之衣服和肌肉

的缓冲，射手是感觉不出来的。射手感觉到的后坐，主要是弹头在脱离枪口的瞬间，火药气体猛烈向枪口外喷出形成的反作用力造成的。此时，弹头已脱离枪口。因此，后坐对单发（连发首发）射击的命中影响极小。

后坐对连发射击的命中有一定的影响。因为连发射击时，第一发子弹发射后，由于枪的明显后坐变动了原来的发射线，所以对第二发以后的射弹命中有一定的影响。但只要射手据枪要领正确，适应连发武器射击时后坐的规律，就能减小后坐对连发命中的影响，提高射击精度。

（二）弹道及其实用意义

弹头运动中，其重心所经过的路线叫弹道。弹头脱离枪口后，如果没有重力和空气阻力的作用，它将保持其获得的速度，沿着发射线无止境地匀速飞行。实际上弹头脱离枪口在空气中飞行时，同时受到重力和空气阻力的作用，使弹道不能成为一条直线。

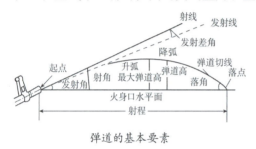

弹道的基本要素

弹道的基本要素包括以下方面：① 起点：枪口中心点（外弹道开始点）；② 火身口水平面：通过起点的水平面；③ 射线：发射前枪轴线的延长线；④ 射角：射线与枪口水平面所夹的角；⑤ 发射线：发射瞬间枪轴线的延长线；⑥ 发射角：发射线与枪口水平面所夹的角；⑦ 发射差角：射线与发射线所夹的角；⑧ 升弧：由起点到弹道最高点的弹道；⑨ 降弧：由弹道最高点到落点的弹道；⑩ 弹道高：弹道上任何一点到枪口水平面的垂直距离；⑪ 最大弹道高：弹道最高点到枪口水平面的垂直距离；⑫ 射程：起点到落点的水平距离；⑬ 落角：落点的弹道切线与枪口水平面的夹角；⑭ 弹道切线：与弹道弧线任何一点相切的直线；⑮ 落点：弹道降弧终止的点（外弹道结束点）。

弹道的实用意义涉及危险界、遮蔽界和死角等问题。懂得了危险界、遮蔽界和死角，在战斗中就能更好地隐蔽身体、发扬火力，灵活地运用地形地物，隐蔽地运动、集结和转移，以避开或尽量减少敌火力的杀伤，在组织火力配系时就能正确地选择射击位置和组织火力，千方百计地增大危险界和减少射击地带内的遮蔽界与死角，并善于运用弯曲弹道和各种武器的侧射、斜射火力消灭隐蔽在遮蔽界和死角内的敌人。

（三）选定表尺分划和瞄准点

1. 瞄准具的作用

由于重力和空气阻力的作用，如果用枪管瞄向目标射击，射弹就会打低或打近。为了命中目标，必须将枪（筒）口抬高，使枪轴线和瞄准线之间形成一定的夹角，即瞄准角。瞄准角的大小，是根据射弹在不同距离上的降落量来确定的。距离越远，所需要的瞄准角越大；距离越近，降落量越小，所需要的瞄准角也就越小。瞄准具就是根据这一原理设计制成的。可见，瞄准具的作用就是对一定距离上的目标射击时，赋予武器相应的瞄准角和射向。射击时，只要按照目标的距离装（选）定表尺分划瞄准射击，就能命中目标。

2.瞄准要素

瞄准通常包括以下要素：① 瞄准基线：（觇孔中心）到准星尖的直线；② 瞄准线：瞄准基线向目标方向的延长线；③ 瞄准点：瞄准线所指向的一点；④ 瞄准角：射线与瞄准线的夹角；⑤ 高低角：瞄准线与枪口水平面的夹角（目标高于枪口水平面时，高低角为"+"；目标低于枪口水平面时，高低角为

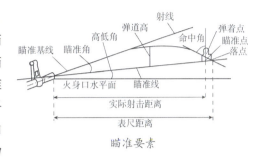

瞄准要素

"-"）；⑥ 瞄准线上弹道高：弹道上的任何一点到瞄准线的垂直距离；⑦ 落点：弹道降弧与瞄准线的交点；⑧ 弹着点：弹道与目标表面或地面的交点；⑨ 命中角：弹着点的弹道切线与目标表面或地面所夹的角，命中角通常以小于90度的角计算；⑩ 表尺距离：起点到落点的距离；⑪ 实际射击距离：起点到弹着点的距离；⑫ 枪口水平面：通过起点的水平面。

3.表尺分划和瞄准点的选定

为了使射弹更准确地命中目标，射击时，射手应根据目标距离、大小和武器的弹道高，正确地选定表尺分划和瞄准点。

（1）目标距离为百米整数时，可根据目标的距离装定相应的表尺分划，瞄准点选在目标中央。

（2）目标距离不是百米整数时，通常选定大于实距离表尺分划，根据武器和该距离上的弹道高，相应降低瞄准点射击。也可选定小于实际距离的表尺分划。根据武器在该距离上的负弹道高，相应提高瞄准点射击。

（3）战斗中，对300米距离以内的目标射击时，通常定常用表尺分划，小目标瞄下沿，大目标瞄中央射击，即可命中。

（四）射击精度的影响因素及修正方法

1.风对射弹的影响及修正

风是一种具有速度和方向的气流，它能改变射弹的飞行方向和距离。在各种外界条件下，风对射弹的飞行影响最大。因此，必须准确地判定风向和风力，根据风对射弹的影响进行修正，以保证射弹准确命中目标。

（1）风向和风力的判定

按风吹的方向和射击方向所形成的角度可将风分为横风、斜风和纵风。横风是指从左或右与射向成90度的风。斜风是指与射向成锐角的风。纵风是指从后或前与射向平行吹来的风。射击时，通常以射向成45度的风计算。风与射向成60度时，可按横风计算；小于30度时可按纵风计算。顺射向吹来的风为顺风；逆射向吹来的风为逆风。在

气象上把风划分为十二个等级，在军事上为了便于区分和应用，按风力的大小将风划分为强风、和风和弱风三种。风力的大小，可用测风仪测出，也可根据人的感觉和常见物体被风吹动的情况来判定。

（2）风对射弹的影响及修正

横（斜）风能对弹头的侧面施以压力，使射弹偏向一侧，产生方向偏差（斜风还能使射弹产生距离偏差，因偏差很小，故不考虑）。风力越大，距离越远，偏差也就越大。风从左吹来，射弹偏右；风从右吹来，射弹偏左。

纵风能影响射弹的飞行距离。顺风时，空气阻力较小，使射弹打远（高）；逆风时，空气阻力较大，使射弹打近（低）。在近距离内，风速为 10 米/秒时，纵风对射弹影响很小，一般可不修正。对远距离目标射击时，应适当降低或提高瞄准点。

2. 光对射弹的影响及克服

（1）阳光对瞄准的影响

在阳光下瞄准时，由于阳光照射作用，缺口部分产生虚光，形成三层缺口：虚光部分、真实部分、黑实部分。如不注意辨清真实缺口的位置，就容易产生误差，使射弹产生偏差。若用虚光部分瞄准，射弹就偏向阳光照来的方向。阳光从右上方照来时，缺口的左边和上沿产生虚光，用虚光部分瞄准，准星实际上偏右高，因此射弹偏右上。阳光从左上方照来，用虚光部分瞄准，射弹则偏左上。若用黑实部分瞄准，射弹就偏向阳光照来的相反方向。阳光从右上方照来时，用黑实部分瞄准实际上偏左低，因此射弹偏左下。阳光从左上方照来时，射弹则偏右下。在阳光照射下，缺口和准星尖同时产生虚光时，若用虚光部分瞄准，射弹偏低；若用黑实部分瞄准，射弹偏高。

（2）克服方法

要克服阳光对射击的影响，可在不同方向的阳光照射下瞄准，采取遮光瞄准不遮光检查，或不遮光瞄准遮光检查的方法，反复练习，切实辨清真实缺口的位置和正确瞄准的景况。平正准星与缺口要细致，但瞄准时间不宜过长，以免眼花而产生误差。平时要注意保护好瞄准具，不使其磨亮而反光。

采用准星与觇孔瞄准时，因受阳光影响较小，可忽略不计。

3. 气温对射弹的影响及修正

（1）气温对射弹的影响

气温变化，空气密度即随之变化，对射弹的阻力也就不同。气温升高时，空气密度减少，射弹在飞行中受到的空气阻力就减少，射弹就打得远而高；反之，射弹就打得近而低。

（2）修正方法

由于各地区各季节的气温不同，很难与标准气温条件相符。因此，应当在当地的气温条件下矫正武器的射效，并以矫正射效时的气温条件为准。射击时，若气温差别不大，在 400 米内对射弹命中的影响极小，不必修正。若气温差别很大或对远距离目标射击时，应适当提高或降低瞄准点。

178

三、射击准备

（一）验枪

口令："验枪""验枪完毕"。

听到"验枪"的口令后，右手放开枪背带，枪自然下落，右手移握大握把，而后以右脚掌为轴，身体半面向右转，左脚顺势向前迈出一步（两脚分开约与肩同宽，重心落于两脚之间），同时右手将枪向前送出，左手接握下护盖，枪托夹于右胁与右大臂之间，枪口约与肩同高。左手大拇指打开保险，移握弹匣，大拇指按压弹匣卡榫，卸下弹匣，弹匣口向上交给右手握于大握把左侧，左手食指或中指向前扣住机柄。当指挥员逐个检查时，或逐个下达"拉"及其他约定的口令时，拉枪机向后。验过后，自行送回枪机，装上弹匣，扣扳机，关保险，左手移握下护盖。必要时，可在"验枪"口令后下达"自验"口令，以使验枪动作协调统一。

听到"验枪完毕"的口令，左手反握上护盖，右手移握右肩前枪背带，身体半面向左转，在右脚靠拢左脚的同时，两手协力恢复肩枪姿势。

（二）卧姿装退子弹及定复表尺

口令："卧姿——装子弹""退子弹——起立"。

听到"卧姿——装子弹"口令后，右手移握提把，使枪口向前（背带从肩上脱下），左脚向右脚尖前迈出一大步左臂伸出，掌心向下，手指稍向右，按照手、膝、肘的顺序顺势卧倒，以身体左侧、左肘支持全身，右手将枪向目标方向送出；左手接握下护木，枪面稍向左，枪托着地；右手打开枪刺，卸下空弹匣（弹匣口朝后）交给左手握于护盖右侧，解开弹袋扣，换上实弹匣，将空弹匣装弹袋内并扣好，右手掌心向上，虎口向前，食指或中指打开保险，拉枪机送子弹上膛，关上保险，右手拇指和食指转动表尺转轮，使所需要的表尺分划位于上方。然后，右手移握握把，全身伏地，两脚分开约与肩同宽，身体右侧与枪略成一线，目视前方，准备射击。

听到"退子弹——起立"口令后，稍向左侧身，右手卸下实弹匣交给左手，打开保险，拇指慢拉枪机向后，余指接住从膛内退出的子弹，送回枪机，将子弹压入弹匣内，解开弹袋扣，换上空弹匣，把实弹匣装入弹袋内并扣好，扣扳机，关保险，复表尺，右手移握提把，将枪收回，左小臂内合，屈左腿于右腿下，以左手和两脚撑起身体，右脚向前一大步，左脚再向前一步，左手反握上护盖，将枪倒置于胸前，右手挑起背带，在右脚靠拢左脚的同时，两手协力将枪送上右肩，恢复肩枪姿势。

四、实弹射击

对固定目标实弹射击包括卧、跪、立三种姿势和有依托、无依托两种情况。这里重点介绍卧姿有依托对固定目标实弹射击。

（一）据枪、瞄准、击发

据枪、瞄准、击发是相互联系和相互影响的动作，稳固持久的据枪，正确的一致的瞄准，均匀正直的击发，三者正确的结合是准确射击的关键。因此，必须刻苦练习，熟练掌握。

1. 据枪

下护盖前端放在依托物上，身体右侧与枪身略成一线。右手虎口向前紧握握把，食指第一节靠在扳机上，右肘尽量里合着地前撑。左手握下护盖或小握把，也可掌心向后，虎口向上托握枪托的弧形部，左肘着地外撑，两肘保持稳固。胸部挺起，身体稍向前跟（右肘不离地），上体自然下塌，两手用力保持不变，使枪托低于肩窝。头稍前倾，自然贴腮。

2. 瞄准

首先使瞄准线自然指向目标，若未能指向目标，必须调整姿势，不可迁就而强扭枪身。需要修正方向时，可左右移动身体或两肘。需要修正高低时，可前后移动整个身体或两肘里合、外张，也可适当调整依托物。

3. 击发

用右手食指第一节均匀正直地向后扣压扳机（食指内侧与枪应有不大的空隙），余指力量不变。当瞄准线接近瞄准点时，开始预压扳机，并减缓呼吸。当瞄准线指向瞄准点时，就停止呼吸，继续增加对扳机的压力，直到击发，击发瞬间应保持正确一致的瞄准。若瞄准线偏离瞄准线或不能继续停止呼吸时，应既不增加也不放松对扳机的压力，等修正或换气后，再继续扣压扳机。

相关链接：

实弹射击

（二）实弹射击有关规定和安全措施

1. 实弹射击有关规定

实弹射击时，射手必须使用手中武器，如不能使用手中武器射击，须经首长批准（军训使用矫正合格的武器射击）。射击中如发生故障，射手应自行排除，继续射击。如因武器、子弹不良发生故障，可重新射击。跳弹命中靶子，不计算成绩。对环靶射击，命中环线算内环。打错靶算脱靶，被打错靶者如无法判明错弹时，可重新射击。不及格者可补射一次。补射成绩不算单位成绩。

2. 射击场的组织和主要人员职责

（1）射击指挥员负责组织设置场地，派遣勤务，督促全体人员遵守射击场的各项规定和安全措施，指挥射击。

（2）警戒组负责射击场的警戒和观察任务。射击前应严密搜索并保证警戒区内无人员和牲畜；射击时严禁人员和牲畜进入警戒区。警戒人员应携带警戒旗，发现险情应立即发出信号，向指挥员报告。

（3）示靶组负责设靶、示靶和报靶。

（4）信号（观察）员根据射击指挥员的指示发出各种信号，并认真观察射击场的安全情况，发现险情应立即报告。

（5）发弹员按指挥员命令发给射手规定的子弹，收回剩余子弹。

此外应有记录员、医务人员。

3.射击场的安全措施

（1）射击场必须有可靠的靶挡，并构筑确保安全的示靶壕。

（2）射击场应区分出发地线和射击地线。无关人员不得越过出发地线。

（3）射击前，应向全体人员明确规定各种信号，如戒严、开始射击、停止射击（报靶）和射击中止等信号。

（4）开始射击信号发出后，示靶人员应迅速、确实地隐蔽好，严禁向外探望或外出。如需要外出时，应用信号向指挥员报告，经许可后方可外出。

（5）射击完毕后必须验枪。

第二节　战　术

战术是指指导和进行战斗的方法。主要包括战斗基本原则以及战斗部署、协同动作、战斗指挥、战斗行动、战斗保障、后勤保障和技术保障等。按基本战斗类型分为进攻战术和防御战术；按参加战斗的军种、兵种分为军种战术、兵种战术和合同战术；按战斗规模分为兵团战术、部队战术和分队战术。本节介绍单兵战术基础动作和班（组）战术动作。

一、单兵战术基础动作

单兵战术基础动作，包括卧倒与起立、直身（屈身）前进、匍匐前进、跃进与滚进、利用地形地物。基本战斗方法，包括构筑工事与设置障碍、战斗运动、行进间射击动作、近迫作业、战术情况处置、城市居民地的战术动作、战斗警戒等。

（一）卧倒与起立

在战斗中突然遭敌火力射击时，应迅速卧倒。卧倒分为徒手卧倒、单手持枪（筒）卧倒、双手持枪（筒）卧倒和反身卧倒。

1.卧倒

（1）徒手卧倒

口令：卧倒。

要领：左脚向右脚尖前迈出一大步，左腿弯屈，上体前倾，两眼注视前方，左手顺左脚方向伸出，掌心向下，手指稍向右，以左膝、左手、左肘的顺序着地，迅速卧倒，左小臂横贴于地面上，右手腕压在左手腕上；两手握拢，手心向下，两腿自然伸直，两脚分开与肩同宽，脚尖向外。必要时，也可右脚向前一大步，左手撑地迅速卧倒。

（2）单手持枪（筒）卧倒

口令：持枪（筒）卧倒。

要领：单手持95式自动步枪卧倒时，左脚（也可右脚）向前迈出一大步，左腿弯曲，上体前倾，两眼注视前方，左手顺左脚方向伸出，按左手、左膝、左肘的顺序着地，迅速卧倒。卧倒后，右手将枪向目标方向送出，左手接握下护盖，右手移握握把，全身伏地，据枪射击。安装瞄准镜时，不采取单手持枪卧倒的方法。班用机枪、火箭筒手卧倒时，左手打开脚架，同时左脚向前一大步，将枪（筒）对向目标架在地上，两手在枪（筒）身左侧撑地，两腿同时后伸迅速卧倒；需要射击时，成据枪（筒）射击姿势。

（3）双手持枪（筒）卧倒

持枪卧倒

口令：持枪（筒）卧倒。

要领：双手持95式自动步枪卧倒时，左脚（也可右脚）向前迈出一大步，左腿弯曲，上体前倾，两眼注视前方，右手握握把，左手松开下护盖顺左脚方向伸出，按左手、左膝、左肘的顺序着地，迅速卧倒。卧倒后，右手将枪向目标方向送出，左手接握下护盖，全身伏地，据枪射击。

（4）双手持枪（筒）行进间卧倒

口令：持枪（筒）卧倒。

要领：左脚向右脚前迈出一大步，上体前倾，重心前移，按左膝、左肘的顺序着地迅速卧倒，同时身体里合，右肘着地成据枪（筒）射击姿势。

（5）反身卧倒

反身卧倒，是在持枪跃进过程中，后方突然出现目标时，迅速隐蔽、射击的一种卧倒方式。

口令：反身卧倒（或后方出现目标）。

要领：左脚向前迈出一大步，左手前伸，身体下塌前倾，利用两脚的蹬力将身体向后（反时针方向）旋转180度，重心左倾，按左手、左腿外侧的顺序着地，侧身卧倒，左腿弯曲，右腿伸直，注视目标。

2. 起立

（1）徒手起立

口令：起立。

要领：转身向右，两眼注视前方，左腿自然微弯，左小臂稍向里合，以左手、左肘、左膝的支撑力将身体支起，同时右脚向前一大步，左脚再向前一步，右脚靠拢左脚，成立正姿势。

（2）持枪（筒）起立

口令：起立

要领：持95式自动步枪起立时，右手握握把将枪收回的同时，屈左腿于右腿下，收回左小臂，然后用左臂和两腿的撑力撑起身体，右脚向前一大步，左脚再向前大半步，右脚靠拢左脚的同时，成单手持枪立正姿势；或者左手接握下护盖，成双手持枪立正姿势。（双手持枪行进间起立要领与停止间动作基本相同。）

（二）直身（屈身）前进

直身前进是在距敌较远，地形隐蔽，敌观察、射击不到时采用的运动姿势。屈身前进是在遮蔽物略低于人体时采用的运动姿势。

1. 直身前进

口令：向××——直身前进——。

要领：听到口令后，目视前方，右手持枪（筒），大步或快步前进。

2. 屈身前进

口令：向××——屈身前进——。

要领：目视前方，右手提枪（筒），上体前倾，头部不要高出遮蔽物，两腿弯曲（屈身程度视遮蔽物高低而定），大步或快步前进。

（三）匍匐前进

通过敌步枪、机枪火力封锁较短地段或利用较低的遮蔽物前进时，通常采用匍匐前进的运动方法。根据遮蔽物的高低分为低姿、高姿、侧身匍匐和高姿侧身匍匐四种。

1. 低姿匍匐

低姿匍匐是在遮蔽物高约40厘米时采用的运动方法。

口令：向××——低姿匍匐前进——。

要领：腹部贴于地面，屈回右腿，伸出左手，用右脚内侧的蹬力和左手的扒力使身体前移，在移动的同时，屈回左腿，伸出右手，用左脚内侧的蹬力和右手的扒力使身体继续前移，依次交替前进。携95式自动步枪时，右手握握把和背带，枪面向右，枪身紧靠右小臂内侧；也可左手握护盖，右手握枪颈，将枪横托于胸前，枪口离地；携班用机枪时，通常右手握握把推枪前进，也可由正副射手协

低姿匍匐

同推、拉枪前进；携火箭筒时，右手握握把或脚架顶端，将筒置于右小臂上；火箭筒副射手可采取背、推、拉背具的方法前进。

2. 高姿匍匐

高姿匍匐是在遮蔽物高约60厘米时采用的运动方法。

口令：向××——高姿匍匐前进——。

要领：用两小臂和两膝支撑身体前进。携枪（筒）方法同低姿匍匐，有时可将枪托（筒尾）向右，两手托握枪（筒），火箭筒副射手可背背具或以两小臂托背具的方法前进。

3. 侧身匍匐

侧姿匍匐

侧身匍匐是在遮蔽物高约 60 厘米时采用的运动方法。

口令：向××——侧身匍匐前进——。

要领：右手前伸移握握把将枪收回，同时侧身，使身体左大腿外侧着地，左小臂前伸着地，左大臂向前倾斜支撑上体，左腿弯曲，右腿收回，右脚靠近臀部着地，右手握枪（筒），用左臂的支撑力和右脚跟的蹬力使身体前移。火箭筒副射手可将背具夹于右胁或右手拉背具前进。

4. 高姿侧身匍匐

高姿侧身匍匐通常是在遮蔽物高 80～100 厘米时采用的运动方法。

口令：向××——高姿侧身匍匐前进——。

要领：左手和左小腿外侧着地，右手提枪（筒），以左手的支撑力和右脚掌的蹬力使身体前移。

（四）跃进与滚进

跃进，是在敌火下迅速通过开阔地时采用的运动方法。滚进，是在卧姿时，为避开敌人观察、射击，而左右移动或通过棱线时采用的运动方法。

1. 跃进

跃进时要做到跃起快、前进快、卧倒快。跃进前，应先观察前方地形、敌情，选择好前进路线和暂停位置，尔后，迅速突然地前进。

（1）单手持枪（筒）跃进

单手持枪（筒）跃进，通常在距敌较远，地形平坦时采用。

口令：向××——单手持枪（筒）跃进——。

要领：卧姿跃起时，可先向左（右）移（滚）动，以迷惑敌人。自动步枪手应迅速收枪，同时屈左腿于右腿下，右手提枪，以左手、左膝、左脚的撑力将身体支起，右脚向前一大步，左脚再向前一大步的同时，左手挑起背带，压于右手拇指内侧，出右脚迅速前进。班用机枪、火箭筒手跃起时，应以双手和左脚迅速撑起身体，右脚向前一大步，同时右手握护木（握握把），迅速前进。跪姿、立姿时，应迅速利用两脚的蹬力跃起前进。前进时，右手持枪（提筒），火箭筒副射手背背具或右肩挎一侧的背具带，并将背具夹于右胁，目视前方，屈身快跑。班用机枪、火箭筒副射手通常在射手左后侧 3 ～ 5 米处，与射手同时前进。跃进距离和速度应根据敌火威胁程度、地形特点而定。敌火越猛烈，地形越开阔，跃进距离应越短，速度应越快，每次跃进的距离通常为 15 ～ 30 米。当进到暂停位置或遭敌猛烈射击时，应迅速隐蔽或卧倒，并准备射击。

（2）双手持枪（筒）跃进

双手持枪（筒）跃进，通常在距敌较近或通过复杂地段时采用。

口令：向××——双手持枪（筒）跃进——。

要领：卧姿时，可先向左（右）移（滚）动，以迷惑敌人。自动步枪手两小臂撑地，迅速收腹，同时收回左腿，左膝跪地，利用两小臂、左膝将身体撑起，右脚向前一步，同时端枪迅速前进。跪姿、立姿时，应迅速利用两脚的蹬力跃起前进。前进时，左肘稍离开身体，左小臂略平，左手虎口正对枪面，右手握握把，枪托轻贴右胯，并与身体后侧取齐，枪身与地面约成 45 度，枪面稍向左，两腿弯曲，上体前倾，收腹含胸，曲身快跑。班用机枪、火箭筒手两手将身体撑起，左脚向前一步，同时左手握护木、火箭筒手左手托握弹体，右手握握把，迅速跃起前进。

2. 滚进

口令：向××——滚进——。

要领：将枪关上保险，左手握枪表尺上方，右手握枪颈附近或两手握护木，枪面向右，顺置于胸、腹前抱紧，两臂尽量向里合，两脚腕交叉或紧紧并拢，全身用力向移动方向滚进。

运动中，也可在卧倒同时向移动方向滚进。其要领：左（右）脚向前一大步，左手在左（右）脚前着地，身体尽量下塌，右手将枪挽于小臂内，枪面向右。身体向右（左）侧，在右（左）肩、臂着地同时，向右（左）滚进。滚进时，右（左）腿伸直，左（右）腿微屈，滚进距离长时可两腿夹紧。

（五）利用地形地物

地形地物是指地面高低起伏的状态和固定性物体。它对战斗行动有着重要影响。在战斗中要善于利用地形地物。利用地形地物占领射击位置时，要根据敌情、任务和遮蔽物的高低、大小取适当姿势，隐蔽占领。对不便于射击的位置，应加以改造。在一地不要停留过久，视情况灵活地变换位置。

1. 对堤坎、田埂的利用

横向的利用背敌斜面或残缺部位，班用机枪、火箭筒手通常将枪（筒）脚架支在背敌斜面上，筒口距地面不得小于 20 厘米；纵向的通常利用弯曲部或顶端一侧，依其高度取适当姿势。堤坎高于人体时，应挖踏脚孔或阶梯。如利用堤坎对空射击时，通常利用其顶部，并根据其高度取不同姿势。

2. 对土（弹）坑、沟渠的利用

通常利用其前沿，纵向沟渠利用弯曲部。根据敌情和坑的大小、深度，以跳、滚、匍匐等方法进入，并取适当姿势；对空射击时，以坑沿作依托或背靠坑壁进行射击。火箭筒手应利用坑的右前沿作依托，以防射击时喷火自伤。

3. 对土堆（坟包）的利用

通常利用独立土堆（坟包）的右侧，如视界、射界受限或右侧有敌火力威胁时，也可利用其左侧或顶端。双土堆（坟包）通常利用其鞍部。对空射击时，通常利用其后侧或顶端。

4. 对树木的利用

通常利用其右后侧，根据树干的粗细取适当姿势。树干粗（直径50厘米以上）可取各种姿势，树干细通常采取卧姿。如取立姿时，应尽量将身体左侧、左大臂（或左小臂）、左膝紧靠树木，右腿稍向后蹬；如对空射击时，可将左小臂抬高或身体左后侧紧靠树木进行射击。如取卧姿时，应将左小臂紧靠树木或以树的根部为依托，两脚自然并拢，身体尽量隐蔽在树后侧。班用机枪手通常采取卧姿，根据树干的粗细和地形情况，脚架可超过树干。火箭筒手卧姿射击时，应将筒口前伸超过树干或离开树干20厘米以上，以便使火箭弹脱离筒口尾翼能张开。

5. 对墙壁、墙角、门窗的利用

利用墙体作战

按其高度取适当姿势。矮墙可利用顶端或残缺部；墙高于人体时，可将脚垫高或挖射击孔。班用机枪手利用墙壁射击时，可将脚架折回（利用土墙时不宜折回，以免活塞塞进土发生故障）。对空射击时，通常利用其顶端作依托或背靠墙壁，依其高度取不同姿势。墙角通常利用右侧，左小臂紧靠墙角，取适当姿势。接近后应注意观察，另一侧无敌人再利用；如另一侧有敌人，应以手榴弹、抵近射击、刺刀将其消灭。火箭筒手利用墙角射击时，筒口距墙角不小于20厘米。门通常利用左侧。窗可利用左（右）下角。

6. 对高苗、丛林地的利用

应尽量利用靠近敌方的边缘内侧，按其高低、稠密情况取适当的姿势。接近时，应注意观察，保持前进方向，利用空隙，轻轻地拨开高苗或利用风吹草动的机会迅速占领。

7. 对野菠萝、虎尾兰、仙人掌、剑麻、琼麻的利用

通常利用它们的右侧，视情也可利用其左侧。利用野菠萝、虎尾兰、仙人掌时通常采取卧姿，利用剑麻、琼麻时依其大小取卧、跪、立三种姿势。火箭筒手射击时，筒口距植物外沿不小于20厘米。

二、分队战术

分队是指直接担负作战和保障任务的营级以下建制单位。分队战术训练是指分队为掌握战斗原则和方法而进行的训练。目的是提高分队指挥员的组织指挥和分队协同作战的能力。本书主要以步兵班组战术为例进行介绍。步兵班通常编制 8～10 人，通常由班长、副班长及 6～8 名士兵组成。根据敌情、任务、地形，步兵班可编为 2～3 个战斗小组。步兵班在进攻战斗中，通常在排的编成内担任突击班，有时担任连（排）预备队，根据情况还可以担任侦察战斗队、障碍扫残队以及渗透袭击或指示目标等任务。

（一）分队战术原则

战术原则，是组织和实施战斗必须遵循的基本准则。它旨在告诫人们正确运用战斗规律，在认识和处理那些具有极大盖然性和不固定性的战斗问题的过程中，始终把握基本方向和主要线索，把主观指导与战斗实际辩证地统一起来，以便获得规律支配下的相对自由权，能动而有创造性地去夺取战斗的胜利。

1. 集中力量，近战歼敌

班在进攻战斗中，要善于使用集中重型武器，选敌弱点和要害，在同一时间、同一地点（段）攻击一个主要目标，充分利用地形、严密组织火力掩护，采取分组交替跃进等方法，迅速、隐蔽、大胆地逼近敌人，以突然、勇猛的冲击，坚决突入敌阵地，胶着近战，各个歼敌。

2. 充分发扬火力，为兵力行动创造有利条件

战斗中，应当优先使用火力，并做到能够使用火力打击达成目的的可不使用兵力行动，能以火力为主达成目的则少用兵力行动。

3. 主动引导上级火力，发挥信息节点功能

引导打击是步兵班战斗中经常担负的重要任务。步兵班的战斗角色已由"战斗队"拓展为"侦察、定位、引导"队。战斗中，应根据战场实际情况，充分发挥位于交火一线的自身优势，灵活运用各种手段，快速发现和准确定位目标，及时呼唤上级火力，为上级火力指示目标，适时观察目标摧毁情况，上报火力打击效果。

4. 迅速、充分、周密地做好战斗准备

步兵班在受领任务后，必须着眼于最困难、最复杂的情况，抓住重点，迅速完成战斗准备。

5. 及时、果断、灵活地指挥

战斗中，班长应善于根据敌情、地形和任务，灵活地变换战术，及时、果断地处置各种情况。在与上级失去联系、被敌包围的情况下，要沉着冷静，围绕上级的意图，客观、全面、准确地判断情况，实施不间断的指挥。

（二）步兵班进攻战斗

步兵班进攻战斗通常按照进攻准备、接敌运动、冲击准备、冲击、在敌阵地内战斗

的程序展开。

1. 进攻准备

步兵班通常在进攻展开地区或运动中受领任务。受领任务后，班长应了解上级的意图、班的任务，分析判断敌情、地形及班完成任务的有利条件和不利因素，在上级规定的时间内迅速、充分、周密地做好战斗准备。其主要动作包括：占领进攻出发阵地，派出观察员，指定值班火器；传达与规定任务；完成进攻准备等。

2. 接敌运动

步兵班在接敌运动中，应善于利用地形和我方火力掩护，灵活运用战斗队形和运动方法，注重火力与运动的紧密结合，正确处置各种情况，减少敌火杀伤，快速逼近敌人，迅速占领冲击出发阵地。班在接敌运动中，可能遇到敌航空兵、炮兵及核生化武器的袭击和坦克、步战车、步机枪火力射击等情况。为此，班长应根据当时的敌情和地形，灵活地指挥全班前进。

3. 冲击准备

冲击准备是在发起冲击前的短暂时间内进行的各项准备工作。步兵班在冲击准备时，要求周密、细致、迅速、隐蔽，尽量缩短在敌火力威胁下停留的时间。其主要动作包括：占领冲击出发阵地，派出观察警戒人员；补充规定任务；排障扫残；完成冲击准备等。

4. 冲击

冲击是进攻战斗中最紧张、最激烈、最困难的时节，也是近战歼敌，夺取战斗胜利的关键。因此，冲击时应具有不怕牺牲、前赴后继的精神，充分利用我火力突击和烟幕迷盲的效果，突然勇猛地突入敌阵地，发挥近战威力，坚决歼灭敌人。其主要动作包括通过通路，向敌前沿冲击等。

5. 在敌阵地内战斗

班突入敌阵地后，班长要果断地实施指挥，灵活地处置各种情况，全班密切协同，主动支援，在我方火力或烟幕的掩护下，充分发挥战斗小组的作用，独立作战，近战歼敌，迅速扩大战果，以各种手段摧毁敌方装甲目标和火力点，抗击敌反冲击，搜索并清剿壕内（掩体）之敌，彻底夺占敌阵地。

（三）步兵班防御战斗

步兵班防御战斗通常按照防御准备、防敌侦察和各种火力袭击、抗敌冲击、阵内歼敌、完成任务后的行动的程序展开。

1. 防御准备

班长受领任务后，应根据敌情、地形和上级命令（信号），及时地带领全班，按上级规定的时间，占领防御阵地，做好防御准备。其主要内容包括：派出观察员，指定值班火器；传达任务，组织现地勘察，规定任务；确定战斗队形，组织火力；组织构工、设障和伪装；完成防御准备等。

2. 防敌侦察和各种火力袭击

班在敌发起进攻前，要加强观察、警戒，严密监视敌地面和空中侦察，及时发现、报告和处置各种情况，以多种手段积极与敌侦察做斗争。敌在攻击前，往往会以空炮火力向我方阵地实施不间断的火力突击，以压制我方兵力兵器，破坏工事，杀伤有生力量。敌火力突击的特点是：参与火力突击的兵种多，火力突击强度大，持续时间长，反应速度快，命中精度高。因此，步兵班在抗敌火力突击时，要根据上级通报的情况和敌人的活动迹象，及时发现敌实施火力突击的征候，充分利用工事、地形和"三防"器材严密组织防护，以防为主，防打结合，最大限度地减少敌火毁伤。

3. 抗敌冲击

依托阵地，抗击敌步兵、坦克连续冲击，是防御战斗中最重要的阶段，也是大量杀伤、消耗敌人有生力量，守住阵地的关键。因此，当敌人冲击时，班长应指挥全班充分利用地形，依托工事，结合障碍，在上级火力支援下，充分发挥火器和爆破器材的威力，以打、炸、阻、迷、反相结合的战术手段，粉碎敌步兵、装甲目标、步兵和装甲目标协同的冲击行动。当敌人冲击受挫时，班长应抓住敌人伤亡较大、队形混乱、指挥失调、后援不济等有利时机，指挥反坦克火器击毁敌人坦克和步战车，指挥步机枪手以火力消灭依托遮蔽物顽抗的敌军步兵。如情况许可，队形对我有利或根据上级的命令，班长可指挥全班实施短距离阵前出击。出击前，班长应给出击组明确攻击目标、往返路线。出击时，班长要组织好火力、烟幕掩护，出击组应猛打快撤，切忌恋战。如敌溃逃时，班长应组织火力追击。

4. 阵内歼敌

敌军突入防御阵地后，班长应坚定沉着，灵活指挥，针对突入的敌目标性质，果断处置各种情况，不断与上级取得联系，全班应发扬英勇顽强、独立坚守和不怕牺牲的精神，坚决消灭突入之敌。班在表面阵地失守的情况下，根据命令可转入坑道战斗。转入坑道时要相互协同，组织有序，忙而不乱，退守坑道后，及时做好战斗动员鼓舞士气，做好长期坚守准备；同时，要重点组织好对坑道口的防护，积极打击向坑道口攻击之敌；把握好出击时机，机智灵活地打击敌人。当班击退敌冲击后，班长应迅速查明战斗情况，并调整部署，抢修工事，补设障碍物；抢救伤员，补充弹药；及时恢复和加强观察，严防敌方火力袭击；进一步进行战斗动员，鼓舞士气，做好抗击敌再次冲击的准备，并及时向上级报告战斗情况和结果。

5. 完成任务后的行动

班在防御战斗中，可能因伤亡较大、武器装备损失严重或遂行新的战斗任务进行换班。换班时，班长应首先组织好观察、警戒，严密监视当面之敌的活动情况，然后向接班分队介绍有关的情况。换班中，如敌方对我方实施火力袭击或攻击时，应立即停止换班，待班长组织防护或打退敌人攻击后再进行换班。换班完毕后，应及时向排长报告。

当班接到由防御转入进攻的命令时，班长应及时了解任务，判断情况，查明当面之敌部署情况，迅速给全班下达战斗命令，调整部署，补充弹药和武器器材，进行战斗动

员，充分利用地形和工事，在烟幕的掩护下或利用不良天候，迅速将兵力、兵器集中于攻击方向，组织全班加强防护，做好进攻准备，按上级统一口令或信号，指挥全班转入进攻，向预定目标实施攻击。

当班完成防御任务或接到上级撤离阵地的命令时，班长应迅速组织全班撤离防御阵地。撤离前，班长应首先组织清查人员和武器装备，并给全班明确撤离阵地的时间、路线、到达的位置、伤员运送的方法及撤离的要求。如在与敌直接接触的情况下撤离阵地时，班长应首先组织兵力、火力消灭或击退胶着之敌，然后指挥全班交替掩护或在上级火力的掩护下迅速撤离，并视情况或根据上级命令破坏道路和桥梁，设置障碍物，迟滞敌人行动，阻敌尾追。撤到指定位置后，班长应组织清查人员、武器、弹药和器材，及时向上级报告情况。

第八章 防卫技能与战时防护训练

学习目标

⊙ 了解格斗、防护的基本知识。

⊙ 熟悉卫生、救护基本要领。

⊙ 掌握战场自救互救的技能，提高学生安全防护能力。

本章导读

战争，伴随着流血与死亡。据统计，战争中80%～90%伤员的死亡均发生在战场一线。战争形态不断变化，战伤的伤情伤类也在发生改变。战场上的军医与普通急救医生不同，他们面临着敌方火力威胁，首先应具备作战能力，保证自身安全，又要发挥救治效能。医院急救往往是多位医护人员共同治疗一名病员，但是战救绝不会如此"奢侈"。绝大多数情况下，一名军医可能同时面对多位伤员，时效救治的迫切要求之下，军医需对救治环境、伤员伤情、医疗资源以及后送（后送是战时按规定将伤病员从火线送往后方医疗机构，实施分级救治的活动。医疗后送是在救治中后送，在后送中完善治疗的过程）条件做出迅速判断。

一位合格的战场卫生人员要在正确的时间、正确的地点，使用正确的方法对需要救治的伤员进行救治。医护兵要在作战条件允许的情况下实施适当的救治措施，例如，如果伤员已无生命体征，不建议在战场上尝试心肺复苏。因为在战场上资源有限，实施心肺复苏成功率较低，同时可能导致轻伤员不能及时救治或使军医暴露在战火之下。

第一节　格斗基础

格斗由打、踢、摔、拿等搏击、散打的基本动作组成。练习格斗，能使全身各部位得到比较全面的活动，尤其是能使上下肢肌肉的爆发力、各关节的灵活性和柔韧性，以及快速的反应能力得到提高。

一、格斗常识

正确选择攻击部位、练习基本手型与步型，是格斗的基本常识。

（一）正确选择攻击部位

与敌格斗时，正确选择攻击部位是取得良好攻击效果的前提。人体薄弱部位是指受到打击和控制后，人体丧失或降低抵抗能力，能够致伤或致残的部位。在格斗时，熟悉和了解人体的薄弱部位，不仅能够正确选择打击目标，提高拳脚的杀伤力，而且还可以对自身的薄弱部位采取有效的手段进行防护。一般薄弱部位包括以下几种：

（1）眼：眼是感觉器官，由眼球和其他附属结构构成，如眼睑、结膜、泪器和眼肌。眼眶和眼睑对眼球起到保护作用，但眼的结构很薄弱，承受不住外力的打击。在格斗中一旦受到打击，会产生疼痛，失去视觉，使人丧失抵抗能力。攻击方法主要有指戳、拳打、脚踢、头撞等。

（2）鼻：鼻是呼吸通道的开始部分，也是嗅觉器官，由鼻、鼻腔和副鼻窦构成。鼻是由骨和软骨构成支架，外部的皮肤不但薄而且松弛，其皮下组织较薄，鼻内有丰富的动脉血管，正面和侧面都很薄弱，承受力很弱。在受到打击的情况下，轻则酸疼，重则流血不止，鼻骨骨折，影响呼吸。攻击方法主要有拳打、脚踢、肘击、头撞等。

（3）下颌：俗称"下巴"，其主要结构是下颌骨，下颌骨的下颌关节与颞骨下颌窝相连，在张嘴的情况下从侧面打击，容易造成脱臼。由下向上重击下颌时，可使头部快速向后摆动，身体因突然失去平衡而跌倒，也可使大脑受到强烈震荡而导致休克。攻击方法主要有拳击、膝顶、肘挑等。

（4）肩关节：肩关节是由肩胛骨的关节盂和肱骨头连接而成。肩关节是人体活动范围最大、最灵活的关节，可做伸、展、收、内旋、外旋和环转运动。肩关节的弱点是关节囊薄而松弛，韧带少而弱，只有一条非常粗壮的韧带在肩的上方保护肩关节，对防止肱骨向下脱位起着很重要的作用。因此，肩关节的稳固在很大程度上依靠周围肌肉的收缩。肩关节的最薄弱点在关节的下方，肩关节的脱位多发生于此。格斗中如果遭受重击或用力向左、右、后方扳拧，可使肩关节脱臼或韧带、肌肉拉伤，导致臂部失去运动功能。攻击方法主要有手别、手压、手扳、脚踩等。

（5）腕关节：腕关节是由桡骨下端的腕关节面和尺骨下端的关节盘组成关节窝，舟骨、月骨、三角骨组成关节头共同构成。腕关节可作屈、伸、收、展和环转运动。关节囊周围有韧带保护，但不够强韧，周围肌肉薄弱。格斗中运用反关节技术实施控制，可造成其挫伤、韧带撕裂、骨折、脱臼。攻击方法主要有推卷、左右折等。

（6）膝关节：膝关节主要由股骨下端、胫骨上端和髌骨构成。是人体最大、最复杂的一个关节。膝关节周围肌肉较少，但两侧和后面的韧带较为强韧。由于股骨和胫骨较长，膝关节作为枢纽，在人体行走、跳跃等运动中承受人体大部分重量，负荷较大。膝关节不但在受到攻击的情况下容易骨折或韧带断裂，在格斗练习中也容易因慢性劳损而造成运动障碍。攻击方法主要有踹、踩、踢、别压等。

（二）手型、步型

1. 手型

手型是进攻与防守时手的形状。正确掌握各种手型，可增强打击力度，避免手、腕、臂在攻防的同时受到损伤。

（1）拳：四指握紧，拇指紧扣在食指与中指第二节上，拳面平，手腕挺直。拳分为平拳，立拳。拳的各部位名称分别为：拳面、拳背、拳心、拳眼、拳外侧。拳的用途主要包括直打、上打、侧打、反打等。

（2）掌：四指并拢伸直，拇指内扣或外分。掌分为立掌、插掌、八字掌。掌的各部位名称分别为掌指尖、掌心、掌外侧、掌根、掌背和虎口。掌的用途主要包括推、前插、下砍、卡压等。

（3）爪：五指分开并弯曲。爪的用途主要有卡、压、抓、拉、拧等。

（4）勾：五指尖撮拢捏紧并屈腕。勾手各部位的名称分别为勾顶、勾尖。勾的用途主要有击腹、击裆等。

2. 步型

步型是进攻与防守时两腿的形状。正确掌握各种步型，在格斗中可以做到重心稳固、发力顺畅、身形灵活。

（1）马步：在立正的基础上，右脚向右侧迈一大步，两脚尖向前方，两手握拳置于腰间，两腿屈膝下蹲，大腿与地面平行，膝盖与脚尖在一条垂直线上。上体正直，身体重心在两脚中间。马步的要领主要有收腹，挺胸，收下颌，两眼目视前方。

（2）弓步：在立正的基础上，左脚向左前方迈一大步，左腿弯曲，脚尖内扣，小腿与地面垂直，右腿伸直，右脚尖向右前方，两手握拳收于腰间。上体正直，身体重心大部分落于左腿，称为左弓步，右腿在前时称为右弓步。弓步的要领主要有收腹，挺胸，合胯，收下颌，两眼目视前方，后腿挺膝，两脚全脚掌着地。

（3）仆步：在立正的基础上，右脚向右侧迈一大步，右腿弯曲，身体下蹲，左腿伸直，脚尖内扣，两手握拳，置于腰间，身体重心落于右腿，称为左仆步。左腿弯曲，右腿伸直，称为右仆步。仆步的要领主要有收腹，挺胸，收下颌，两脚全脚掌着地。

（4）虚步：在立正的基础上，右脚向后撤一步，两腿弯曲，左脚尖接触地面，右脚全脚掌着地，脚尖外展45度角，两手握拳置于腰间，身体重心大部分落于右腿，称为

左虚步。右腿在前，左腿在后，称为右虚步。虚步的要领主要有收腹，挺胸。

二、格斗基本功

（一）准备格斗姿势

各种基本的攻防技法都是在准备格斗姿势的基础上进行练习的。准备格斗姿势是迎敌时的预备姿势，也称预备式或格斗式。

准备格斗姿势的基本技法如下：在立正的基础上，右脚向右后方向撤一步，两脚之间距离约与肩等宽，左脚全脚掌着地，脚尖内扣，右脚跟提起，以前脚掌着地，约与左脚平行，双腿稍微弯曲，合胯，收腹含胸，两肩放松。左臂弯曲，大臂与小臂约成90度，拳眼向面部，肘尖向下，右大臂自然贴于身体右侧，右拳置于脸右侧，拳眼向后。头正、颈直、闭口扣齿、收下颌。目视对手保持警戒状态。

（二）拳法

拳法是与敌中、近距离格斗时使用的技法，主动攻击时方法灵活多变，反击时动作直接、突然，容易奏效。

1. 直拳

直拳，即直线型拳法，适合与敌中距离格斗时使用，是主动进攻时使用较多的技术动作。以头部、胸部、腹部为主要攻击目标。根据两点间直线距离最短的原理，直拳的攻击比较直接、简洁，容易奏效。

左直拳　　　　　右直拳

（1）左直拳：在准备格斗姿势的基础上，右脚蹬地，身体快速向右旋转，左拳沿直线向前打出，拳心向下，力达拳面。右拳不动，处于防守状态，击中目标后，左拳沿直线快速收回到原来位置，恢复成准备格斗姿势。

（2）右直拳：在准备格斗姿势的基础上，右脚蹬地，扭腰送胯，身体快速向左旋转，右拳沿直线向前打出，拳心向下，力达拳面。左拳收回，置于脸的左侧保护头部，拳心面向脸部。击中目标后右拳快速收回到原来位置，左拳向前回到原来位置，恢复成准备格斗姿势。

2. 摆拳

摆拳是由一侧向中间成弧线击打的拳法。适合与敌中距离格斗时使用，多用于攻击敌头部和胸部，是防拳反击和防腿反击时的有效技法。由于拳在击打时经过的路线较长并且成弧形摆动，因此有利于发力。

（1）左摆拳：在准备格斗姿势的基础上，右脚蹬地，以身体纵向中心线为轴向右转体，左拳向外—向前—向内沿弧形路线击打，拳心向下，拳眼向右后方，力达拳面，大臂与小臂约成 120 ～ 140 度角。右拳在原来位置，注意保护头部。击中目标后身体向左旋转，左拳收回到原来位置，恢复成准备格斗姿势。

（2）右摆拳：在准备格斗姿势的基础上，右脚蹬地的同时，以身体纵向中心线为轴向左转体，右拳向外—向前—向内沿

左摆拳　　　　　　右摆拳

弧形路线击打，拳心向下，拳眼向左后方，大臂与小臂约成 120 ～ 140 度角。右拳打出的同时，左拳收回到脸左侧，保护头部。击中目标后身体向右旋转，右拳收回到原来位置，左拳前伸到原来位置，恢复成准备格斗姿势。

3. 勾拳

勾拳是由下向上勾击的弧线型拳法。适合与敌近身格斗时使用。可对敌面、颔、腹、肋等部位实施攻击。勾拳虽然发力距离短，但爆发力较强，属于重拳，勾拳击打的部位多为人体的薄弱部位和要害部位。

（1）左勾拳：在准备格斗姿势的基础上，向右转体的同时，身体重心下沉，左脚蹬地，挺胯转体的瞬间左拳由下向上勾击，力达拳面，拳心朝向面部。大臂与小臂约成 90 度角，右拳在原来位置，保护头部。击中目标后向左转体，左拳收回到原来位置，恢复成准备格斗姿势。

（2）右勾拳：在准备格斗姿势的基础上，右脚蹬地，扭腰送胯向左转体的同时，右拳由下向上勾击，力达拳面，拳心朝向面部。大臂与小臂约成 90 度，右拳打出的同时，左拳收回，置于脸左侧保护头部。击中目标后向右转体，两拳同时收回到原来位置，恢复成准备格斗姿势。

（三）腿法

腿法是与敌中、远距离格斗时使用的技法。腿法的特点是由腿的生理结构决定的，腿部骨骼粗壮，肌肉发达，决定其打击力量大，抗击打能力强；骨骼长决定其打击距离远。在练习腿法时，柔韧练习要贯穿始终，不可间断。实战运用时，打法要灵活多变，与拳法、肘法、膝法配合使用。

1. 侧踹腿

侧踹腿是侧身直线型腿法，与敌远距离格斗时使用，不但速度快，攻击距离远，而区打击力量也相当大。由于是侧身使用，隐蔽性较好，不便于对手反击。因为动作幅度较大，踢击后与其他击打方法结合不方便，有时会造成连击速度慢。实战中如果与步法

配合使用，效果较好。

（1）左侧踹腿：在准备格斗姿势的基础上，身体重心向后移至右腿的同时左腿屈膝抬起，脚掌外翻对正攻击目标，勾脚尖。上体稍向后倾斜，两拳在原来位置。展髋、挺膝的同时左脚向前踹出，力达全脚掌，右拳置于脸右侧保护头部，左臂自然前伸。击中目标后左脚直接落地，恢复成准备格斗姿势。在此基本技法的基础上，也可以向上使用高踹腿，攻击对手的头部，踹腿时上体要稍向后、向下倾斜。也可以向下使用低踹腿，攻击对手的前腿膝关节，踹腿时后腿要弯曲。

（2）右侧踹腿：在准备格斗姿势的基础上，向左转体180度，右腿向前屈膝抬起，勾脚尖，脚掌时正攻击目标。左腿稍微弯曲，上体稍向后倾，双拳收于胸前。快速伸展髋关节，右脚向前踹出，力达全脚掌，左拳置于脸左侧保护头部，右臂自然前伸。击中目标后右脚直接落地，恢复成准备格斗姿势。

2. 边腿

边腿是由一侧向中间踢击的弧线型腿法。左边腿特点是速度快，预兆小。由于与敌距离较近，攻击容易奏效。右边腿的特点是力量大，杀伤力强。如踢敌要害部位常可一击制敌。

（1）左边腿：在准备格斗姿势的基础上，上体稍向后倾斜，将重心移至右腿，左腿屈膝抬起，脚面绷直，小腿稍向外，右腿弯曲，脚尖向右前方以保持平衡，动作不停，大腿带动小腿向右上方向猛力横踢，力达脚背，右拳置于脸右侧保护头部，左臂自然前伸。踢中目标后，左脚迅速落地，恢复成准备格斗姿势。

（2）右边腿：在准备格斗姿势的基础上，向左转体的同时，左脚以前脚掌为轴向外旋转45度，脚尖与膝关节朝向左侧，左腿稍微弯曲，将身体的重心移至左脚。右腿屈膝抬起，小腿内收，脚面绷直，动作不停，继续向左快速转体，右大腿带动小腿由右下向左上方向猛力踢击，力达脚背，左拳置于脸左侧保护头部，右臂自然前伸。踢中目标后，右脚直接落地，右手、右脚在前成准备格斗姿势；右脚也可向后落于左脚后方，左手、左脚在前，恢复成准备格斗姿势。

3. 弹踢

弹踢腿法适合与敌中距离格斗时使用。特点是出腿快，动作隐蔽，爆发力强，多用于攻击裆部或敌弯腰、低头时踢击其面部。

（1）左腿弹踢：在准备格斗姿势的基础上，将身体重心移至右腿，右脚全脚掌着地，左腿向上屈膝抬起，脚背绷直，大腿带动小腿向前上方弹击，力达脚背，两拳在原来位置保护头部。踢中目标后左脚迅速落地，恢复成准备格斗姿势。

（2）右腿弹踢：在准备格斗姿势的基础上，向左转体，身体重心向前移至左腿的同时，左脚以前脚掌为轴向外旋转45度，脚尖向左前方，右腿向上屈膝抬起，脚背绷直，大腿带动小腿向前上方弹击，力达脚背，右拳在前，左拳置于脸左侧，保护头部。踢中目标后右脚直接落地，右手、右脚在前成准备格斗姿势；右脚也可以向后落地，左手、左脚在前，恢复成准备格斗姿势。

4. 蹬腿

蹬腿是直线型腿法，适合与敌近身格斗时使用。多用于攻击裆部、腹部、胸部、头部，或用来从中路阻击弧线型腿法。左蹬腿动作隐蔽、直接、突然，预兆小，容易奏效。右蹬腿幅度大，但攻击距离远，力量猛。

（1）左蹬腿：在准备格斗姿势的基础上，身体重心移至右腿，左腿屈膝抬腿，脚尖勾起，左脚向前上方正直蹬出，力达脚掌，两拳成防守状态。击中目标后左脚直接落地，恢复成准备格斗姿势。

（2）右蹬腿：在准备格斗姿势的基础上，身体重心向前移至左脚的同时，左脚尖外展，左腿稍弯曲，右腿屈膝抬起，脚尖勾起，右脚向前上方正直蹬出，力达脚掌，右拳在前，左拳置于脸左侧，保护头部。命中目标后右脚落地，右拳、右脚在前成准备格斗姿势。

（四）肘法

肘法攻击距离较近，适用于贴身近战。击肘时，如果能够配合快速向前进步，并且以身带肘进行击打，会大大增强肘的杀伤力。因为与对手的距离较近，在攻击对手的同时一定要注意做好防护，避免被对手防守反击。横击肘用于攻击太阳穴、颈部、后脑、面部。砸肘用于攻击背部、后脑，敌倒地后可用来攻击上体。

1. 横击肘

（1）左横击肘：在准备格斗姿势的基础上，右脚蹬地向右转体，身体重心移至左腿的同时，左脚跟外展，左肘抬平由左至右成弧形击打，力达肘尖，肘稍高于肩，左拳置于颌下，右拳护头。击中目标后向左转体，左肘回到原来位置，恢复成准备格斗姿势。

（2）右横击肘：在准备格斗姿势的基础上，右脚蹬地身体向左旋转的同时，重心移至左腿，右肘抬平由右至左成弧形击打，力达肘尖，肘稍高于肩，右拳置于颌下，左拳收回置于脸左侧保护头部。击中目标后向右转体，右肘收回到原来位置，恢复成准备格斗姿势。

2. 砸肘

（1）左砸肘：在准备格斗姿势的基础上，向上抬左肘的同时，身体重心上移；身体重心快速下沉，收腹的同时左肘用力向下砸，力达肘尖，右拳护头。击中目标后左拳收回到原来位置，恢复成准备格斗姿势。

（2）右砸肘：在准备格斗姿势的基础上，右脚蹬地，身体向左转，右肘向前上方抬起的同时，身体重心上移，左拳收回脸左侧，保护头部；身体重心快速下沉，收腹的同时右肘用力向下砸，力达肘尖，击中目标后两拳收回到原来位置，恢复成准备格斗姿势。

（五）膝法

膝法适合与敌贴身近战时使用。可对敌裆部、腹部进行攻击，由于其杀伤力较大，不易防守，在格斗时使用膝法攻击对手常可一击制敌。使用膝法时要注意对上体的防护。

1. 顶膝

（1）左顶膝：在准备格斗姿势的基础上，身体重心向后移至右腿，收腹含胸的同时，左膝向前上方冲顶，力达膝部，双拳护头。击中目标后左脚直接落地，恢复成准备格斗姿势。

（2）右顶膝：在准备格斗姿势的基础上，身体重心向前移至左腿，收腹含胸的同时，右膝向前上方冲顶，力达膝部，双拳护头。击中目标后右脚向后落地，恢复成准备格斗姿势。

2. 侧膝

（1）左侧膝：在准备格斗姿势的基础上，右脚向右前方上一步，身体重心移至右腿的同时，左膝由左下向右前方向猛力顶出，力达膝部，击中目标后左脚落地，恢复成准备格斗姿势。

（2）右侧膝：在准备格斗姿势的基础上，左脚向左前方上一步，身体重心移至左腿的同时，右膝由右下向左前方向猛力顶出，力达膝部，击中目标后右脚向前落地，右手、右脚在前，恢复成准备格斗姿势。

三、捕俘拳

捕俘拳，一共有 16 步，每一招约有两个动作组成。出拳动作干脆，没有装饰性。有多种步伐，以拳、步、挡、削进攻敌人要害，猛烈攻击以致敌人不会反击。

在听到"捕俘拳——预备"的口令后，在立正的基础上，两脚迅速并拢，同时两手握拳，两臂微弯，拳眼向里，距胯约 10 厘米，头向左甩，目视左方。

（一）挡击冲拳

起右脚原地猛力下踏，左脚向左侧跨出一步，在左转身的同时，左臂上挡，拳心向前，右拳从腰际旋转冲出，拳心向下，成左弓步。

要求：踏脚时要全脚掌着地，有爆发力。

（二）拧臂绊腿

左拳变掌向前击右拳背，右拳收回腰际，右脚前扫；左手挡抓、拧、拉于腰际，同时右脚后绊，右拳猛力旋转冲出。

要求：前扫、后绊要协调有力，重心要稳。

（三）叉掌踢裆

上右脚步成右弓步，同时两拳变掌，沿小腹向上叉掌护头；两拳变钩猛力向后击，同时起左脚，大腿抬平，脚尖绷直，猛力向前弹踢，迅速收回。

要求：两大臂夹紧，猛力后勾击，猛踢快收，重心要稳。

（四）下砸上挑

两手变拳，左拳由上猛力下砸，与膝同高，同时左脚向前跨步，成左弓步；右拳由前上挑护头，拳心向前，起右脚大腿抬平，脚绷直，头向左甩。

要求：起身要快，重心要稳。

（五）下蹲侧踹

上体正直下蹲，右脚猛力下踏，两小臂上下置于胸前，左臂在上拳心向下，右臂在下拳心向上；迅速起身，两拳交错外格，起左脚大腿抬平，脚尖里勾，向左猛踹，迅速收回。

要求：踏脚要有爆发力，下蹲起身要快。

（六）顺手牵羊

左脚向前落地屈膝，两拳变掌起在左前方，成抓拉姿势；两手向右后猛拉，同时右脚前扫。

要求：后拉前扫要协调有力，重心要稳。

（七）上步抱膝

右脚向前落地同时，左手变拳，小臂上挡；左转身屈膝下蹲，两手合力后抱，两掌相对，掌心向内，略低于膝，右肩前顶成右弓步。

要求：转体合抱要协调一致。

（八）插裆扛摔

左手向上挡抓，右手插前裆，掌心向上；左手向右下拧拉，大臂贴肋，小臂略平，拳心向上同时右臂上挑，右肩上扛，身体大部分落于右脚，成右弓步。

要求：下拉、上挑、转体要协调一致。

（九）下拨勾拳

左拳下拨后摆，左转身同时，右拳由后向前猛力上击，拳心向内，与下颌同高，同时右脚向右自然移动，成左弓步。

要求：转身要快，勾拳要猛。

（十）卡脖掼耳

向左踮步，在左脚落地同时，右脚上步，左拳变掌，置于胸前，右拳后摆；向左转体，左手下按，右拳向下猛力横击，成左弓步。

要求：踮步有力，转体、卡脖、拳击要协调一致。

（十一）内外挂腿

在起身的同时，左脚向右踮步，右脚前扫，两手合掌于右肩前；两手猛力向左肩前拧拉，上体稍向左转，同时右脚后绊，成左弓步。

要求：踮步、合掌、前扫要协调一致，重心要稳。

（十二）踹腿锁喉

右脚向右前方踮步，左脚向右跃步，然后起右脚，大腿抬平，脚尖里勾，两臂弯

曲，置于胸前，掌心向下；右脚侧踹，在落地同时，右手前插，左手抓握右手腕，右手变拳，猛力后拉下压，成右弓步。

要求：踹、锁要协调一致，重心要稳。

（十三）内拨冲拳

上左脚右转身成右弓步，左臂顺势内拨护于胸前，右拳收于腰际，拳心向上；左拳向左后，右拳向前以蹬腿、扭腰送胯之合力同时冲出，成左弓步。

要求：双拳冲出要有爆发力。

（十四）抓手缠腕

两手变掌，左手抓握右手腕；右掌上挑外拨，身体稍向右转，两臂用力后拉，猛扣压于腰际，成右弓步。

要求：抓握要快而有力。

（十五）卡脖提裆

左手抬起，臂弯曲，掌心向前，右手下插，后拉上提，置于肋前，屈指、掌心向上，同时左手猛力向前下推压与膝同高，掌心向下，成左弓步。

要求：上提、推压要协调一致。

（十六）别臂下压

右转身成右弓步，同时两手变拳，右小臂上挡；上左脚成弓步，左手立掌插向前上方，臂稍屈，右手抓握左手腕；左手变拳，向右转体，两手下拉别压，成右弓步。

要求：拉、压、转体要协调一致。

结束姿势：左脚靠拢右脚，恢复立正姿势。

相关链接：

捕俘拳完整动作

第二节　战场医疗救护

战争不可避免地要造成人员受伤，因此，通过初步的紧急救护可以尽量减少伤员的痛苦，尽可能地救护有生力量。战场医疗救护分为自救和互救。当伤员身边没有其他人员，自己还有一定的行动能力时，可以展开自救；当伤员受伤情况严重，没有自救能力时，需要伤员身边的其他人员包括医护人员或其他战士来对其进行救护。

一、救护基本知识

掌握战场医疗救护的基本知识，可以帮助自己或他人减轻伤病造成的痛苦，有效预防并发症。因为战争中外伤比较多，所以在救护的过程中一定要注意伤口的治疗，保证伤口不被感染，造成破伤风等。战场医疗救护只是初步的治疗，最终还要靠全面的治疗。有效的初步治疗是全面治疗的基础，因为对于伤员来说，时间十分宝贵，在越短的时间内得到救护，最后痊愈或恢复得就越快，效果也就越好。

救护伤员时，不准用手和脏物触摸伤口，不准用水冲洗伤口（化学伤除外），不准轻易取出伤口内异物，不准送回脱出体腔的内脏，不准用消毒剂或消炎粉涂伤口。其基本要求是：

（1）救护头面部伤。伤员头面部受伤时，应保证其呼吸道畅通，清除口内异物，将伤员衣领解开，采取侧卧或俯卧姿势，防止吸入呕吐物，并妥善包扎和止血。

（2）救护胸（背）部伤。伤员胸（背）部受伤时，出现胸（背）部伤往往伴有多根肋骨骨折，除用敷料包扎外，还应用绷带环绕胸（背）部包扎固定。

（3）救护腹（腰）部伤。伤员腹（腰）部受伤时，腹壁伤要立即用大块敷料和三角巾包扎。伴有内脏伤时，不能喝水、吃东西、吃药，应尽快后送。

（4）救护四肢伤。伤员四肢受伤时，除了手指或脚趾伤必须包扎外，包扎其他四肢伤时，要把手指或脚趾露出，以便随时观察血液循环情况，采取相应措施。

二、个人卫生

个人卫生是集体卫生的基础。注意个人卫生可以防止疾病传播，提高参训人员的健康水平。为了圆满完成战备训练、施工生产等项任务，适应未来复杂、艰苦的战争环境和非军事行动，参训人员必须注重健康，养成良好的卫生习惯。

（一）皮肤的卫生

清洁健康的皮肤对全身各器官都有保护作用。因此，要保持皮肤清洁，经常洗澡，提倡淋浴和冷水擦澡。

（二）发型与卫生

参训人员头发应当整洁，头发过长，既不卫生，又不利于战场行动，受伤后容易感染。因此，要保持头发整洁，定期理发，不蓄胡子。梳子和刮胡刀不要与别人共用。

男、女军人个别发型示例

（三）手和脚的卫生

养成饭前便后洗手的习惯，经常修剪指甲和保持干净。不要用牙咬指甲。保持脚的清洁和干燥，尽可能每天洗脚换袜子。要穿大小合适的鞋子。

（四）口腔和脸部的卫生

经常刷牙、漱口，保持口腔卫生。要养成经常洗脸的习惯，以保持脸部卫生。洗漱用具不要与他人共用，冬天提倡用冷水洗脸、干毛巾擦脸，以提高御寒能力。

（五）眼、耳、鼻的卫生

擦眼、鼻时要用干净的手帕，不要用手抠鼻子。擤鼻涕时要左右鼻孔交替进行，并注意不要用力过猛。清洁外耳道时，不要用树枝和火柴等尖硬物，可用手帕的一角捻起来清理。不要在光线不足或强光的地方看书，防止近视。执行任务遇有风沙时，可戴风镜。

（六）饮食的卫生

搞好饮水消毒，需要饮用地表水（江水、河水、溪水等）时，应首先进行净化处理。

（七）衣服和卧具的卫生

衣服和卧具脏了要换洗。若不能换洗，则应定期打开清整，并在阳光下晾晒50～60分钟，这样可以大大减少衣服和卧具上的细菌。

三、意外伤的救护

意外伤是指人员在军事训练中发生的意外损伤。掌握训练中意外损伤的应急处理方法，不仅能防止损伤的发生，缓解伤情恶化，减轻痛苦，还可为进一步就医提供方便。

（一）开放性软组织损伤

局部皮肤或黏膜破裂，伤口与外界相通，常有组织液渗出或血液自创口流出，称开放性软组织损伤。常见的开放性软组织损伤有擦伤、撕裂伤、刺伤等。这些损伤的共同特点是有伤口和出血。擦伤是身体表面与粗糙物相互摩擦造成皮肤组织的损伤；撕裂伤是由钝物打击所引起的皮肤和软组织裂开的损伤；刺伤则是由锐利器物刺入人体内所致的损伤。

处理轻度擦伤时，应进行伤口表面消毒，注意保护伤口卫生。处理严重的擦伤、撕裂伤、刺伤时，则需清洗伤口，并用抗菌药物治疗，伤口大者还须及时进行缝合、包扎，对有可能受污染的伤口，应注射破伤风抗毒素。

（二）闭合性软组织损伤

局部皮肤或黏膜完好，无裂口与外界相通，损伤时的出血积聚在组织内，称闭合性软组织损伤。常见的闭合性软组织损伤有挫伤、拉伤和扭伤。损伤部位包括肌肉、肌腱、筋膜、韧带和关节囊等。这些损伤无裂口与外界相通。损伤是由于打击、挤压、碰撞、摔跌等钝力直接作用于人体，使局部软组织受损而造成的；拉伤由于突然而不协调的动作使肌肉、肌腱、筋膜或韧带受到过度牵拉所致；扭伤是因动作不慎，如整扭、拧转、挤压等使关节发生超长范围的活动，使韧带和关节囊受到损伤。

闭合性软组织损伤后，应减少或停止受伤肢体的局部活动，将局部固定，使受伤肢体得到休息。同时，会伴随内出血发生，应尽快止血，以防血肿的形成。止血方法一般采用冷敷，抬高伤肢，加压包扎等。闭合性软组织损伤 24 ~ 48 小时后，一般出血停止，这时可以进行轻度推拿、按摩和热敷，达到活血祛瘀、消肿止痛的目的。加强功能锻炼防止受伤肢体粘连与萎缩，促进损伤组织的愈合，以及活动能力的恢复。

（三）踝关节扭伤

踝关节扭伤是体育锻炼中常见的一种关节韧带损伤。常因起跳落地姿势不正确，或落在坑洼、石块上，不能使整个脚掌平稳着地而致伤。

踝关节扭伤时，应立即冷敷（用冷水冲洗，敷上清洁的凉毛巾或冰块），如果有关节变形、关节脱臼等特征，应急送医院，请医生复位、治疗。

（四）骨折

骨折是指由于外力的作用，破坏了骨的完整性和连接性，骨折分为闭合性骨折和开放性骨折。发生骨折时，疼痛较轻，但随后因周围软组织和骨膜撕裂，肌肉痉挛等，一般比较剧烈，严重的可使人发生休克。肿胀和皮下淤血。骨折后因疼痛，肌肉痉挛，骨骼工作因失去原有的杠杆作用及软组织的损害，肢体多不能站立、行走或活动，骨折部位畸形、异常活动时伴有骨擦声，有压痛和震痛感。可用 X 光片检查证实。

骨折发生后，如出现休克现象，应先抗休克，取头低脚高仰卧位、保暖；保持呼吸道畅通，并服用止痛药，如受伤者昏迷不醒，可用手指掐人中、合谷等穴使其苏醒。若发生开放性骨折大出血时，就应迅速用止血带止血。开放性骨折的伤口要用消毒敷料覆盖、包扎，注意不要使骨折肢体发生移位。用长短合适的夹板或代用品（木板、木棍、树枝）固定伤肢，或把伤肢与伤员的躯干或健肢固定在一起，固定时绷带包扎松紧要适度，以夹板固定不动为宜，切不可随意复位，以免加重损伤。安全护送到医院。

（五）关节脱位

在外力作用下，关节面彼此失去正常的连接关系，称为关节脱位，又叫脱臼。关节脱位一般都会引起关节囊撕裂和关节周围的韧带肌腱及其附着组织的损伤。受伤后脱位的关节疼痛、肿胀、出现畸形，活动功能丧失。严重者，有时可能使血管、神经受损甚至伴有骨折。关节脱位可分为先天性、外伤性、病理性和习惯性脱位四种。如按脱位程度来分，可分为半脱位和全脱位。按脱位后的时间来分，又可分为新鲜脱位和陈旧性脱位（指脱位超过三周以上者）。

关节脱位后，应首先进行止痛抗休克，然后固定脱位关节，不得使之移动，更不得随意使用整复手法，迅速护送到医院进行整复、治疗。

四、战场救护基本技能

战时开展"自救互救"的基本技能与动作，主要有"复苏、止血、包扎、固定、搬运"技术与方法。熟练掌握救护动作，正确运用救护技术，能够提高士兵的救护能力，减少战时不必要的牺牲。

（一）复苏技术

受到各种因素严重打击致伤的伤员，会出现呼吸、心搏骤停。在数分钟内，必须争分夺秒地进行复苏，以最大限度地挽救伤员生命。

1. 人工呼吸

气与血是生命之本，抢救重伤员时应首先查明其是否有呼吸。可通过观察胸部是否有起伏或将棉絮贴于鼻孔，看是否有摆动。如呼吸已停止，必须迅速采取口对口方式进行人工呼吸。使伤员仰卧，先清理口中堵塞物，以保持呼吸道通畅，然后托起伤员下颌，使头部后仰，将口腔打开；用一手捏住伤员鼻孔，另一手放在颈下并上托；深吸一口气，对准伤员口用力吹气，然后迅速抬头并同时松开双手；听有无回气声响，如有则表示呼吸道通畅。如此反复进行，每分钟 16 ～ 20 次。如心跳停止，应与心脏按压同时进行，每按压心脏 4 ～ 5 次后吹气一口，吹气应在放松按压的间歇中进行。

2. 胸外心脏按压

当发现伤员失去知觉时，要立即检查其心脏是否跳动。用手指在喉结两侧接触颈动脉，看有无搏动。如无搏动应紧急采取胸外心脏按压法抢救。先使伤员仰卧在地上或硬板床上，找准按压部位，将左手掌根放在伤员胸骨下 1/3 处，右手掌压在左手背上，然后用力向下按压，使胸骨下陷 3 ～ 4 厘米，再放开。如此反复进行，每分钟 60 ～ 80 次。进行胸外按压的同时，必须进行口对口人工呼吸。如急救时只有一人，可先向伤员口中吹四大口气，然后每按压 15 次后，再迅速吹两大口气，如此反复进行。

相关链接：

心肺复苏术

（二）止血技术

判定出血的性质，是正确实施止血的首要工作，基本方法是根据出血的特征加以判断。如果是动脉出血，则颜色鲜红，呈喷射状，有搏动，出血速度快且量多；如果是静脉出血，则颜色暗红，呈涌出状或徐徐外流，出血量较多，速度不如动脉出血快；如果是毛细血管出血，则颜色鲜红，呈点状或片状，从伤口向外渗出，出血点不容易判明。

止血的方法包括以下几个方面。

1. 加压包扎止血法

先将敷料盖在伤口上，然后用三角巾或绷带以适当压力包扎，其松紧度以能达到止血目的为宜。必要时可将手掌放在敷料上均匀加压，一般 20 分钟后即可止血。加压包扎止血法适用于小动脉，中、小静脉或毛细血管出血。

2. 指压止血法

用手指、手掌或拳头压迫伤口近心端的动脉，并将动脉压向深部的骨头上，阻断血液的流通，以达到临时止血的目的。指压止血法适用于中等或较大的动脉出血。

头顶部出血时，压迫同侧耳屏前方颧弓根部的搏动点（颞浅动脉）止血。颜面部出血时，压迫同侧下颌骨下缘、咬肌前缘的搏动点（面动脉）止血。若伤在颊部、唇部，可将拇指伸入病人口内，其余 4 指紧贴面颊外部，内外用力，压迫伤口下缘之动脉。颈部、面深部、头皮部出血，可用拇指或其他 4 指压迫同侧气管外侧与胸锁乳突肌前缘中点之间的强搏动点（颈总动脉），用力向后压，可将之压向第 6 颈椎横突上，达到止血的目的。

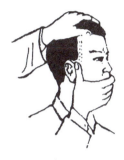

头顶部止血法

颈总动脉分出的颈内动脉为脑的重要供血动脉，所以对颈总动脉的压迫止血取慎重态度，并绝对禁止同时压迫双侧颈总动脉。

头后部出血时，可用拇指压迫同侧耳后乳突下稍往后的搏动点（枕动脉）止血。肩部、腋部、上臂出血时，压迫同侧锁骨上窝中部的搏动点（锁骨下动脉），将动脉压向第 1 肋骨。前臂出血时，压迫肱二头肌内侧沟中部的搏动点（肱动脉），将动脉向外压向肢骨。手掌、手背出血时，压迫手腕横纹稍上处的内、外侧搏动点（尺、桡动脉）止血。大腿及其以下动脉出血时，可用双手拇指重叠用力压迫大腿根部腹股沟中点稍下的强搏动点（股动脉）止血。足部出血时，可用双手食指或拇指压迫足背中部近脚腕处的搏动点（胫前动脉）和足跟与内踝之间的搏动点（胫后动脉）止血。

3. 止血带止血法

止血带是一种制止肢体出血的急救用品，常用的止血带是约 1 米长的橡皮管。一般在四肢大动脉出血，或采用加压包扎后不能有效控制的大出血时才选用。使用不当会造成更严重的出血或肢体缺血坏死。专用的方法要诀是"橡皮带左手拿，后头五寸要留下，右手拉紧环体扎，前头交左手，中食二指夹，顺着肢体向下拉，前头环中插，保证不松垮"。使用止血带时应注意：止血带与皮肤之间要加垫（敷料、衣服等），不能直接扎在皮肤上；扎止血带的伤员必须做标记，注明扎止血带的时间；止血带每隔 1 小时（冬季半小时）松开一次，每次放开 2～3 分钟，以暂时改善血液循环；松开时要逐渐放松，如有出血，应再扎上止血带。

（三）包扎技术

包扎的目的在于压迫止血，保护伤部，防止污染，固定敷料，有利于伤口尽早愈合。包扎的材料主要有三角巾、绷带、四头带，并配有敷料（用以清洁或保护伤口的纱

布、纱布条、棉花球和棉垫等统称敷料），经消毒灭菌后密封在急救包内。包扎时把急救包沿箭头指向内撕开，将敷料盖在伤口上，然后进行包扎。

包扎方法主要有以下几种。

1. 头面部包扎法

将三角巾底边折叠约两指宽，放于前额眉上。顶角拉至枕后，左右两底角沿两耳上方往后，拉至枕外隆凸下方交叉，并压紧顶角；然后再绕至前额打结。顶角拉紧，并向上反折，将角塞进两底角交叉处。

2. 胸（背）部包扎法

三角巾底边横放在胸部，顶角从伤侧越过肩上折向背部；三角巾的中部盖在胸部的伤处，两底角拉向背部打结。顶角结带也和这两底角结打在一起。

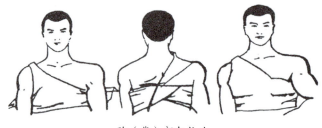

胸（背）部包扎法

3. 腹部包扎法

将三角巾顶角朝下，底边横放于上腹部，两底角拉紧于腰部打结；再将顶角从腿间拉向后，同两底角的余头打结。

4. 四肢包扎法

将三角巾底边向上横置于腕部或踝部，手掌（足跖）向下，放于三角巾的中央，再将顶角折回盖在手背（足背）上，然后将两底角交叉压住顶角，再于腕部（踝部）缠绕一周打结。打结后，应将顶角再折回打在结内。

（四）固定技术

固定的目的在于限制受伤部位的活动度，从而减轻疼痛，避免骨折断端等因摩擦而损伤血管、神经乃至重要脏器。固定也利于防治休克，便于伤员的搬运。

骨折临时固定方法主要有以下几种。

1. 锁骨骨折

用毛巾或敷料垫于两腋前上方，将三角巾折叠成带状，两端分别绕两肩呈"8"字形，拉紧三角巾的两头在背后打结，尽量使两肩后张。也可于背后放一"T"字形夹板，然后在两肩及腰部各用绷带包扎固定。如仅一侧锁骨骨折，用三角巾把患侧手臂悬兜在胸前，限制上肢活动即可。

2. 肱骨骨折

用长、短两块夹板，长夹板放于上臂的后外侧，短夹板置于前内侧，在骨折部位上下两端固定。将肘关节屈曲 90 度，使前臂呈中立位，再用三角巾将上肢悬吊，固定于胸前。

3. 前臂骨折

协助患者屈肘 90 度，拇指向上。取两块合适的夹板，其长度超过肘关节至腕关节的长度，分别置于前臂的内、外侧，然后用绷带于两端固定牢，再用三角巾将前臂悬吊于胸前，呈功能位。

4. 大腿骨折

取一长夹板放在伤腿的外侧，长度自足跟至腰部或腋窝部，另用一夹板置于伤腿内侧，长度自足跟至大腿根部，然后用绷带或三角巾分段将夹板固定。

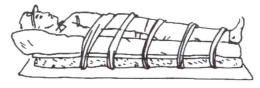

大腿骨折固定

5. 小腿骨折

取长短相等的夹板（从足跟至大腿）两块，分别放在伤腿的内、外侧，然后用绷带分段扎牢。紧急情况下无夹板时，可将伤员两下肢并紧，两脚对齐，然后将健侧肢体与伤肢分段绷扎固定在一起，注意在关节和两小腿之间的空隙处垫以纱布或其他软织物以防包扎后骨折部弯曲。

6. 脊柱骨折

立即将伤员俯卧于硬板上，不使移位。必要时，可用绷带将伤员固定于木板上。

（五）搬运方法

搬运伤员的基本原则是及时、迅速、安全地将伤员搬至安全地带，防止再次负伤。搬运前必须做好伤员的全面检查，并做急救处理。按受伤情况和环境条件选用最恰当搬运方法。搬运动作要准确，并做到轻、稳、快，避免震动伤员。在搬运过程中，应经常观察受伤部位和伤员的病情变化，并将变化情况和进行的各种处理，及时、准确地告诉接收伤员的医务人员，如途中有无昏迷、呕吐、出血以及止血带的使用情况等。

搬运方法主要有以下几种。

1. 担架搬运法

这是最常用的搬运方法，它对于路途较长，病情较重的伤员最为合适。由 3 ~ 4 人合成一组，将伤员移上担架；头部向后，足部向前，这样后面抬担架的人，可以随时观察伤员的变化；抬担架人脚步行动要一致，前面的开左脚，后面的开右脚，平稳前进；向高处抬时（如过台阶、过桥、上桥），前面的人要放低，后面的人要抬高，以使伤员保持水平状态；下台阶时，则相反。

2. 单人搬运法

（1）侧身匍匐搬运法：根据伤员受伤部位决定采用左或右的侧身匍匐前进，搬运者侧身紧靠伤员，将伤员腰部搬放到搬运者的大腿上，注意使受伤部位朝上，伤员头部和上肢不要着地。

（2）匍匐背驮搬运法：救护者先使伤员两腿靠拢，以跪姿或更低姿势躺在伤员一侧，将伤员的右上臂夹在自己的右侧腋下，再把伤员的两腿夹在自己的腿中间，用左手将伤员的左臂拉到自己的左臂上，右手抓住伤员两手，再以左手抓住伤员右侧臂部的衣服，用力翻转身体，将伤员翻在背上，匍匐前进。此法只适用于头、背部伤的伤员。

（3）抱持法：伤员如能站立，救护者站于伤员一侧，一手托其背部，一手抱其腿，将其抱起，伤员若有知觉，可让其一手抱住救护者的颈部。

（4）背负法：救护者站在伤员前面，呈同一方向，微弯背部，将伤员背起（胸部创伤伤员不宜采用）。如伤员卧于地上，不能站立，则救护人员可躺在伤员一侧，一手紧握伤员后，另一手抱其腿，用力翻身，使其负于救护者背上，而后慢慢站起。

3. 双人搬运法

（1）椅托式：一人以右膝，另一人以左膝跪地，各以一手伸入伤员大腿之下而互相紧握，另一手彼此交替支持患者背部。

（2）拉车式：一人站在伤病员头部，两手插到腋前，将其抱在怀内，一人站在其足部，跨在伤员两腿中间，两人步调一致将伤员慢慢抬起，卧式前进。

4. 特殊伤员的搬运方法

腹部内脏脱出的伤员：伤员仰卧，双腿屈曲；膝下加垫（棉垫、草垫等）固定，使腹肌放松，防止内脏继续脱出。

第三节　核生化防护

对核生化武器袭击的防护，是指军队对敌人的核武器、生物武器、化学武器袭击所采取的防护措施。在未来信息化条件下的局部战争中，核武器、生物武器、化学武器的威胁依然存在，并且这种威胁将出现新的形式和特点，防护难度增大，防护要求更高。

一、对核武器袭击的防护

对核武器袭击的防护主要包括以下三个方面。

（一）对核爆炸瞬时效应的防护

1. 在开阔地上的防护

当人员在开阔地上行动，收到核袭击警报信号或发现核闪光时，应立即背向爆心卧倒。卧倒时，两手交叉压于胸下，两肘前伸，头自然下压夹于两臂之间，闭眼闭嘴（有条件时堵耳），憋气（当感到热空气时），两腿伸直并拢。正在行驶的车辆突然遇到闪光时，驾驶员应立即停车，将身体弯曲或卧伏于驾驶室内，乘车人员应尽量卧倒。

2. 利用地形地物防护

利用土丘、土坎等高于地平面的地形可以有效地减少核武器的杀伤。当发现核爆炸闪光时，应就近利用地形背向爆心的一面迅速卧倒（动作要领同开阔地）。利用较大的土丘、土坎时，可对向爆心卧倒，重点防护头部。利用土坑、弹坑、沟渠等低于地面的地形防护时，首先应携带武器快速跃（滚）入坑内，身体蜷缩，跪或坐于坑内，两肘置于两腿上，两手掩耳，闭眼闭嘴，暂停呼吸。若坑大底宽，也可横向或对向爆心卧倒。利用沟渠时，宜用横向爆心的沟渠卧倒防护，若沟渠的走向对向爆心，最好利用拐弯处防护。坚固的建筑物对瞬时杀伤因素具有一定的防护作用。若在室外应尽量利用墙的拐角或紧靠墙根卧倒；若在室内应在屋角或床、桌下卧倒或蹲下，但注意不要利用不坚固或易倒塌的建筑物，避开门窗处和易燃易爆物，以免受到间接伤害。另外，山洞、桥洞、涵洞、下水道等都可用来防护；有时利用树木、丛林、青纱帐或潜入水中防护，也有一定的效果。

（二）对放射性沾染的防护

1. 对放射性烟云沉降的防护

处于爆心下风向的人员，在放射性烟云到达之前，要做好防护准备。当发现放射性烟云开始下降时，应迅速穿戴好防护器材。

2. 通过沾染区时的防护

通过沾染区时，应避开辐射水平高的地区（绕道通过），无法避开时，应尽量推迟进入的时间，并利用防护器材进行全身防护。通过沾染区时人员之间应保持适当的距离，加快行进速度，尽量缩短停留时间，减少灰尘的扬起。

（三）消除放射性沾染

消除放射性沾染是指利用各种措施，将放射性物质从人员、物体表面去除，以减轻放射性物质对人员的伤害。

1. 对人员放射性沾染的消除

人员通过沾染区后，要尽快进行洗消。在沾染区内，应利用战斗间隙进行局部洗消，情况允许时，可撤出沾染区进行全身洗消。局部洗消是指擦洗身体的暴露部位，如头、脸、颈、手等，以去除放射性灰尘。用湿毛巾擦拭皮肤，消除率可达90%；用干毛巾擦拭，消除率也在65%以上。全身洗消，一般在洗消站内进行，夏季也可在未受到沾染的江河、湖泊里进行洗消。

2. 对服装放射性沾染的消除

对穿在身上的服装可自行拍打或互相拍打；对脱下的服装可挂起来拍打。拍打时，人员应站在上风向，按照从上至下、先外后里的顺序进行。人员背风站立，将受到沾染的服装用力甩几次，对衣领部位要进行抖拂。用扫帚、草把等对服装进行扫

除。将受到沾染的服装用洗衣剂搓洗后，再用清水冲洗。洗涤时，应戴橡胶手套、口罩。

3. 对武器装备放射性沾染的消除

对武器装备放射性沾染的消除是为了避免或减轻放射性沾染对人员的伤害。消除时，可以利用擦拭、扫除、水冲等方法进行。

4. 对地面放射性沾染的消除

消除地面放射性沾染时，可以用铲除法将受到沾染的地面铲除 3 厘米深左右。铲除时从上风向开始，注意不要扬起灰尘，也可以用清扫法清扫地面。铲除和清扫的泥土、尘土，应集中掩埋。

二、对生物武器袭击的防护

（一）及时发现生物武器袭击的征候

敌机喷洒生物战剂时，常常会在低空慢速盘旋，后尾有烟雾带，或空投容器（无爆炸声）。如果处于该地区的人员或动物在几分钟内没有出现化学战剂中毒症状，就应初步怀疑是生物战剂。生物武器爆炸时，爆炸声小而低沉，弹坑较小，无闪光或闪光小，烟团小且呈灰白色，在弹坑附近可能会留下粉末、液体或特殊容器等。投掷带菌的媒介物时，可在地面发现昆虫等小动物，且其出现的季节场所等可能会比较反常。例如，在冬季出现大量蚊、蝇等，或突然出现当地没有或少有的昆虫。敌人一般会选择在微风的拂晓、黄昏、夜晚或阴天施放生物战剂。另外，还可根据疫情判断。如果当地突然发生从未出现过的传染病，发病季节异常，大量人畜患同一种病，则可以初步判断敌人施放的是生物战剂。

（二）防护方法

对生物战剂气溶胶的防护，主要是防止生物战剂气溶胶通过呼吸道、皮肤、眼睛侵入人体。对敌投放的带菌昆虫的防护，主要是保护暴露皮肤，防止昆虫叮咬。在门、窗或出、入口等处，应安装纱门、纱窗，挂上用防虫药物浸泡过的门帘。面具、手套、防蚊服、防蚊帽等均可用于个人防护。对于蜱的防护，应经常检查，将衣服上的蜱及时除去。为了保护人员不被昆虫叮咬，常用驱避剂，可将避蚊胺、驱蚊灵涂在暴露的皮肤上，也可将其涂在裤脚、袖口和领口等处，防止昆虫爬入衣服内。

（三）消毒、杀虫、灭鼠

消毒是指用物理或化学方法将污染对象表面的生物战剂杀灭或消除。为了防止传染病发生和流行，必须做好战时的消毒工作。人员、服装、武器装备受到生物战剂污染后的消毒方法与受到毒剂污染后的消毒方法基本相同。杀虫、灭鼠是灭菌的重要工作之一。在自然情况下，许多传染病都是以虫、鼠为媒介传播的。无论是平时还是战时，都应认真地做好杀虫、灭鼠工作。

三、对化学武器袭击的防护

（一）及时发现化学武器袭击的征候

及时发现化学武器袭击的征候，是做好防护工作的重要前提。战斗中，通常采取听、看、嗅的方法发现化学武器袭击的征候。毒剂弹爆炸的声音与一般的杀伤弹爆炸的声音有区别，毒剂弹爆炸的声音通常较低沉。并且，毒剂弹爆炸时，爆震感较弱，爆炸后会出现浓密的烟雾团，持续时间长，没有明显的地面抛起物。烟雾团向下风向飘移较远，弹片较大，并且可能有油状物。弹坑较小，弹坑内及周围有时会有潮湿现象或明显的油状液滴，有时在水面上会出现"油膜"。大多数毒剂都有特殊的气味，在嗅觉可发现的浓度下，闻到气味后及时进行防护不会引起伤害。此外，还可以通过个别人员、小动物等中毒的症状来进行判断。

（二）防护方法

为了避免或减少化学武器对人员的伤害，战斗中应充分做好防护准备，使防护器材处于良好的状态，携带的防护器材要便于使用，不影响战斗行动。当遭到化学武器袭击时，要迅速戴好防毒面具。当毒剂弹爆炸后有飞溅的液滴或飘移的烟雾时，应迅速对全身进行防护。情况允许时，除观察人员和值班人员外，其他人员应立即进入工事，关好防护门。利用有防护设施的工事防护时，应根据指挥员的命令有组织地进行防护，不得随意进出。进入工事时应防止将毒剂带入，进入后要减少各种活动。直接通过染毒区域时，应在指挥员的组织下充分做好防护准备，到达染毒区域前利用地形迅速穿戴好防护器材。通过时，应根据敌情和地形情况，选择坚硬、植物少的道路，尽量避开弹坑和泥泞、松软、有明显液滴的地方。情况允许时，可适当拉开距离，快速通过。通过后，应根据指挥员的指挥或利用战斗间隙检查染毒情况，对人员、服装、武器等进行消毒。

（二）消毒

利用化学方法、物理方法等，使毒剂失去毒性或从人员、物体上除去毒剂的过程，叫消毒。消毒时，按先人员、服装，后武器装备、地面的顺序进行。人员染毒后应尽快进行消毒，尤其是神经性毒剂和糜烂性毒剂，越早消毒越好。服装染毒后，可用消毒液进行消毒。战斗情况紧急，无法消毒时，可将服装上的染毒部位用小刀切除，染毒严重时应脱下服装。武器装备材料不同，染毒情况也不同。坚硬的材料，只需要对表面进行消毒，就能有效消毒。松软的材料，则需要对深层进行消毒。在消毒时，应根据不同的材料，确定消毒液的用量和消毒次数。

四、个人防护装备使用

个人防护装备是指个人用于免受毒剂、生物战剂、放射性灰尘或其他有毒有害物质伤害的防化装备。熟练地使用个人防护装备，可以有效地减轻人员在核、化学、生

物武器袭击或发生战场次生核化危害时的伤亡程度，保证部队在受染环境中遂行作战任务。

常见的个人防护装备主要包括防毒斗篷、防毒面具和个人消毒急救盒等。

1. 防毒斗篷

防毒斗篷是指防止毒剂和生物战剂雾滴、粉剂和放射性灰尘降落溅落到人员和装具表面的个人防护装备。又称防毒披肩。防毒斗篷结构形式不密闭，不能严密防护有毒有害气体和气溶胶，必须与防毒面具、防毒服、防毒手套、防毒靴套配合使用。防毒斗篷曾是各国军队中广泛装备的个人防护装备。通常用高压聚乙烯材料或其他高分子材料薄膜涂层织物制成。厚度小于 1 毫米，制作成本低、重量轻、体积小，便于普遍装备；平时折成小四方块存放在面具袋中携带；它是一次性消耗器材，用毕直接销毁，无须消毒。

2. 防毒面具

防毒面具是指保护呼吸器官、眼睛和面部，防止毒剂、生物战剂、放射性灰尘等有毒有害物质及缺氧空气吸入呼吸道对人员造成伤害的个人防护装备。一般的防毒面具是头戴式通话面具，由面罩、过滤元件和面具袋三部分组成。防毒面具使用前需要经过选配、灭菌、外观检查、气密性检查等准备活动，使用时要注意停止呼吸、闭嘴闭眼、调整完成使劲呼气等几个方面。

3. 个人消毒急救盒

个人消毒急救盒是指用于预防毒剂中毒，中毒后的急救及对皮肤、服装、装具上污染的液态毒剂应急消毒的个人防护装备。

个人消毒急救盒主要由以下几方面组成：

（1）神经性毒剂解磷针。针剂含有抗胆碱能药阿托品、胆碱酯酶重活化剂氯磷定和镇静药物安定。制成的注射针有三种类型：挤压式注射器，由安部、针头、通针和护针套管组成；手工注射或半自动注射器，安部中装有药液和 2.5 个大气压的惰性气体，连接着套管、针头与护针帽，用时靠气压将药液压入体内；活塞式全自动注射针，可自动注射。还有含磷毒剂的预防粉剂安部，须在遭化学袭击前喷入鼻腔。

（2）抗氰剂。例如可直接吸入的亚硝酸异戊酯安部、抗氰注射针及预防抗氰作用的甲、乙型两种药片。

（3）带有纱布套的塑料包皮肤消毒液。消毒时用针刺破即可用以对芥子气类毒剂消毒。

（4）其他药物。如针对失能性毒剂毕兹的催醒宁或催醒安，针对刺激性毒剂的抗烟剂，抗放射性辐射的药物（如碘化钾和半胱氨酸等），以及广谱抗菌素、抗毒素、止痛片等。

（5）止血药剂。烧伤应急用的绷带、无菌纱布块、杀菌剂，烧伤药膏、烧伤止痛喷剂、缓冲洗眼液、胶带、创可贴等。有的个人消毒急救盒中还装有防护口罩。

第九章　战备基础与应用训练

学习目标

⊙ 了解战备规定、紧急集合、徒步行军的基本技能。
⊙ 了解野外生存的基本技能。
⊙ 学会识图用图、电磁频谱监测的基本技能。

本章导读

节日战备不真备，"节"很可能就是"劫"。1968年春节前夕，驻越美军总司令威斯特摩兰对部下说："没有任何东西，甚至一场决定生死存亡的战争，能阻止他们庆祝节日。"于是，美军自己也"入乡随俗"过起了节，把节日战备放在了一边。侦察到美军战备松懈，越军立即发动"春节攻势"，打了美军一个措手不及，威斯特摩兰也因此被解职。无数的战史警示我们，节日不"喜欢"战争，但战争却很"喜欢"节日。越是节日来临之时，越是战备关键之际。

孙子有言："兵之情主速，乘人之不及，由不虞之道，攻其所不戒也。"为防止敌方在节日期间"乘人之不及"，近年来，世界各主要军事强国普遍加强了节日战备。比如，美军在"911事件"后每逢重大节日都提高了安全警戒等级，美空军更是规定重大节日所有相关人员不得休假。对军人来说，军旅人生只有"两个日子"：打仗的日子和准备打仗的日子。快过年了，但战争不会等到"过年后"才开打。各单位只有把战备预案搞精确，把战备行动练扎实，方能临危不乱，处变不惊，让祖国的节日成为欢庆的日子、和平的日子。

第一节　战备规定

战备是指军队为了应付可能发生的战争或军事突发事件而在平时进行的准备和戒备行动及工作。军人作为部队的主体，担负着作战和应付各种突发事件的任务，必须牢固树立战备观念，熟记战备常识，搞好战备各项训练，以保证一旦遇到紧急情况，就能够迅速在最短的时间内做好准备，以最快的行动投入战斗，并能高标准高质量地完成任务。

一、战备规定的主要内容

战备规定的内容主要有战备教育、战备方案、战备值班、战备等级转换、"三分四定"等。对于军人来说，应对战备等级转换和"三分四定"两项内容需重点掌握。

（一）战备等级转换

战备等级是部队战备程度的区分，全军战备等级分为四级战备、三级战备、二级战备、一级战备。四级战备，即国外发生重大突发事件或者我国周边地区出现重大异常，有可能对我国安全和稳定带来较大影响时部队所处的战备状态。三级战备，即局势紧张。周边地区出现重大异常，有可能对我国构成直接军事威胁时，部队所处的战备状态。二级准备，即局势恶化，对我国已构成直接军事威胁时，部队所处的战备状态。一级战备，即局势极度紧张，针对我国的战争征候十分明显时，部队所处的战备状态。

战备等级转换是军队的战备由一个等级向另一个等级的改变。通常为逐级转换，即由平时的经常性战备依次转入四级战备、三级战备、二级战备、一级战备；必要时也可越级转换，即从平时的经常性战备直接转入三级战备、二级战备或一级战备。根据需要，可全军同时转入等级战备，也可只令局部地区的部队转入等级战备。转入等级战备的时机、单位、战备等级，通常由最高军事指挥机关根据当时国际国内的军事、政治等形势作出决定而下达。目的是提高部队的快速反应能力，应付突然袭击和其他意外事件。能否按要求组织部队迅速、顺利地转入规定的战备等级，是检验和衡量部队战备水平的重要标志之一，也是部队能否顺利遂行各项战备任务的重要保证。转入不同战备等级时，司令（参谋）部机关工作的侧重点也有所不同。

（二）"三分四定"

"三分四定"是战备工作的重要内容，每一名战士在平时要严格按照规定做好各项工作，保证一旦有紧急情况，即可立即出动。

1. "三分"

"三分"就是将个人的物资分为携行、运行、后留三部分，分别放置。携行物资就是紧急情况时自己随身携带的必备物资。运行物资就是一些物资虽然个人工作、生活、作战时非常需要，但靠个人携带不了，需要上级单位帮助搬运的物资。后留物资就是不需要随同执行任务带走的个人物资（一般是个人购买的，不是部队配发的物品），留在营房内，由上级统一保管。

2. "四定"

"四定"即定人、定物、定车、定位。定人是指根据战备行动方案，确定每个军人在可能出现的紧急情况中所担负的任务、归谁指挥、可能的行动等内容。定物是指确定军人紧急出动时携带物资的数量、种类，主要规定武器装备的携带方法。定车是指军人紧急出动时所乘坐的车辆（车辆编号）。定位是指确定军人乘坐车辆的具体位置及在行进中可能担负的任务。

二、战备规定的要求

（一）日常战备的要求

必须高度重视战备工作，严格执行战备法规制度，紧密结合形势任务，经常进行战备教育，增强战备观念，建立正规的战备秩序，保持良好的战备状态。应当制定完善战备方案，经常组织部属熟悉方案内容，进行必要的演练。编制、人员、装备、战场和形势任务等情况发生变化时，应当及时修订战备方案。各类战备物资，应当区分携行、运行、后留，分别放置，并做到定人、定物、定车、定位。战备物资应当结合日常训练、正常供应周转和重大战备行动，进行更新轮换，使其处于良好状态。战备物资不得随意动用；经批准动用的，应当及时补充。后留和上交的物资，应当建立登记和移交手续。个人运行和后留物品应当统一保管，并按照有关规定注记清楚。应当按照规定保持装备完好率、在航率和人员在位率，保持指挥信息系统常态化运行，保证随时遂行各种任务。

（二）节日战备的要求

各级应当按照战备工作有关规定，周密组织节日战备。节日战备前，各级应当组织战备教育和战备检查，制定战备方案，修订完善应急行动方案，落实各项战备保障措施。节日战备期间，各级应当加强战备值班。担负战备值班任务的部（分）队，做好随时出动执行任务的准备。节日战备结束后，各级应当逐级上报节日战备情况，组织部（分）队恢复经常性戒备状态。

第二节　紧急集合

紧急集合就是在紧急情况下迅速进行的集合，是应对突然情况的一种紧急行动。指军队、警察或其他准军事化组织在非常规状态下或演习情形下突然实行集合。通常以警报，哨声等为信号，在极短的时间内对所属部队或一定范围内的人员按备勤要求进行集中，一般要求集合人员按规定着装，配戴相关武器或装备。

一、紧急集合要领

（1）部（分）队应当根据上级的紧急战备号令，或者在下列情况下实行紧急集合：发现或者遭到敌人的突然袭击；受到火灾、水灾、地震、台风等自然灾害威胁或者袭击；上级赋予紧急任务或者发生重大意外情况等。

（2）部（分）队首长应当预先制定紧急集合方案。紧急集合方案通常规定下列事项：紧急集合场的位置，进出道路及其区分；警报信号和通知的方法；各分队（全体人员）到达集合场的时限；着装要求和携带的装备、物资、粮秣数量；调整勤务的组织和通信联络方法；值班分队的行动方案；警戒的组织，伪装、防空和防核、防化学、防生物以及防燃烧武器袭击的措施；留守人员的组织、不能随队伤病员的安置和物资的处理工作等。

（3）部（分）队接到紧急集合命令（信号），应当迅速而有秩序地按照紧急集合的有关规定，准时到达指定位置，完成战斗或者机动的准备。

（4）部（分）队首长根据情况及时增派或者撤收警戒；督促全体人员迅速集合；检查人数和装备；采取保障安全的措施；指挥部（分）队迅速执行任务。

（5）为锻炼提高部（分）队紧急行动能力，检查战斗准备状况，通常连级单位每月、营级单位每季度、旅（团）级单位每半年进行一次紧急集合。紧急集合的具体时间由部（分）队首长根据任务和所处环境等情况确定。

（6）舰（船）艇部队、航空兵部队和导弹部队的部署操演、实兵拉动、战斗值班（战备）等级转进、战斗演练，按照战区、军兵种有关规定执行。

二、紧急集合训练

紧急集合分为全副武装紧急集合和轻装紧急集合两种。全副武装紧急集合根据当时部队所处战备等级状态确定。此时，人员的负重量、携行的装备和器材均按战备方案和上级的规定执行。轻装紧急集合是在执行临时性紧急任务时所采取的一种方式。着装时，为减轻军人的负荷量，通常不背背包（或携带单兵生活携行具），以提高部队的快速机动能力。紧急集合的程序可分为四步：着装、整理携行生活器材、装具携带和集合。

（一）着装

紧急集合时的着装通常为作训服。昼间进行紧急集合时，一般按当时的训练着装进行。如果上级重新规定着装，军人应立即换装。夜间实施紧急集合时，军人应迅速起床，按照帽子（冬季戴皮、棉帽时，换装后再戴）—上衣—裤子—袜子—鞋子（双层床上层的军人打完背包再穿鞋子）的顺序进行穿戴。

（二）整理携行生活器材

没有装备生活携行具时，应打背包。背包的宽度为 30 ～ 35 厘米，竖捆两道，横压三道。米袋捆于背包上端或两侧；雨衣、大衣通常捆于背包上端，大衣袖子捆于背包两侧；鞋子横插在背包背面中央或竖插两侧；锹（镐）竖插在背包背面中央，头朝上。装备有生活携行具时，应按以下顺序进行：迅速结合背架；按规定将规定物品分别装入主囊、侧囊和睡袋携行袋；组合背架和军需装备携行具；其他兵种专业可根据本兵种专业的特点另行规定。

（三）装具携带

通常按照"战斗装具左肩右肋，生活装具右肩左胁"的原则进行。全副武装紧急集合时，着制式服装，（佩执勤标志），戴头盔（钢盔），带挎包（右肩左胁，内装雨衣、洗漱用具和急救包）、水壶（右肩左胁），扎腰带（挎包和水壶前侧背带扎于腰带内），披子弹带背背包，携带手中武器。混合着装、轻装紧急集合着装及装具携带顺序参照全副武装，只是不背背包。徒手着装紧急集合时，着制式服装，扎腰带，佩戴值勤臂章。任务需要时，部分人员可以着便装。

（四）集合

着装完毕后，军人应迅速跑步到班集合地点，向班长报告。全班到齐后，班长要整队，然后带领全班迅速赶到排集合场，并向排长报告。紧急集合时要做到迅速、肃静、确实、完整、安全、便于行动。这就要求在平时应按规定放置武器、弹药、装具和衣物，并牢记地点位置，才能在紧急集合时迅速有序拿取和穿着，行动迅捷而不慌乱。

第三节　行军

行军，是部（分）队沿指定路线进行的有组织的移动。其目的是为了转移兵力，争取主动，形成有利态势。行军，按方式分为摩托化行军、徒步行军；按时间分为昼间行军和夜间行军；按强度分为常行军和强行军；按行进方向分为向敌行军、背敌行军和侧敌行军；按地形、天候条件分为平原地、丘陵地、山地、山林地、沙漠、草原地行军和严寒、炎热等条件下行军。

一、行军要求

未来战场上，由于敌监视、预警和定位等先进侦察设备的使用，以及远程打击手段的增强，对部队行军产生较大的影响。而且部队在行军中组织指挥复杂，隐蔽伪装困难，受敌打击的可能性增大，生存问题更加突出。

（一）合理确定行军部署

部队行军部署，通常应根据任务、地形、敌情、道路数量等情况确定。基本要求是便于指挥、便于运动、便于迅速展开和投入战斗。

（二）加强指挥协同

部队实施行军时，必须加强指挥控制，密切协同作战，确保行动有序、快速和统一。要采取多种手段保持不间断的通信联系，加强对地面、空中的观察，搞好伪装，及时发现和处置各种情况，发扬我军不怕疲劳、连续作战的优良传统和作风。

（三）全面组织保障

现代条件下行军，必须全天候、不间断地组织侦察、警戒、防空，以及道路、工程、后勤、技术等各项行军保障，确保部队迅速、隐蔽、安全、准时到达指定地域。

二、行军组织

受领任务后，应在规定的时间内，有计划地做好行军准备。如时间紧迫，可在行进中不断组织和完善。

（一）传达任务，确定行军方案

指挥员接到行军命令后，应迅速向部属传达任务。时间充足时应适时召开支委会或骨干会，传达上级的行军命令，分析敌情、任务、地形、道路、气候等情况，确定行军方案，周密安排行军准备工作。时间仓促时，指挥员可直接向部队传达任务，明确行军方案。方案主要内容：行军路线、行军序列；各分队和配属分队的任务；前卫搜索分队的编成和任务及警戒、搜索的方法；行军途中可能遇到的情况及处置方案和各种保障措施等。

（二）下达行军命令，进行动员

指挥员向分队下达行军命令时应明确：敌情（如野营训练是去参观或搞社会调查时，则应讲明目的、意义、社情和疫情、风俗习惯要求等）；本分队的任务，出发（通过出发点）时间，行军路线，行程，大休息点，到达地点、时间；友邻的行军路线（与本分队的距离）；行军序列；行军警戒，通信联络信（记）号及口令，着装规定；完成行军准备的时限，明确起床、开饭、集合的时间、地点。乘车行军时，还应明确车辆分配，各车的车长及观察（联络）员，登车时间和地点等。单独行军时，还应明确尖兵班（车）的编成、任务、运动路线（与本队的距离）、联络方法，可能与敌遭遇的地点和各分队的行动等。分队应根据实际情况，进行政治动员，鼓舞士气。乘车行军时对分队进行安全教育，对驾驶人员进行责任心教育，保证完成行军任务。

（三）组织各种保障

组织过程中指挥员必须根据受领任务、敌情、地形、道路等情况，着眼特点，周密计划和全面组织行军的侦察、警戒、通信、对空防护、物资器材技术等保障工作。

（四）检查行军准备

出发前应对所属分队行军准备完成情况进行督促和检查。检查事项主要包括：所属各分队对行军命令传达落实和动员情况；武器、弹药、粮秣和各种器材的领取、携带情况；生活物资保障准备情况；卫生保障准备及车辆状况等。

三、行军实施

行军中，指挥员通常在本队先头行进，以掌握行进方向、路线和速度，随时了解敌情、沿途地形和道路情况等，及时组织分队积极克服各种困难，沿上级指定路线迅速隐蔽地前进，按时到达宿营（集结）地。

（一）准时集合出发，维护行军秩序

集合场地的选择应便于进入行军道路的位置，集合时检查分队人员的武器装备、车辆、着装等情况，行军应维护行军秩序，听从调整人员指挥，未经上级允许不得超越前面的分队。给执行特殊任务的车辆和分队让路，行军中应严格遵守纪律，保守行动机密，搞好宣传鼓动，开展团结互助。

（二）掌握行军路线和速度

指挥员根据情况利用地图按方位角行进，也可按行军路线图，依据识别路标、信号等方法掌握行军路线。行军速度应根据敌情任务、时间、行军能力、道路状况、天候而定。队形间距，徒步行军通常连与连之间为 100 米左右，乘车通常连与连之间为 200 ～ 300 米，车距为 50 米左右。开始行车应梢慢，尔后按正常速度行进。通过特别地形时应控

徒步行军

制速度和间隔，经过渡口、桥梁、隘路等难以通行的地点时，指挥分队有序地通过，防止拥挤；通过后，前部应适当减速，后部应大步快速跟上，不宜跑步。

（三）组织休息

行军中，在上级编成内行军的大、小休息和远程连续行军的休息时间，通常由上级统一掌握。单独行军时，由本级指挥员掌握。小休息每 50 分钟一次，大约 10 分钟。应靠路边，面向路外侧，保持原队形，督促战士整理鞋袜和装具，明确上厕所的范围。大休息，通常在完成当日行程一半以上进行。应离开道路，进入指定的地区，休息时间为2 小时左右，应明确出发时间，派出警戒，必要时值班分队占领有利地形，迅速组织做饭、吃饭、补充饮水、妥善安排伤病员，督促分队抓紧时间休息。夜间休息时，人员不能随便离队，武器不能离身。休息完毕要清点人数，检查武器、弹药、装具、器材和其

他物资，严防丢失，按时进入行军序列。

（四）情况处置

指挥员应注意观察，及时发现各种情况，灵活、果断处理，并及时报告上级。受到核、化学武器袭击时，应迅速做好防护准备。遭敌空袭时，应就地疏散隐蔽或利用地形加速前进。通过敌炮火、航空兵封锁地段时，应力求绕过或增大间距快速通过。对有敌情顾虑的地段应派出班、组进行搜索。接到上级改变行军路线的命令时，立即停止前进，研究、查明新的行军路线后组织分队沿新的路线前进。

实施行军时应考虑到人员和技术兵器能否在各种环境中长时间内承受一定的负担。任何行军，特别是徒步实施的行军，要求全体人员具有很强的体力。在严寒条件下行军，应准备好防冻的被服、装具和药品等。在炎热的条件下行军，应准备好防暑、防毒虫等药品，多带饮用水，并可在饮用水中适当放盐。

四、宿营

宿营，是部队在行军、输送或战斗后的住宿。目的是使部队得到休息和整顿，以便继续行军或作好战斗准备。宿营通常采取露营、舍营或者两者结合的方法宿营。露营是指在房舍外露宿或利用帐篷的住宿；舍营是利用居民房舍的住宿。

（一）组织指挥与管理

1.选择宿营地域

宿营地域应当有一定的地幅和良好的地形，便于疏散隐蔽配置和休息；有良好的进出道路，便于机动和迅速投入战斗；有充足的水源和较好的卫生条件。避开洪水、油库、高压电源和易崩塌的危险地点，以免造成不必要的伤亡；避开严重的沾染区，以便卫生防疫。

2.确定宿营的部署

露营时，应利用隐蔽地形，以班、排为单位作疏散配置。居民地宿营时，应尽量按建制配置在便于机动的地点。在有敌情顾虑的情况下，应避开重要和明显的目标，便于隐蔽防护，便于抗击敌人的突然袭击。必要时，为确保宿营安全，进入宿营地以前，应了解宿营地域的情况，指挥员还应组织侦察，查明有无毒剂、放射性物质、爆炸性障碍物、残存的敌人和传染病。宿营不意味敌情解除，应时刻保持警惕，以防敌人偷袭。应派人侦察、警戒，做好处置敌情的准备，必要时应构筑工事，进行伪装，封锁消息。

3.加强管理，做好群众工作

宿营时，遵守群众纪律，尊重当地居民风俗习惯，遵守三大纪律八项注意，进行卫生常识教育，督促战士用热水洗脚，整理装具，修补鞋袜，抓紧时间休息。

4.情况处置

当遭敌空中或地面火力袭击时，应立即发出警报，组织指挥分队迅速进入指定疏散地区隐蔽，并采取防护措施；当遭小股敌人袭击时，应当以值班分队迅速围歼或驱逐；

当发现敌向我宿营地附近空降时，应立即报告上级，并指挥分队迅速抢占敌空降地区要点，并在友邻协同下，歼敌于立足未稳之际或迅速撤离宿营地区。

5.宿营报告

宿营安排就绪后，指挥员应迅速搜集行军和宿营情况，及时呈报宿营报告。宿营报告主要内容有：当日出发的时间、经过地点、行程、到达时间和地点，人数和伤病员情况；宿营部署（兵力配置、警戒部署），紧急集合场；武器弹药、装备器材，给养和车辆情况；分队思想情况，战斗情绪；存在的问题（需要上级解决的问题）；分队首长签名、报告时间。

（二）宿营警戒

宿营警戒是由宿营部队派出保障被警戒部队的宿营安全的警戒。警戒兵力大小根据情况而定，有步哨、游动哨、潜伏哨、班哨等。步哨任务是及时发现敌人，并防止敌人侦察人员的渗透活动。对警戒地带内的各种地形，应熟记其形状和位置，以便及时发现情况。对可疑征候、复杂地形，特别是敌人可能出现的方向应仔细观察。游动哨任务是以观察、潜听和搜索，防止敌人渗入，及时发现并制止宿营地域内敌特破坏，检查警戒人员的警惕性和配置地域内的伪装、灯火管制情况，并同友邻警戒进行联络。潜伏哨任务是及时发现敌人，迅速报告上级，监视敌人行动，防止敌人突然袭击，必要时可捕捉俘虏。班哨任务是防止敌人突然袭击和制止敌人渗透活动，保障警戒分队安全休息，顺利展开战斗或适时转移。

宿营警戒

第四节　野外生存

野外生存是指在无饮食和宿营保障条件的野外环境中，作战人员、参战支前人员和战争勤务人员在山野丛林中求取生存从而有效保存战斗力。野外生存是军人必备的基本常识，也是战时参战人员和战争勤务人员必须掌握的基本知识和技能。

一、野外觅食

野外寻觅的食物种类主要有：野生植物、动物、昆虫、鱼类、藻类等。大部分野生植物、动物、昆虫、鱼类都可食用，只有少量有毒不可食用。

（一）野生植物分布与采食

为了战时或特殊情况下应急食用，应在平时掌握野外驻地或预定区域可食野生植物的种类、分布和采食方法。

我国地域广大，寒、温、热三带气候俱全，而大部分是属于温暖地带，适合于各种植物生长，其中能食用的就有 2000 种左右。野生植物的营养价值很高，含有多种维生素。每年从 3 月开始到 9、10 月间，各种可食的野生植物生长旺盛，满山遍野。不但野菜、野果可食，而且树皮也可应急食用，柳树、松树、白杨树新生的树皮或内皮（在硬树皮与树木之间的软皮），都可以吃。

西南边疆的广西、云南一带，一年四季都有可食的野果、野菜。春季有压车果、毡帽果、鼻涕果、小杨梅等野果，还有刺脑包、苦巴沟、蕨菜等野菜。夏季有木瓜、冷饭果、乌包果、荔枝等野果，野菜有石头菜、飞花菜、马蹄菜、牛舌头菜等。秋季有大树果、算盘果、野石榴、椎梨等野果，还有木耳、白参、齐头菜等野菜。冬季有槟榔、野芭蕉、长蛇果、老熊果等野果，野菜有野山药、芭蕉心等。东北地区，野外食用的树种有：3 月吃桦树皮，4 月吃椴树皮，5 月吃松树皮，这些季节里的树皮，不但没毒，而且还有一种甜滋滋的味道。

（二）野生植物毒性鉴别方法

采食野生植物最大的问题是如何鉴别是否有毒。有人习惯用有无怪味来判断是否能吃，这样很危险。有毒的植物不见得都有怪味，如马桑果，味儿甜，但毒性却很大。鉴别植物是否有毒，较可靠的方法是根据有关部门编绘的可食野生植物的图谱进行认真鉴别。

有毒植物通常有以下几个特点：一是特殊形态和色彩，如天南星的茎有斑纹；二是分泌带色的液体，如毛茛、回回蒜和白屈菜在损伤后分泌浓厚黄液体；三是具有不良的味觉或嗅觉，如苦参、臭梧桐等。但上述这些并不能包括所有有毒植物的特点。在鉴别野生植物是否有毒时，可采取如下方法：首先用手仔细触摸，无毒的植物通常不会使手上皮肤产生发痒、发红、起风疹块等刺激症状。如折断其枝叶也不会有牛奶样汁液流出，闻之亦无腐败及其他使人感到怪异的气味。尔后，可将少量食物放入嘴里咀嚼几分钟，无毒植物一般不会有烧灼感也无辛辣、苦味或滑腻味。此时，就可以将此类植物采集少量食用。如果食用 8 小时后没有什么特殊感觉，就可适当加大食用量。另外，还可以通过观察哺乳类动物所食用的植物种类，以分辨哪些植物能够被人食用。像老鼠、兔子、猴子、熊等吃过的植物一般可以食用。鸟类可以食用的植物人不一定能够食用。食用各种野生食物一般应利用炊具进行制作。

相关链接：
根据颜色判断野果能否食用

（三）捕获野生动物

（1）猎兽。猎兽前应向有经验者或当地居民了解动物的习性和捕获方法，对大型动物通常采用陷阱猎获的方法，对小型动物可采取压猎、套猎和竹筒诱猎等方法。

（2）捕蛇。捕蛇时可采取叉捕法、泥压法和索套法。要注意防蛇咬伤，最好穿戴较厚的高腰鞋及长筒手套等防护用品。

（3）捕鱼。捕鱼可使用钩钓、针钓、脚踩、手摸、拦坝戽水等方法。

（4）捕获昆虫。可食用的昆虫种类很多，如蜗牛、蚂蚁、蚯蚓、蝉、蝗虫等，可采取手捕、网罩、挖洞掏等方法捕获。

在各种野生动物里，除了海洋中外形奇特的鱼类、贝壳、鲨鱼和少数江河中的河豚有毒，以及野生动物的内脏，尤其是肝和卵一般不能食用外，其他均可食用。

二、野外觅水

水是野外生存的重要条件。俗话说："饥能挡、渴难挨。"水在某种程度上说比食物更重要。因此，觅水训练是野战生存训练的重要内容之一。水对于人类的生存是至关重要的。在我国各个地区，草木的生长分布，鸟、兽、虫等的出没活动，都可以为寻找浅层地下水提供一些线索。

（一）水源找寻的方法

寻找水源通常采取观察草木的生长位置和动物的活动范围的方法来判定。

北方地区，干旱的沙漠和戈壁地区生长着怪柳、铃铛刺等灌木丛，在其地表下6～7米深就可能有地下水。胡杨生长的地方，其地下水位距地表面不过5～10米。草生长的地方，其地下水位只有2米左右。芦苇生长茂盛的地方，其地下水只有1米左右。金戴戴、马兰花等植物生长的地方，在其地下挖1米左右就能找到地下水。

南方地区，叶茂的竹丛不仅生长在河流岸边，也常生长在与地下河有关的岩溶大裂隙、落水洞口的地方。在广西，许多岩溶谷地、洼地，成串的或独立的竹丛地，常常就是有大落水洞的标志。这些落水洞有的在洞口能直接看到水，有的在洞口看不到水，但只要深入下去往往就能找到地下水。

根据特殊植物的生长地点来判定地下水的水质情况，如马兰花、拂子茅等植物群生长的地方，可判定那里不太深的地方有淡水。

地下水埋藏浅的地方，泥土潮湿，蚂蚁、蜗牛、螃蟹等喜欢聚居在这些地方。冬天，青蛙、蛇类动物喜欢在这些地方冬眠。夏天的傍晚，潮湿凉爽，蚊虫通常在此呈柱状盘旋飞绕。

（二）水质鉴定的方法

因水在自然界的广泛分布和流动，特别是地面水流经地域很广，一般情况下难以保证水源不受污染。在野外没有检验设备时，可以根据水的色、味、湿度、水迹概略地鉴别水质的好坏。

1.通过水的颜色鉴定

纯净的水在水层浅时无色透明，深时呈浅蓝色。可以用玻璃杯或白瓷碗盛水观察，通常水越清水质越好，水越浑则所含杂质越多。水色随含污情况不同而变化，如含有腐

殖质呈黄色，含低价铁化合物呈淡绿蓝色，含高价铁或锰呈黄棕色，含硫化氢呈浅蓝色。

2. 通过水的味道鉴定

一般清洁的水是无味的，而被污染的水带有一些异味。如含硫化氢的水有臭鸡蛋味，含盐的水则带咸味，含铁较高的水带金属锈味，含硫酸镁的水有苦味，含有机物质的水有腐败、臭、霉、腥、药味。为了准确地辨别水的气味，可以用一个干净的瓶装半瓶水，摇荡数下打开瓶塞后，立即用鼻子闻。也可以把盛水的瓶子放在约60摄氏度的热水中，闻到水里有怪味就不能饮用。

3. 通过水温鉴定

地面水（江河、湖泊）的水温，因气温变化而变化，浅层地下水受气温影响较小，深层地下水，水温低而恒定。如果水温突然升高多是有机物污染所致。工业废水污染水源后也会使水温升高。

4. 通过水点斑痕鉴定

用一张白纸，将水滴在上面，晾干后观察水迹。清洁的水是无斑迹的，有斑迹则说明水中杂质多、水质差。

（三）水质净化的方法

安全的饮用水必须经过消毒和净化，饮用水里的悬浮物和胶质物质越少越好。

1. 饮用水的消毒

水的消毒主要是杀灭有害人体的致病微生物，主要方法有两种：一是物理法。其主要是将水煮沸消毒，这是一种既容易又简单而且比较可靠的消毒方法。二是化学法。利用化学药品氯、碘、高锰酸钾、漂白粉、明矾、"69-1"型饮水消毒片等。

2. 饮用水的净化

水的净化就是消除水中的杂质和污物。常用的方法有沉淀、过滤、混凝三种。在野外，因条件限制，也可以用一些含有黏液质的野生植物净化浑浊的饮用水。如贯众的根和茎，榆树的皮、叶、根，木棉的枝和皮，仙人掌和霸王鞭的全株，水芙蓉的皮和叶，都含有黏液质，都含有糖类高分子化合物。这些植物与钙、铁、铅、镁等二价以上的金属盐溶液化合，形成絮状物，在沉淀过程中能吸附悬浮物质，起到净化浑水的作用。植物净水，虽然絮状物沉淀时能除去部分细菌和微生物，但是没有消毒作用。因此，饮用水最好再加少许漂白粉或煮沸消毒。在无水源的情况下，也可利用简便方法获取少量的水。如用一个塑料袋套在树枝上将袋口扎紧，每天取水量可达1升左右。还可以用塑料布收集露水等。

相关链接：

如何制作简易净水装置？

此外，山野中有许多植物可用以解渴。如北方的黑桦、白桦的树汁，山葡萄的嫩条，酸浆子的根茎；南方的芭蕉茎、扁担藤等。

三、野炊

可食用的野生动物一般应去掉其内脏，食用其肉。可食用的根茎类野生植物，应食用根部和嫩茎叶、树的内皮及嫩软的树尖；野菜类野生植物应食用其嫩苗、嫩茎叶、菌体；野果类野生植物应采果食用。食用各种野生食物一般应利用炊具进行煮炒。在没有制式炊具可供使用的情况下，作战人员应利用就便器材和材料热熟食物。

（一）脸盆、罐头盒、钢盔的利用

在野外可以用石头做架，或用铁丝吊挂脸盆、铁盒钢盔等物，用火加热，烹煮食物烧开水等。

（二）铁丝、木棍的利用

可将可食用的动物和根茎类植物块根穿插缠裹在铁丝或木棍上，放在火焰上或炭火中烤（烧）熟。鱼（不去鳞片）和块根食物应用泥土包裹烤熟后剥皮食用。贝壳类动物可放在火堆下烤熟食用：先在地上挖一个浅坑，坑的四周衬以树叶或湿布，然后将食物放入坑内，再在食物上面盖上树叶或布，上面再压一层3厘米厚的沙子。最后在坑上面生起火堆，待食物烧熟后取出食用。

（三）石板或石块的利用

用火将石板烧烫以后，将食物切成薄片放在上面烙熟。石煮，就是先在地上挖一个坑，将若干拳头大小的石块放在火中烧热，用棍拨到一个40厘米深的土坑内铺一层，石块上铺一层大树叶，放食物，上面再铺一层树叶，将剩下的热石头块铺在树叶上，然后再铺上厚厚的树叶压住，靠热石块散发的热气将食物煮熟。三四个小时后即可取食。

（四）黄泥的利用

用和好的黄泥在地上摊成一个3厘米厚的泥饼，上面铺一层树叶，将野鸡、野兔或鱼等物除去内脏，不脱毛不褪鳞，放在泥饼上，用泥饼将食物包裹成团，放在火中烧2小时左右即可食用。食用时兽毛或鱼鳞沾在泥块上随之脱离。

（五）竹节的利用

选粗壮的竹子砍倒，每2～3节竹筒砍成段，将竹节的一端打通，将米和水灌入竹节里，米约占2/3，然后将竹节放在火中烘烤约40分钟，即可做成熟饭。

第五节　识图用图

一、地形的分类和作用

（一）地形的分类

地形是地貌和地物的总称。地貌是指地面高低起伏的状态，如山地、丘陵地、平原

等。地物是指分布在地面上的固定性物体，如居民地、道路、江河、森林等。不同地貌和地物的错综结合，形成了不同的地形。依地貌的状态，可分为平原、高原、山地和丘陵地；依地物的分布和土壤性质，可分为居民地、山林地、石林地、沼泽地、水网稻田地、江河、湖泊、岛屿、海岸、草原、沙漠、戈壁等；依对军队战斗行动的影响，又可分为开阔地、隐蔽地和断绝地等。不同的地形对军队战斗行动有着不同的影响。

（二）地形的作用

地形是军队行动的客观基础，是战争和军事活动的舞台。军队的活动都是在一定的地形条件下实施的，都会受地形条件的影响和制约。例如，军队的运动、观察、射击、工事构筑、隐蔽伪装、技术兵器的运用、防原子、防化学，以及后勤保障等，都和地形有着密切的关系。早在2000多年前，孙武就在《孙子兵法·地形》中写道："夫地形者，兵之助也。料敌制胜，计险厄远近，上将之道也。知此而用战者必胜，不知此而用战者必败。"又说："知彼知己，胜乃不殆；知天知地，胜乃不穷。"这些话深刻揭示了地形对军事行动的重要作用。

地形条件是组织指挥作战的重要依据，是影响军队作战行动的基本因素之一。古今中外的军事家无不重视对地形的研究和利用。随着科学技术的发展，现代化武器应用于战争，使战场情况更加复杂多变。认真研究地形对作战行动的影响，对保证未来战争的胜利具有重大的意义。

二、地形图的基本知识

（一）地图概述

1. 地图的定义

将地球表面的自然、社会要素和现象的空间分布，按一定的投影方法、比例关系和制图综合原则，用规定的符号、颜色和注记综合绘制的图，称为地图。

2. 地图的分类和用途

地图按其内容可分为普通地图和专门地图；按比例尺可分为大、中、小比例尺地图；按表现形式可分为线划地图、影像地图、数字地图；按色彩可分为单色地图和多色地图等。

普通地图是综合反映地表自然现象和社会经济现象的地图。内容包括自然地理要素，如地貌、水系、土壤、植被等；社会经济要素，如居民地、行政区域、工矿、交通网等。普通地图分为地形图和地理图，是编制专门地图的基础。

地形图是普通地图的一种，其比例尺大于1∶1000000，它是国家经济建设、国防建设和军队作战、训练不可缺少的重要地形资料。在地形图上，可以进行长度（距离）、高度、坡度、水平角度、坐标和面积等的量读与计算。专门地图也称专题地图或主题地图，是以普通地图为底图，着重表示一个专题内容的地图，如地质图、地貌图、水文图、人口图、交通图、历史图等。

（二）地图比例尺

1. 地图比例尺的定义

地图上某两点间直线长度与相应实地水平距离之比，叫地图比例尺。地图比例尺通常以数字比例尺或直线比例尺标注在地图图廓外，是判定地表实地水平长度在地图上的缩小比例和根据图上量测长度计算实地水平距离的依据。

2. 地图比例尺的大小

地图比例尺的大小是按比值的大小来衡量的。在幅面大小相等的地形图上，比例尺越大，图中所包括的实地范围越小，显示的内容越详细，精度越高；比例尺越小，图中所包括的实地范围越大，显示的内容越简略，精度越低。

我国地形图的比例尺系列为 1:10000、1:25000、1:50000、1:100000、1:250000、1:500000、1:1000000 等。

3. 在图上量算距离

（1）用直尺量算。用直尺量取所求两点的图上长度，然后乘以该图比例尺分母，即得相应的实地水平距离。其换算公式为：实地距离＝图上长度×比例尺分母。

（2）依直线比例尺量读。先用两脚规量出两点间的长度，并保持其张度，再到直线比例尺上比量。比量时，先使两脚规的一脚落在尺身的整千米数上，再使另一脚落在尺头上，就可读出两点间的实地水平距离。

（3）用里程表量读。在地形图上量取弯曲路段或曲线距离时，使用指北针上的里程表比较方便。里程表由表盘、指针及滚轮三部分组成。量读时，先使指针归"0"，然后手持里程表，将滚轮放在起点上（使指针按顺时针方向转），沿所量线段滚至终点，指针在相应比例尺分划圈上所指的千米数，即为所求实地距离。

（三）地貌判读

1. 等高线显示地貌

（1）等高线

在地图上将地面上高程相等的各点连成的闭合曲线称为等高线，亦称水平曲线，用以显示地貌高低起伏、倾斜陡缓形态，量取某一地段的坡度或任一点的绝对高程与相对高程等。

（2）等高线显示地貌的原理

设想将一座山从底到顶按照相等的高度一层一层地水平切开，这样，在山的表面就会出现许多大小不同的截口线，再把这些截口线垂直投影到同一平面上，便呈现出一圈套一圈的等高线图形。地图就是根据这个原理来显示地貌的。

（3）等高线显示地貌的特点

在同一条等高线上各点的高程相等，并各自闭合。在同一幅地图上，等高线多的山就高；等高线少的山就低；凹地则与此相反。在同一幅地图上，等高线间隔大的坡度缓，间隔小的坡度陡。图上等高线的弯曲形状与相应实地地貌的形状相似。

（4）等高距的规定

相邻两条等高线间的实地垂直距离叫等高距。等高距的大小在很大程度上决定着地貌表示的详略。等高距越小，等高线越多，地貌表示就越详细；等高距越大，等高线越少，地貌表示就越简单。等高距地区的地貌特征依据地图比例尺和地图的用途等状况来规定。我国基本比例尺地形图等高距的规定如下表所示。

表 9.1　等高距的规定

比例尺	1:25000	1:50000	1:100000	1:200000
等高距/米	5	10	20	40

2. 地貌识别

（1）山的各部形态

山顶：山的最高部位叫山顶。表示山顶的等高线是一个小环圈，环圈外通常绘有示坡线。凹地：比周围地面凹陷，且经常无水的地方，叫凹地。表示凹地的等高线是一个或数个小环圈，并在环圈内侧绘有示坡线。

山背：从山顶到山脚的凸起部分，叫山背。表示山背的等高线是以山顶为准向外凸出的部分。各等高线凸出部分顶点的连线，叫分水线。

山谷：两个山背或山脊间的低凹部分，叫山谷。表示山谷的等高线，逐渐向山顶或鞍部方向凹入。各等高线凹入部分顶点的连线，叫合水线。

鞍部：相连两个山顶间形如马鞍状的低凹部分，叫鞍部。是用表示山谷和山背的两组对称的等高线表示的。

山脊：由若干山顶、鞍部相连所形成的凸棱部分，叫山脊。山脊的最高棱线，叫山脊线。山脊是由若干表示山顶和鞍部的等高线连贯起来表示的。

（2）斜面和防界线

斜面：斜面是指从山顶到山脚的倾斜部分，又叫斜坡。朝向敌方的斜面称为正斜面，背向敌方的斜面叫反斜面。按形状可分为以下几种：①等齐斜面。坡度近乎一致，斜面上均能通视。等高线的间隔基本相等。②凸形斜面。坡度上缓下陡，线的间隔上疏下密。③凹形斜面。坡度上陡下缓，斜面上均可通视，便于发扬火力。等高线的间隔上密下疏。④波状斜面。坡度陡缓不一，斜面的若干地段不能通视，形成观察、射击的死角较多，等高线的间隔疏密不一。

防界线：防界线通常是斜面上凸起的倾斜换线。在防界线上，能展望其下方的部分或全部面，利于构筑射击阵地和观察所。防界是等高线由疏变密的地方。

（3）地貌符号

地貌符号用于表示等高线无法显示的地貌，如变形地、山隘、岩峰、露岩地等。由于这类地貌的形态复杂多变，用等高线无法逼真形象地反映地形的全貌，因此，必须采用特殊的地貌符号。地貌符号主要有以下两种：①微型地貌符号；②变形地貌符号。

（四）坐标

使用坐标便于迅速准确地确定点位，指示目标，实施组织指挥。军事上常用的有地理坐标和平面直角坐标，在这里我们主要介绍地理坐标。

1. 地理坐标

用经纬度数值表示地面某点位置的球面坐标，叫地理坐标。地理坐标通常用度、分、秒表示。在空军、海军和外交事务中，常用地理坐标指示目标位置。

（1）地图上地理坐标的注记

地理坐标网由一组经线和纬线构成。地图比例尺不同，表示地理坐标网的形式也略有区别。在 1∶200000、1∶500000、1∶1000000 地形图上，绘有地理坐标网。纬度数值注记在东、西内外图廓间；经度数值注记在南、北内外图廓间。在 1∶25000、1∶50000、1∶100000 地形图上，只绘平面直角坐标网，不绘地理坐标网。图廓四角注有经纬度数值，内、外图廓间绘有经、纬"分度带"，分度带的每个分划表示一分，将它们对应相同的分度线连接起来，即可构成地理坐标网。

（2）地理坐标的应用

用地理坐标指示目标或确定某点在图上的位置时，一般按先纬度后经度的顺序进行。在图上量取目标的地理坐标：在 1∶25000、1∶50000、1∶100000 地形图上量取某点的地理坐标，可先在南、北图廓和东、西图廓间的分度带上，找出接近该点的经、纬度分划，并连成经纬线；再量取该点至所连经纬线的垂直距离，并按分度带估计或计算出秒数；然后分别与所连经、纬线的度、分数值相加，即可得出该点的地理坐标。

按地理坐标确定目标的图上位置：如已知"◎ 150"高地的地理坐标为北纬 25° 02′ 12″，东经 102° 32′ 18″。确定该点的图上位置时，先将东、西图廓纬度分度带上 25° 02′ 12″ 处连成直线，再将南、北图廓经度分度带 102° 32′ 18″ 处连成直线，两直线的交点，即为该点在图上的位置。

如果所求点较多时，可先按分度带连成地理坐标网，再按各点的经、纬度数值来确定各点在图上坐标系的位置。

2. 平面直角坐标

用平面上的长度值表示地面点位置的直角坐标，叫平面直角坐标。

（五）方位角与偏角

1. 方位角的种类

从某点的指北方向线起，依顺时针方向到目标方向线之间的水平夹角叫方位角。由于每点都有真北、磁北和坐标纵线北三种不同的指北方向线，因此，从某点到某一标，就有三种不同的方位角。

（1）真方位角。某点指向北极的方向线叫真北方向线，即经线，也叫真子午线。从某点的真北方向线起，依顺时针方向到目标方向线间的水平夹角，叫该点的真方位角。通常在精密测量中使用。

（2）磁方位角。某点指向磁北极的方向线叫磁北方向线，也叫磁子午线。在地形图南、北图廓上的磁南、磁北（即 P、P′）两点间的连线，为该图的磁子午线。从某点的磁北方向线起，依顺时针方向到目标方向线间的水平夹角，叫该点的磁方位角。在航空、航海、炮兵射击、军队行进时，都广泛使用。

（3）坐标方位角。从某点的坐标纵线北起，依顺时针方向到目标方向线间的水平夹角，叫该点的坐标方位角。炮兵一般使用较多，它不仅便于从图上量取，还可换算为磁方位角在现地使用。

2. 偏角的种类

由于真子午线、磁子午线、坐标纵线（简称"三北方向线"）三者方向不一致，所构成的水平夹角，叫偏角。

（1）磁偏角。某点的磁子午线与真子午线间的夹角，叫磁偏角。磁子午线在真子午线以东的为东偏，在真子午线以西的为西偏。它随时间和地点的不同而变化。

（2）坐标纵线偏角。某点的坐标纵线与真子午线间的水平夹角，叫坐标纵线偏角，又叫子午线收敛角。坐标纵线在真子午线以东的为东偏，在真子午线以西的为西偏。在同一高斯投影带内，距中央经线和赤道越近，偏角越小；反之偏角越大，但最大的偏角不超过 30 度。

（3）磁坐偏角。某点的磁子午线与坐标纵线间的水平夹角，叫磁坐偏角。磁子午线在坐标纵线以东的为东偏，在坐标纵线以西的为西偏。它有时为磁偏角和坐标纵线偏角值之和，有时为两者之差。

为便于计算，上述三种偏角，都以东偏为正（＋），西偏为负（－）。地形图南图廓的下方，均绘有偏角图。

3. 方位角的量读和磁坐方位角的换算

（1）在图上量读坐标方位角。在量取某点至目标点的坐标方位角时，先将该点和目标点连成直线，使其与坐标纵线相交（若两点在同一方格内，可延长直线）。然后，用量角器按方位角的定义量读。

当坐标方位角大于 30-00 时，应将量角器放在坐标纵线的左边，使零分划朝南，再将读出的密位数加上 30-00，即为所求的坐标方位角。

（2）磁方位角。磁方位角与坐标方位角的换算关系为：坐标方位角＝磁方位角＋（±磁坐偏角）。

三、现地使用地图

（一）方位判定

方位判定，就是在现地辨明站立点的东、西、南、北方向，便于明确周围地形和敌我关系位置，实施正确的指挥和行动。

1. 利用指北针判定

判定方位时，先将指北针放平，待磁针静止后，磁针涂有夜光剂的一端（或黑色尖端）所指的方向，就是北方。如果面向北，则背后是南，右边是东，左边是西。使用指北针前，应检查磁针是否灵敏。使用时应避免靠近高压线和钢铁物体，

在磁铁矿区和磁力异常地区不能使用。

2. 利用太阳和手表判定

一般来说，在当地时间6时左右，太阳在东方，12时在正南方，18时左右在西方。根据这一规律，便可概略地判定方位。如带有手表，可利用太阳和手表判定方位。判定的要领是：时数折半对太阳，"12"指的是北方。如在北京上午9时判定方位时，先将手表放平，以时针所指时数

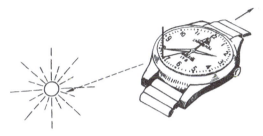

利用太阳和手表判定方位

（每日以24小时计算）折半的位置，即以4时30分对向太阳，"12"所指的方向就是北方。为便于判定，可在时数折半的位置上竖一细针或草棍，使针影通过表盘中心。北京时间是东经120度经线的地方时，在远离东经120度的地区判定方位时，应将北京时间换算为当地时间，即以东经120度为准，每向东15度（经度），将北京时间加上1小时，每向西15度（经度），减去1小时。如在新疆塔城地区（东经83度）上午12时判定方位时，应减去2小时30分钟，即当地时间为9时30分，以4时45分对向太阳，"12"所指的方向就是北方。在北回归线以南地区，夏季中午时间太阳偏于天顶以北，不宜采用上述方法。

3. 利用北极星判定

北极星是正北方天空的一颗恒星，夜间找到北极星，就找到了北方。北极星的位置可根据大熊星座或仙后星座寻找。北极星位于小熊星座的尾端，它和大熊星座（俗称北斗七星）、仙后星座（又叫W星座）的关系位置如右图所示。大熊星座主要由7颗明亮的星组成，形状像一把勺子。将勺端甲、乙两星（叫指极星）的连线向勺口方向延长，约在两星间隔的5倍处，有一颗较亮的星就是北极星。仙后星座主要由5颗明亮的星组成，在缺口方向约为缺口宽度的2倍处，就可找到北极星。

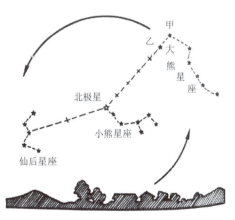

利用北极星判定方位

北极星的高度大约与当地的纬度相等。在北纬40度以北地区，全年可以看到大熊星座和仙后星座，以南地区，有时只能看到其中的一个星座，另一个则移到地平线以下。

（二）地图与现地对照

现地使用地图时，应注意经常与现地地形进行对照，以便了解周围的地形情况，保持正确的方向和位置。

（三）利用地图行进

利用地图行进就是利用地形图选定的路线，在现地对照地形行进。它是保障部队行动自如，夺取有利战机的一个重要方法。

1. 行进前的准备

行进前必须进行认真仔细的图上作业，切实做到："一标、二量、三熟记"。"一标"就是根据任务、敌情、地形及部队装备等情况，在地形图上研究选定行进路线，并将行进路线、沿途方位物，如岔路口、转弯点、居民地进出口等都标绘在地形图上。"二量"就是量算行进路线上各段里程，计算行进时间，并注记在图上。量算起伏较大地区的行进路线时，要考虑坡度对行进速度的影响，并应依据季节、天候、土质、植被等对行进可能造成的影响，考虑行进速度。"三熟记"就是熟记行进路线。一般按行进的顺序，把每段的里程，经过的居民地、两侧方位物和地形特征，特别是道路转弯处、岔路口和居民地进出口附近的方位物及地形特征等都要熟记在脑子里，做到心中有数。如时间和条件允许，还应调查通行情况，如行进路上的水库、水渠、道路、桥梁、渡口等有无变化，做好保障措施。

2. 行进要领

行进时要做到"三明"，即方向明、路线明、位置明。无论是沿道路行进或越野行进，都要先在出发点上标定地图，对照地形，明确行进的路线和方向，然后计时出发。行进中，要随时标定地图，对照地形，做到"人在地上走，心在图中移"，随时明确站立点的图上位置。当遇有怀疑时，则应精确标定地图，找出站立点在图上的位置，仔细对照周围地形，全面分析地形有无变化，待判明后再继续前进。

夜间行进时，由于视度不良，地图和现地对照困难较多，容易迷失方向。因此，行进前，应认真分析和熟记沿途地形的特征。尽量选择道路近旁的高大地物、透空可见的山顶、鞍部等作为方位物。行进中，可用指北针或北极星标定地图，根据预先对沿途各段经过地形的记忆，多找点，勤对照。采用走近观察，由低处向高处观察，由暗处向明处观察等方法，及时确定站立点的位置，明确行进的方向。还可根据流水声、灯光判断溪流和居民地的位置，及时确定站立点的位置，判明行进的方向。

如果发现走错了路线，应首先回忆走过路线的方向、距离和经过地形的特征，检查走错的原因；然后标定地图，对照现地，判明当时到达点的图上位置，及其与预定路线的关系；然后，可选择就近道路，插到预定路线上来；当没有就近道路，或已查明错误起点位置，也可按原路返回，再继续按预定路线行进。

第六节　电磁频谱监测

一、电磁频谱简介

电磁频谱，是指按电磁波波长（或频率）连续排列的电磁波族。在军事上，电磁频谱既是传递信息的一种载体，又是侦察敌情的重要手段，因此成为交战双方争夺的制高点之一。战场电磁环境是指在给定战场空间内对作战有重大影响的电磁活动和现象的总和，即在一定的作战环境中，由空域、时域、频域上分布的数量繁多、样式复杂、动态交叠的电磁信号构成的一种电磁环境。根据战场电磁环境的性质和形成机理，一般认为战场电磁环境由自然电磁辐射、人为电磁辐射两部分组成。自然电磁辐射是非人为因素产生的电磁波辐射，在自然电磁环境中，静电、雷电和地磁场等是最主要的电磁辐射。人为电磁辐射是由人工操控条件下各种电子装置或其他电器设备向空间发射电磁能量的电磁辐射，它是战场电磁环境的主体部分。

二、电磁频谱的特点

电子技术装备利用的电磁频谱已覆盖从极低频、短波、微波、毫米波、亚毫米波、红外到可见光等全部频谱，电磁空间将全方位地向其他空间扩展，并相互渗透。在未来复杂的信息化战场环境中，合理地管理与有效地利用无线电频谱，达到制频谱权的目的，已成为克敌制胜的关键因素之一。在信息化战场中，决定频谱承载力的因素很多，包括：带宽、可利用性/可及性、空间参数、瞬时参数、电磁波特性、电磁环境、功率、频谱管理措施、技术限制等。在信息化战场中数字射频系统对频谱有更高要求，数字无线电系统具有新的特征，保密性和抗干扰能力得到更大程度的提高，使用无线电频谱的设备数量与设备种类特别多。在数字化战场条件下，频谱管理工作自然发生了很大变化，除了考虑一般性因素外，还应该考虑如何制频谱权、频谱如何支持战场信息传输系统等一系列问题。

三、电磁频谱监测工作

电磁频谱监测是电磁频谱管理的耳目和神经，是电磁频谱管理的科学依据。所谓电磁频谱监测，就是监测人员通过监测设备（包括测向设备）在一定的时间，对监测地域（包括空间）的电磁环境进行监测并得出监测报告。这里的监测人员、监测设备（包括测向设备）、监测时间、监测地域（包括空间）和监测报告，是扎实做好监测工作和圆满完成多样化电磁频谱管理任务的必要因素。

（一）提高监测队伍素质是关键

频谱监测工作是电磁频谱管理的一项基础性工作，专业性和技术性较强，对人的依赖性较大，需要大量实践的历练和经验的积累。

目前的监测设备在扫描测试、捕捉信号、频谱特性参数测量和频率占用度统计等方面自动化程度较高，但在信号分析与识别方面还远不能替代人工智能，对监测人员掌握的经验值、知识面和信息量依赖较大。因此，需要监测一线人员充分利用现有的电磁频谱监测系统和设备，最大限度地从空中提取尽量多的信号特征（包括频域特征、音域特征、时域特征等），以便将各种无线电信号的基本特征铭刻在脑海里，从而形成直观、感性的认识，建立起识别信号的样本。

（二）可靠的监测装备是频谱监测的必要条件

普通的电磁频谱监测系统其原理无异于一部无线电接收机，加上设备控制和数据处理等应用软件，就能够对空中无线电信号进行扫描测试、信号捕捉和解调监听，实现对频谱占用情况的统计分析、频谱参数的测量。现代信息化条件下的战争早已呈现出大范围、高机动性、变化快的特点，迫切需要一种能够实现大地域、易机动、高精度的频谱监测系统，实时、全面、准确地掌握电磁环境和战场电磁态势，从而使战场频管能力大幅度提升。因此，监测装备的可靠性不仅仅体现在系统的稳定和功能的完备上，更要与应完成的监测任务相匹配。

在新的形势下，如何为演习、训练和值勤服务，如何为完成反恐、维稳、抗洪抢险和抗震救灾以及护航保障等多样化军事任务和信息化作战服务，是圆满完成军事频管监测任务的出发点和落脚点。这就要求军事频管监测装备发展的思路应立足战时、兼顾平时，平战结合；监测装备建设的投入应以机动监测为主、固定监测为辅（固定监测以地方无线电管理部门为依托），机动、固定一体；装备建设的目标应是能够持续、有效地对重点地域和重点目标进行全频段、全时段、全地域（包括陆、海、空域直至太空域）的电磁环境测试，对主战武器用频装备和无线电通信指挥信息系统进行保护性监测，及时发现并查处干扰。

（三）足够的监测时间是完成监测任务的基本保证

要掌握重点方向、重点目标和重点地域或空间电磁环境变化的规律，查找违规发射和各种无线电干扰，为实时、合理、有效地进行频率分配和频率指配提供技术支持，必须长期不间断地进行电磁频谱监测。一方面要尽量保证足够的监测时间；另一方面要在有效的监测时间里提取最大的信息量，不断提高监测分析人员的工作能力。此外，还要创造良好的监测值勤条件，确保监测时间落实，进行正规化值勤是避免弄虚作假、扎扎实实完成监测任务的基本保证。

（四）科学地选择监测地点是开展监测工作的重要保证

由于频率和传输媒介不同，电波传播的特性也会不同，因此在进行重点区域短波、超短波和微波等不同频段的电磁环境和相对应台站的选址测试时，选择合适的监测地点（或站址）至关重要。主要应注意以下两个方面：第一，要选择合适的监测点。一是尽量避开大功率辐射源、移动通信系统基站、高压输电线、电气化铁路、交通主干道、高速公路、立交桥和高架路以及各种影响监测质量的障碍物；二是尽量将监测站址选择在高山或高楼等制高点；三是长时间监测时尽量选择交通便利、供电和通信能够得到保障的位置；四是利用移动监测车、可搬移式或便携式监测设备在某一区域开展监测工作时，同次任务尽量选择相同的位置。第二，要选择足够的监测点。即根据不同频段电波传播的特性、地理地质情况以及监测区域的大小选定一定数目的监测站点，以达到较大的覆盖面。

（五）有价值的监测报告是监测工作的效果体现

通常从选择监测站点，实施监测到形成监测结论并完成监测报告，往往会因人而异、因设备而异、因地而异和因时而异，不可能做到绝对统一。但通过制定相应的技术规范，对监测站点评估、监测系统检测、监测方法选择、测试参数设置、数据提取和处理、信号分析与识别、监测报告内容和格式等监测工作流程各环节进行标准化规定，以及对监测人员进行系统培训和模拟测试，可以最大限度地减少人为和环境因素造成的影响，也能减少监测设备内在和外在的影响，使监测数据更加真实、准确、可比对，监测结论具体、科学、能推敲，监测报告完整、实在、有价值。

参考文献

[1] 宋华文. 信息化武器装备及其运用 [M]. 北京：国防工业出版社，2010.

[2] 张勇，蒋妍川，刘君. 军事课教程 [M]. 北京：高等教育出版社，2013.

[3] 杨桂英，吴晓义. 普通高校军事教程 [M]. 北京：中国人民大学出版社，2014.

[4] 朱玉国. 高等院校现代军事理论教程 [M]. 北京：国防工业出版社，2015.

[5] 国家国防教育办公室编写. 国防基本技能 [M]. 北京：国防大学出版社，2015.

[6]《总体国家安全观干部读本》编委会. 总体国家安全观干部读本 [M]. 北京：人民出版社，2016.

[7] 干焱平. 军事科学概论 [M]. 北京：高等教育出版社，2017.

[8] 雷亮. 世界武器装备发展概论 [M]. 北京：国防工业出版社，2017.

[9] 谢佳山. 警用格斗技术训练教程 [M]. 厦门：厦门大学出版社，2018.

[10] 中共中央宣传部. 习近平新时代中国特色社会主义思想三十讲 [M]. 北京：学习出版社，2018.

[11] 中共现代国际关系研究院. 国际战略与安全形势评估 2019—2020[M]. 北京：时事出版社，2020.

[12] 吴温暖. 军事理论与技能训练教程 [M]. 3 版. 北京：高等教育出版社，2020.